LA GUADELOUPE

DEPUIS

SA DÉCOUVERTE JUSQU'A NOS JOURS

AVEC DEUX CARTES

Par PARDON

CHEF DE BATAILLON DU GÉNIE,
AUTEUR DE L'HISTOIRE DE LA MARTINIQUE.

> L'histoire : c'est l'étude du passé pour servir de guide au présent et à l'avenir.

PARIS
CHALLAMEL, LIBRAIRE, 5, RUE JACOB, 5.

1881

LA GUADELOUPE

LA GUADELOUPE

DEPUIS

SA DÉCOUVERTE JUSQU'A NOS JOURS

AVEC DEUX CARTES

Par PARDON

CHEF DE BATAILLON DU GÉNIE,
AUTEUR DE L'HISTOIRE DE LA MARTINIQUE.

> L'histoire : c'est l'étude du passé pour servir de guide au présent et à l'avenir.

PARIS
CHALLAMEL, LIBRAIRE, 5, RUE JACOB, 5.

1881

PRÉFACE

Il existe des pays lointains appartenant à la France et qui sont peu connus du grand nombre; car il n'y a que les habitants des ports, les commerçants et les marins qui aient des relations avec les Antilles françaises. C'est donc un devoir pour celui qui les a vues et étudiées de faire connaître au public leur histoire en détail, pour que l'on puisse les apprécier sous le double rapport des intérêts moraux et matériels qui les unissent à la mère patrie.

On verra par quel enchaînement de faits successifs, tantôt heureux, tantôt malheureux, la colonisation de la Guadeloupe a dû passer pour arriver à une prospérité relative, et qu'il ne faut pas s'imaginer, comme on le croit généralement, que l'on puisse coloniser un pays sauvage sans des efforts longs, laborieux, persévérants et toujours coûteux.

Ce n'est point ici une œuvre d'imagination ou de fantaisie, où l'esprit a plus de part que la raison;

mais simplement la narration des évènements qui se sont produits dans ce singulier pays depuis sa découverte jusqu'à notre époque. L'auteur de ce travail croit devoir faire remarquer qu'il a fait d'abord l'histoire de la Martinique avant celle de sa sœur et voisine. Ces deux récits se complètent l'un par l'autre et font connaître ces deux charmantes îles que Christophe Colomb qualifiait de paradis terrestre.

LA GUADELOUPE

DEPUIS

SA DÉCOUVERTE JUSQU'A NOS JOURS

CHAPITRE I.

Aperçu sur la colonisation ancienne et moderne. — Description physique et statistique de la Guadeloupe. — Commerce. — Les vents et l'hivernage. — Les trois saisons. — L'alimentation des habitants. — Famille d'Indiens ou Caraïbes. — Population. — Les maladies. — Les races. — Caractères des créoles.

Les motifs qui portèrent les anciennes nations à créer des établissements hors de la mère patrie furent de peupler des pays au moyen d'un trop-plein de population. Les colonies remontent donc aux peuples de l'antiquité. On transplantait des populations sous un meilleur climat, possédant des terres fertiles, et l'on établissait des rapports de commerce et d'affaires qui profitaient à la nation qui en formait l'entreprise.

Il y a eu des colonies de conquête, des colonies d'agriculture et de commerce. Les Phéniciens, les Carthaginois, les Grecs et les Romains eurent de ces établissements dans les différentes parties du monde connu. Les nations du nord de l'Europe en fondèrent aussi en Angleterre, en France et en Italie. Au moyen-âge, on vit les croisés créer des établissements en Palestine et sur les bords de la mer Noire. Maintenant il faut dire que les colonies modernes ont peu de rapport avec les colonies anciennes, le genre de culture et de commerce étant différents.

Les nations qui ont pris une part active dans la colonisation sont : les Portugais, les Hollandais, les Anglais, les Français et surtout les Espagnols. Ces peuples fondèrent des colonies en Afrique, en Asie et en Amérique, soit pour y former des établissements étendus, soit pour avoir des points de relâche pour les vaisseaux faisant des voyages de long cours.

Les colonies de commerce et de plantations sont nombreuses ; elles produisent généralement des denrées coloniales et des matières étrangères à notre climat, comme le sucre, le café, le coton, le cacao, le bois de teintures, les épices et autres objets de commerce. Ce genre de colonies n'était pas connu des anciens ; aussi leurs relations commerciales étaient bien moins importantes que celle de notre époque.

Depuis longtemps, sur la route des Indes et celle de l'Amérique, on voit des émigrants se diriger vers ces pays à reflets d'or pour y chercher fortune par le négoce ou le travail avec l'intention de revenir sur leur vieux jours pour jouir dans leur patrie du fruit de leurs travaux. Il y en a aussi qui se fixent au sol du pays qu'ils ont choisi sans esprit de retour. Il faut du courage et de la persévérance pour réussir dans ces sortes d'entreprises : braver les distances, les chances du climat et mille difficultés pour arriver à la fortune après laquelle tout le monde court aujourd'hui. Le temps où un homme faisait rapidement de brillantes affaires dans ces lointains pays est passé, il ne reste plus qu'à glaner, et les oncles d'Amérique sont passés à l'état de légende.

La France a été riche en colonies grâce aux créations de Louis XIV et de son ministre Colbert. Elle a possédé une partie des grandes Indes, St-Domingue, presque toutes les petites Antilles, la Nouvelle-Orléans, le Canada, l'Egypte, qui valait, à elle seule, toutes les autres colonies ; mais notre caractère changeant, le manque d'esprit de suite dans nos entreprises, nous ont fait perdre le fruit de nos peines et de nos dépenses. Qu'est-ce qui fait la gloire, la fortune et la puissance de l'Angleterre ? Ce sont ses colonies avec lesquelles elle fait un immense commerce d'affaires, dans lesquelles ses trente mille navires trouvent à s'employer. Elle possède, sous différentes latitudes, plus de 200 millions de sujets. Quelle grandeur ! quelle puissance dans le monde ! mais aussi quel caractère de persévérance dans la nation, quelle constance dans les entreprises et de suite dans les desseins..... Et nous, que possédons-nous ? L'inventaire est facile à faire, c'est triste en vérité : nous avons dans les Antilles, la Martinique, la Guadeloupe et ses dépendances ; sur la côte d'Afrique : le Sénégal, l'île de la Réunion ; dans la mer des Indes : Pondichéry et quelques comptoirs ; la Cochinchine, pays malsain ; la Nouvelle-Calédonie, lieu de déportation situé aux Antipodes ; la Guyane, riche pays pour lequel on s'intéresse fort peu. Enfin notre dernière conquête, l'Algérie, que nous ne savons pas nous assimiler. Voilà donc le bilan de notre grandeur coloniale ! Que faut-il donc pour passionner la France ? des révolutions ! Cela ne fait pas prospérer un pays, au contraire, cela le ruine en détournant les travailleurs de leurs travaux et en détournant aussi les capitaux des affaires.

Maintenant que l'on a un aperçu sur la colonisation en général, on va entrer en matière sur ce qui concerne notre île. Les commencements furent très-difficiles ; on vit des hommes mourir de faim et de misère sur un sol qui ne demandait qu'à produire. La guerre s'introduisant là où il fallait la paix et la sécurité pour se livrer aux travaux de culture ; puis vinrent des temps meilleurs provenant d'une bonne direction donnée aux forces humaines par de vrais colonisateurs. Ce qui prouve qu'un travail intelligent est nécessaire pour amener la propérité dans un pays qui commence à se former, aussi bien que dans celui qui possède une civilisation avancée ; qu'il faut à sa tête des hommes qui réunissent la capacité à la bonne volonté pour le diriger vers le progrès par le travail, l'ordre et la sécurité. C'est au moyen de ces principes que s'est formée la grandeur du colosse Anglo-Hindoustan, qui comprend de vastes et riches contrées avec une population immense ; c'est aussi par eux que l'on a vu s'introduire dans notre maigre service colonial des améliorations utiles et nécessaires. On peut citer à bon droit des noms tels que : Dénambuc, Duparquet, de Poincy, Donzelor, Makau, dans les Antilles ; Labourdonnaie et Dupleix dans les Indes, et de nos jours le général Faidherbe dans la Sénégambie.

L'île de la Guadeloupe est située à 120 Kilomètres au nord de la Martinique et par 16 degrés 25 minutes de latitude et 64 degrés 25 minutes de longitude ouest du méridien de Paris. Elle est divisée en deux parties par la rivière Salée dont les extrémités aboutissent à la mer. La première s'appelle Basse-Terre, du nom du chef-lieu qui est le centre du commandement et d'administration. Au milieu se trouve une chaîne de montagnes volcaniques dans laquelle on distingue la soufrière s'élevant à l'altitude de 1,557 mètres. Cette montagne jette constamment de la fumée de son sein, des éruptions ont lieu assez souvent ; l'accès en est difficile à cause des pentes abruptes qui sont couvertes de bois, de rochers, de végétations sauvages.

La deuxième partie s'appelle la Grande-Terre; c'est un pays plat d'une forme triangulaire, d'une culture facile et productive. C'est dans cette partie que se trouve la Pointe-à-Pitre, ville importante par le nombre de ses habitants, son port et son commerce.

Après la Guadeloupe viennent ses dépendances : 1° Marie-Galande, à 34 kilomètres de distance sud; sa forme est circulaire; elle a une population de 12,000 habitants, et une petite ville appelée le Grand-Bourg ;

2° La Désirade est à 12 kilomètres; elle est d'une forme longue et étroite; elle a 14 kilomètres de longueur et 3 de largeur; sa population est de 1,800 habitants;

3° Les Saintes, composées de deux petites îles et de deux îlots, à 17 kilomètres de la Guadeloupe; il y a bonne rade à l'abri des vents, des casernes pour une garnison et des fortifications pour se défendre. Ces petites îles contiennent 1,200 habitants;

4° Saint-Martin. Cette île appartient en partie aux Français et aux Hollandais depuis 1648. La partie nord-est à la France ; sa distance est de 180 kilomètres, sa circonférence de 72 kilomètres, elle n'a ni port ni rivières, mais elle possède des salines, produit du rhum et du tabac. Le chef-lieu se nomme le Marigot ;

5° Saint-Barthelmy. Cette ile a été colonisée par les Français qui la cédèrent aux Suédois en 1784 ; ceux-ci nous la rendirent en 1878 moyennant une indemnité de 400 mille francs. Elle a 72 kilomètres de tour, elle a 3,000 habitants, un port excellent, mais des côtes dangereuses ; son chef-lieu s'appelle Gustavia.

La Guadeloupe et ses dépendances sont divisées en trois arrondissements, savoir : la Basse-Terre, la Pointre-à-Pitre et Marie Galante. Elle a ses tribunaux, une cour d'appel, un conseil colonial et un évêché.

Après ces détails topographiques, on va donner quelques détails sur les deux principales villes de la Guadeloupe.

Le port de la Basse-Terre est le chef-lieu de la colonie, la résidence du gouverneur, le centre des affaires administratives ; sa rade est ouverte à tous les vents, et quand la saison de l'hivernage arrive, les navires sont forcés de chercher un abri aux Saintes contre les raz de marée et les ouragans qui se font sentir dans cette saison. Cette ville n'a point de fortifications, elle est seulement protégée par le fort Richepanse et quelques batteries qui battent la rade.

La population de la ville est un mélange de

blancs, de mulâtres, de quarterons et de noirs évaluée à 10,000 habitants, logeant dans des maisons de pierres, de bois et des cases. Les rues sont larges et tracées à angles droits, propres et bien tenues. On y remarque l'hôtel du gouvernement, le palais de justice, l'hôpital et les églises paroissiales. Il y a une belle promenade bordée de tamarins et une place appelée Champ-d'Arbaud.

La ville est entourée de charmantes collines offrant à l'œil un aspect agréable ; elles sont couvertes de maisons, de culture et de bois. Là, le terrain est ombragé par des cocotiers, des tamarins touffus, des palmiers qui balancent agréablement leurs têtes, des orangers aux pommes d'or et les haies sont garnies de fleurs aux couleurs vives ; on y voit aussi voltiger des colibris, des oiseaux mouches ravissants par leurs mille couleurs scintillantes. Dans ce pays du soleil, la nature est toujours en travail : sur un arbre vous trouverez des fleurs, des fruits et d'autres tombés au pied, il en est de même du feuillage. Le paysage grandiose est toujours le même quelle que soit la saison ; il n'y a point d'hiver, point de frimats qui attristent l'homme : tout est gai, riant et ravissant dans ce pays.

Maintenant on va passer à la description de la Grande-Terre qui est la partie la plus importante de notre colonie, à cause de la beauté de ses plaines, de leur production et de la richesse du sol ; mais ce qui ajoute encore aux avantages de cette partie, c'est la beauté et la sûreté du port de la Pointe-à-Pitre, situé dans une bonne et grande rade. Cette ville est le centre des affaires commerciales, l'entrepos des marchandises à destination de l'Europe et pour celles qui en viennent. Elle est d'origine récente, son emplacement était occupé jadis par un pécheur de ce nom. Fondée en 1763, elle a été incendiée et bouleversée plusieurs fois par des tremblements de terre, puis reconstruite récemment après l'épouvantable catastrophe de 1843. Comme toute ville, elle a ses inconvéments ; elle manque d'eau douce ; ses environs comprennent des marais malsains produisant des fièvres pendant la saison de l'hivernage ; mais sa position au centre de l'île, la sûreté et la commodité de sa rade et de son port lui assurent un rang supérieur parmi les villes commerciales des Antilles. La population se compose, comme celle de la Basse-Terre, de blancs et de gens de couleur ; elle est évaluée à 16,000 habitants.

Les terres de la Guadeloupe sont favorables à la culture de la canne à sucre, qui est son principal produit, du cacao, du coton, du tabac, des plantes alimentaires et des fruits des tropiques. Les terres cultivées s'élèvent à une surface évaluée à 15,000 hectares. Mais ce qui fait surtout la richesse du pays, c'est la canne à sucre : on voit ce magnifique roseau se balancer mollement par l'effet de la brise et présentant des ondulations semblables aux flots de la mer doucement agitée. Les collines couvertes de caféyers ont bien aussi leurs charmes en présentant leurs feuillages verts par opposition à la vive lumière du soleil ; et si vous quittez cet aspect pour un champ de cotonnier, vos yeux sont agréablement surpris de voir se balancer mollement sur leurs tiges vertes des houpes blanches comme la neige. Tous ces flocons blancs obéissent aux caprices du vent qui les tourmente dans sa course légère sans les endommager. Depuis l'introduction de la charrue on obtient une augmentation de produit de la canne qui compense en partie le manque de bras par suite de l'affranchissement des nègre. On se trouve bien de l'emploi des engrais et des amendements pour améliorer le sol. En général, les exploitations agricoles des Antilles sont en progrès par l'introduction de moulins à vapeur pour les sucreries, et le perfectionnement des moulins à eau et à vent.

Le sol de la Basse-Terre doit sa fécondité à la chaleur et à l'abondance des eaux ; il est composé d'humus provenant de détritus des végétaux et de matières volcaniques. Celui de la Grande-Terre diffère du précédent, c'est une terre forte, grasse, reposant sur une base calcaire ; ces éléments de terroir étant bien cultivé produisent une grande fertilité.

Les forêts sont considérables, la végétation étant très-active les pieds des arbres se disputent le terrain, les lianes sarmenteuses relient ces végétaux entre eux ; c'est un fouilli indescriptible. On y voit : le gayac, le sandal, l'acajou, l'acacia, le bois de fer, le campèche, le gommier et d'autres encore. Ces forêts se trouvent principalement dans la partie montagneuse de la Guadeloupe ; il n'existe point de forêts dans la Grande-Terre, là c'est la culture qui domine.

Les rivières sont des torrents pendant la saison des pluies ; elles grossissent et parcourent leurs sinuosités avec une rapidité effrayante. Les plus remarquables sont : la Grande-Rivière aux goyaves, celle des Pères et celle des Galions qui débouche à la mer près de la ville la Basse-Terre. Aucune de ces rivières n'est navigable ; elles portent seulement des pirogues à leur embouchure. L'eau de ces rivières est très-salubres, les navires viennent y renouveler leur provision à leur passage.

Il existe quatre sources d'eau thermale qui sont fort utiles aux gens du pays pour entretenir ou rétablir leur santé épuisée par la chaleur du climat. Il y a aussi plusieurs sources d'eau bouillante.

Le mouvement commercial entre la France et la Guadeloupe peut s'élever à 40 millions par année, dont 24 millions d'importation en France et 16 millions d'exportation de France à la Guadeloupe. On estime à 500 navires le transport des marchandises fait entre les deux pays.

Dans les premiers mois de l'année, les vents nord-est sont constants et modèrent la chaleur du jour, c'est la plus belle saison ; vers la mi-juillet vient ce qu'on appelle là bas la saison de l'hivernage ; c'est l'époque des grandes chaleurs, des tempêtes, des ouragans, des pluies abondantes ; la mer se gonfle et forme des raz de marée ; les vents sont violents avec éclairs et tonnerre. La nature entière est en mouvement et produit souvent des tremblements de terre qui causent de grandes catastrophes, comme celle de 1843. Après l'hivernage, la température devient froide par l'effet du vent du Nord, que les gens du pays appelle le vent de la mort, parce que cette saison exige des précautions pour les vêtements à porter et les sorties à faire.

Par ce qui précède, on voit qu'il y a trois saisons marquées aux Antilles : la saison fraîche, celle de l'hivernage et la saison froide. Cette division n'existe plus sous le rapport de l'humidité et de la sécheresse, puisqu'il y a quatre mois de pluies et huit mois de sécheresse. On estime qu'il tombe dans une année 2,80 d'eau dans ces parages, tandis qu'à Paris il ne tomberait que 0,52. L'effet des marées est très-peu sensible sous cette latitude, il n'y a pas lieu d'en tenir compte.

La température du jour fait produire des allures très-variable au thermomètre : le matin il s'élève à 20 degrés ; à midi il marque 40 degrés, et le soir il redescend à 30 degrés pendant la saison de l'hivernage qui est la saison la plus chaude de l'année ; quant à la température moyenne de l'année, elle est de 25 degrés :

Le ciel de ce magnifique pays est le plus radieux du monde pendant la belle saison ; celui tant vanté de l'Italie, de l'Espagne au ciel bleu ne peut en donner qu'une idée imparfaite. Des nuages aux ailes légères ne flottent que passagèrement dans l'air qui est d'une transparence admirable. Le lever du soleil est précédé d'un fuseau lumineux éclatant d'or, de pourpre sur un fond d'azur qui est la nuance générale du ciel. Son coucher est plus beau encore par les effets de lumière qui se produisent dans les nuages et sur la mer. C'est un embrasement général qui reflète des rayons lumineux, et le soleil victorieux dans cette lutte suprême, se plonge ensuite dans l'espace infini sans presque laisser après lui de crépuscule ; la nuit arrive aussitôt pour s'emparer de l'espace et clore le spectacle. Tout est grandiose, tout est magnificence dans ce pays merveilleux, que Christophe Colomb appelait le paradis terrestre. (1) Maintenant il faut quitter les idées poétiques pour s'occuper de choses utiles à connaître, et tout à fait prosaïques, puisqu'il s'agit de l'alimentation des habitants. On sait qu'elle a pour base la casave ou farine de manioc séchée au four, la racine

(1) Le crépuscule, cette faible clarté qui suit le coucher du soleil est presque nulle aux Antilles.

de l'igname, les bananes, le poisson frais ou salé. La viande fraîche et le pain ordinaire étant des objets de luxe qui ne sont pas à la portée de toutes les bourses.

Il existe encore dans les Antilles quelques familles d'Indiens ou Caraïbes ; ils sont reconnaissables à leur nez plat, à leur couleur basanée ; leur constitution physique annonce qu'ils sont robustes. Ils passent pour ne pas aimer le travail ; leur indolence est si grande, qu'elle les empêche de penser à l'avenir ; c'est à la Dominique et Sainte-Lucie que se trouvent ces familles de caraïbes.

La population, mélangée de blancs, de mulâtres, de quarterons et de noirs, est évaluée à 160,000 âmes. La mortalité, contrairement à ce qui se passe en France, est en excès sur les naissances, et, d'après des observations faites à la Martinique, les naissances donnent 2,773 et la mortalité 2,864 pour 100. D'un autre côté, on évaluait en 1835 les pertes de la manière suivante, savoir : créoles, blancs et autres, 4 pour 100; et les noirs esclaves, quand il y en avait, à 17 pour 100, quant aux militaires 20 pour 100. Les malheureux soldats étaient donc ceux qui étaient les plus maltraités par le climat; mais, depuis cette époque, bien des améliorations ont été introduites dans leur alimentation et dans leur service, et l'on pense que ce rapport peut être réduit de moitié.

Les maladies les plus communes sont la fièvre jaune, le tenesme, la dyssenterie, la syphilis, l'anémie, les maladies de peau et l'horrible éléphantiasis.

Les races sont mélangées dans les colonies : on distingue au premier plan la race blanche qui tire son origine d'Europe, celle de sang mêlé à différents degrés et la race noire africaine. Au milieu de tout ce monde, il existe une population flottante qui se renouvelle par des arrivées et des départs de navires ; elle appartient à la marine, au commerce, à l'état militaire et en général à l'ordre civil.

La race blanche possède la majeure partie des terres, des capitaux ; le commerce et l'industrie sont dans ses mains ; elle prime les gens de couleur par la différence des goûts, des habitudes et la supériorité de son instruction. Et les gens de couleur sentent bien leur infériorité vis à vis des blancs qu'ils jalousent, tout en reconnaissant leur supériorité. Les gens de couleur ou de sang mêlé sont l'espèce la plus vivace des colonies, elle tend à s'augmenter par le croisement des races ; la plus grande partie habite la ville pour y exercer un commerce ou une profession. Cette classe est ambitieuse, économe, rangée ; si l'on n'y prend garde, elle dominera dans l'avenir.

La race noire avant d'être libre, n'exerçait aucun droit civil ; en fait, les noirs qui parvenaient à acquérir des valeurs mobilières en avaient la jouissance ; maintenant qu'ils sont libres, ils peuvent posséder au même titre que les autres habitants. Quel que soit son état de civilisation, le nègre restera toujours un individu incomplet à cause de son caractère particulier, de ses goûts, de son esprit léger et de ses préjugés. D'ailleurs, nos habitudes de société ne l'amuseraient pas, il lui faut ses danses avec ses semblables, sa vie retirée et un peu sauvage. Ainsi les blancs, les gens de couleur et les noirs se séparent pour ne pas se gêner dans leurs relations habituelles.

Les Européens après un séjour de quelques années voient leur état physique changer par l'effet du climat ; ils sont toujours en transpiration, même sans sortir de leurs logements. Dans ce pays toujours en feu, on ne trouve de fraîcheur que le soir et la nuit, et, à la longue, ils succomberaient à cette débilité continue, s'ils n'observaient une vie sobre et régulière.

Tout individu né dans les Antilles, de quelque couleur qu'il soit, est appelé créole, mais le blanc de race pure jouit d'une suprématie que l'éducation, la morale, la position de fortune maintiendront toujours. C'est une espèce de noblesse que les autres classes reconnaissent et dont elles subissent l'influence.

Le créole blanc a le teint pâle, il est d'une taille

élégante, mince et souple. Il a d'excellentes qualité. l'imagination est ardente, l'esprit vif et pénétrant, mais son caractère est impétueux, énergique et violent. Lorsqu'il a reçu une bonne éducation, il devient un homme remarquable et peut prétendre à tout. Il a de l'aptitude pour les arts d'agréments, la gymnastique, les armes, la chasse, c'est un homme au cœur élevé, bon et généreux, un ami franc et dévoué.

La femme blanche pure a un teint de lys et une grande délicatesse de traits. La douceur est répandue sur son visage qui a une expression de finesse charmante, elle a un bon caractère, elle est bonne, douce et d'un abord agréable ; sa taille est svelte, gracieuse, unie à une indolence et à un laisser-aller charmants. Familière avec ses égaux, hautaine et exigeante avec ses inférieures qui doivent la servir avec zèle et empressement.

Au-dessous du blanc et de la femme blanche, on trouve dans les villes quantités de personnes des deux sexes d'une variété de peau si multipliée qu'on n'entreprendra pas de les décrire, mais il existe un type particulier qui a sa valeur : la mulâtresse joue un rôle marqué dans la société bigarrée de ce pays. D'ordinaire les blancs, les Européens surtout, se laissenprendre aux manières de ces filles aimables, ent jouées, pleines de grâces et de charmes. Chez elles on trouve la bonté et la serviabilité. Au fond elles ont intérêt à agir ainsi et c'est presque un honneur pour elles d'avoir des rapports avec un blanc. Aussi que de naissances illégitimes résultent de ces unions passagères, et l'on peut bien dire que les colonies sont des pays où fleuri la bâtardise. Malheureusement on n'a pas l'air d'y faire attention pour chercher un remède à cet état de choses qui n'a fait qu'augmenter depuis la libération des noirs, car on trouve une naissance légitime sur deux cents illégitimes. Ces mœurs relâchées, qui sont inhérentes au climat, au pays, qui les a créées si ce n'est le blanc, le colon et l'européen que ses affaires amènent momentanément à faire quelque séjour, et qui ne veut pas rester isolé, acceptant les services qu'on lui offre si galamment. Il ne faut donc s'en prendre qu'à nous-mêmes de cette situation que les usages tolèrent, mais que la morale réprouve.

Parmi les Européens que les affaires commerciales attirent dans les îles, il y a encore un type particulier, le pacotilleur qui fait le trajet de France avec des marchandises confectionnées, telles que souliers, bottines, chemises, bas, mouchoirs auxquels il joint des pièces de toile et de drap. Ces petits commerçants vont ordinairement de foire en foire, de ville en village, offrir leurs marchandises. Il y en a qui sont assez heureux pour réussir à faire une petite fortune dans ce petit commerce.

A côté du pacotilleur, on voit ce qu'on appelle le

petit blanc ; c'est un individu sans position ni ressources connues, vivant de petits moyens : commandeur aujourd'hui sur une habitation, matelot demain, pêcheur au besoin, corsaire quand il peut, et courant après la fortune qui le fuit toujours ; tel est ce dernier type dans les Antilles.

En résumé, dans ce chapitre, on a pris connaissance de l'aspect physique de ce pays, de ses habitants, de leur caractère, de la température et des maladies inhérentes au climat. Maintenant, on va parler de la découverte de cette île et de la marche de la colonisation.

CHAPITRE II.

1493. Découverte de la Guadeloupe. — 1496. Christophe Colomb aborde à Marie Galande. — 1515. Tentative de colonisation. — 1523. Missionnaires mis à mort. — 1635. Dénambuc cède la Guadeloupe à L'Olive et Duplessis. — Les colons sont très-malheureux. — Duplessis meurt de chagrin. — Guerre avec les Indiens. — L'Olive perd la vue. — Les Indiens se retirent à la Dominique. — 1640. Aubert, gouverneur. — Paix avec les Indiens. — Descente de pirates. — Pêche désastreuse. — Houel, gouverneur. — Il demande à Paris des filles à marier. — La culture à cette époque.

La partie historique de cette île offre beaucoup d'intérêt à divers point de vue par la marche accidentée de la civilisation et de la colonisation ; les races d'hommes qui s'y sont fixées ; les guerres intestines et étrangères qui s'y sont faites ; les rapports qui se sont établis avec la métropole et les autres colonies. Enfin les progrès qui ont été réalisés depuis les premiers établissements jusqu'à nos jours.

Pour plus de clarté et de précision on a suivi l'ordre chronologique dans la description. En histoire les événements se rapportent toujours à une époque, à une date, celle-ci est donc la compagne de l'autre.

1493. Cette terre fut découverte par Christophe Colomb dans son second voyage en Amérique, le

4 novembre 1493. En la cotoyant, il aperçut des villages composés de cabanes avec des rassemblements de naturels en grand nombre, qui paraissaient fort étonnés de voir au large une si grande pirogue que le navire espagnol, ils conçurent une grande crainte en le voyant s'approcher de la côte. Pour savoir à qui l'on avait affaire, Colomb ordonne un débarquement : les naturels se mirent à fuir dans les bois à l'approche de ces nouveaux venus. Alors les matelots entrant dans une cabane, y trouvent des femmes avec des garçons esclaves venant d'une autre île. A l'entrée de cette cabane il y avait deux statues en bois grossièrement taillées avec des serpents entourant les pieds. Dans l'intérieur des espèces de métiers à tisser du coton ; il y avait des ustensiles en terre, de la chair humaine, des restes de viande et un amas d'os humains. Une tête de jeune homme était là encore sanglante et attachée à un poteau ; il y avait aussi des cranes humains disposés pour servir de coupe. D'après toutes ces horreurs, on vit qu'on avait affaire à de vrais canibales, et l'expédition s'empressa de retourner à bord pour rendre compte de ce qu'elle avait vu et des impressions produites par l'aspect du spectacle qui avait frappé l'imagination des espagnols étonnés. Colomb se contenta de cette première reconnaissance et fit lever l'ancre pour se rendre à Cuba.

1496. Trois ans après cette visite à la Guadeloupe, Colomb revint aux petites Antilles, il s'arrêta à Marie Galande dont l'aspect lui plu et d'où l'on voyait la Guadeloupe et plusieurs autres îles. Le lendemain matin on aperçu sur le rivage un grand nombre de femmes armées d'arcs et de flèches, faisant mine de s'opposer au débarquement. La mer était grosse et ne permettait pas de faire usage des embarcations. Alors Colomb ordonna à deux indiens qu'il avait à bord de se mettre à la nage pour dire à ces femmes qu'il ne voulait faire aucun mal et qu'il demandait seulement des vivres frais. En réponse à cette demande, elles dirent aux deux indiens d'engager les Espagnols à passer de l'autre côté de l'île où se trouvaient leurs maris. Le navire de Colomb se rendit donc à l'endroit désigné où en débarquant il fut reçu à coups de flèches par les insulaires auxquels on répondit par des coups d'arquebuses qui en blessèrent quelques-uns ; en voyant qu'ils n'étaient pas capables de lutter contre de pareils hommes, ils s'enfuirent dans les montagnes. Les Espagnols trouvèrent dans l'île des perroquets, du miel, de la cire et de la farine de manioc dont ils avaient un grand besoin (1).

Voulant se renseigner sur cette île où il débarquait pour la première fois, Colomb envoya une reconnaissance de 40 hommes pour pénétrer dans l'inté-

---

(1) Manioc, arbrisseau dont la racine donne une fécule appelée casave.

rieur afin d'en connaitre les dispositions. Après quelques heures d'absence, le détachement revient à bord ramenant quarante femmes et trois garçons ; toutes ces femmes avaient suivi les Espagnols sans manifester aucune résistance ni aucune crainte. Colomb après les avoir examiné, leur fit des présents, puis les renvoya à terre. La femme qui tenait le premier rang, parmi les autres, s'offrit à rester à bord du bâtiment avec l'une de ses filles, mais Colomb refusa une offre aussi galante.

Quelques jours après cette aventure, il quitta cette île à laquelle il donna le nom de Marie Galande en souvenir de son navire qui portait ce nom, et peut-être aussi en souvenir des offres aimables qui lui furent faites par les femmes indiennes.

1515. Pendant 19 ans, on s'occupa peu, en Europe, des petites Antilles, l'esprit de l'époque était porté principalement sur le Mexique, le Pérou et le Chili aux mines d'or, et vers lesquels s'élançaient les aventuriers de tous les pays.

Ce ne fut que vers 1515 qu'on commença, en Espagne, à penser aux petites Antilles et à la possibilité de les coloniser. A cet effet, on organisa une expédition composée de trois navires commandés par Ponce de Léon, qui devait se rendre maître de la Guadeloupe et d'autres îles. Lorsque les navires furent arrivés près des côtes, Ponce de Léon fit débarquer plusieurs de ses gens pour y prendre du bois et de l'eau, et ils devaient ramener aussi des femmes pour laver le linge de l'équipage ; mais les Caraïbes, tourmentés à la vue des débarqués, observaient leurs mouvements pour les surprendre et les tuer s'il était possible ; quelques-uns furent donc massacrés et les Caraïbes reprirent leurs femmes. Quelques jours après cette triste aventure, Ponce de Léon tomba malade sérieusement et fit lever l'ancre pour se rendre à l'île de Saint-Jean, abandonnant ainsi le projet de s'établir à la Guadeloupe.

1523. Huit ans après cette tentative infructueuse, sous François Ier, une mission pour les Antilles se forma, et une partie des missionnaires fut destinée à la Guadeloupe ; ils devaient tâcher de convertir à la religion chrétienne et à la civilisation des hommes vivants dans un fétichisme grossier, sans loi et sans mœurs. Tout d'abord ces nouveaux arrivants furent assez bien reçus, les naturels les écoutèrent et une partie commençait à se conformer à l'instruction qui leur était donnée. Mais ils est rare que les hommes soient longtemps d'accord. Une opposition se forme contre les missionnaires. Ce parti, composé d'hommes violents prêts à tout faire plutôt que d'écouter la raison, finit par l'emporter. On voulait la mort de ces religieux qui venaient changer leurs idées, leur croyance et troubler leur repos. Ces pauvres gens voyant de mauvais desseins s'élever contre eux, et n'ayant aucune force à leur opposer, cherchèrent à les gagner par tous les moyens possibles ; ils leur tinrent de bonnes paroles, leur firent des présents, mais tout fut inutile, leurs jours étaient comptés, les malheureux missionnaires furent saisis et mis à mort sans pitié.

Après l'accomplissement de cette cruauté, les insulaires restèrent longtemps dans leur existence de sauvagerie, mais cette situation devait cesser par l'effet de la colonisation de Saint-Christophe.

1625. Sous le règne de Louis XIII, le capitaine Denambuc, d'un caractère intrépide et aventureux, partit de Dieppe sur un vaisseau à lui et débarqua à Saint-Christophe, l'une des petites Antilles, pour y fonder un établissement de culture. Après les premiers travaux d'installation, il revint en France solliciter du gouvernement, dirigé par Richelieu, des lettres-patentes qui lui furent délivrées le 31 octobre 1626, pour créer une compagnie de colonisation qui prit le nom de Compagnie des îles d'Amérique avec privilége de commercer exclusivement pendant 20 ans dans les îles du Nouveau-Monde. Il se rembarqua ensuite pour Saint-Christophe, mais qu'elle ne fut pas sa surprise d'y trouver d'un côté les Français et de l'autre des Anglais arrivés nouvellement. En homme bien avisé, il prit le parti de vivre en paix en faisant un traité par lequel l'île fut partagée en deux parties, l'une pour les Français et l'autre pour les Anglais. Mais une autre circonstance désagréable se présente bientôt, des Espagnols vinrent revendiquer la possession de l'île, et comme personne ne voulait céder, on eut recours aux armes. On se battit donc et les Espagnols furent vaincus et obligés de se rembarquer. Denambuc libre de ce côté, vit bientôt les Anglais ne plus vouloir observer le traité passé avec eux, il fallut encore une fois avoir recours aux armes pour réduire de si mauvais voisins. Dans les escarmouches qui eurent lieu, Dénambuc prit de si bonnes dispositions que les Anglais furent vaincus comme les Espagnols et forcés de vivre en paix.

1635. La Guadeloupe dépendait de la Compagnie des îles formée en France par Dénambuc ainsi qu'on l'a vu précédemment, lorsque les capitaines L'Olive et Duplessis lui demandèrent à passer un contrat pour former un établissement de cultivateurs dans cette île qui paraissait être un charmant oasis au milieu de la mer. Dénambuc consentit à leur céder pour 10 ans, la Guadeloupe, la Dominique et Antigoa.

Pour subvenir aux dépenses des établissements, les deux capitaines s'associent avec des négociants de Dieppe qui s'engagent à y faire passer 1,500 travailleurs avec des vivres jusqu'à ce que l'île put produire suffisamment ce qui était nécessaire pour nourrir les nouveaux colons, et cela moyennant une redevance de vingt livres de tabac par tête de transporté et que personne ne pourrait trafiquer avec eux pendant la durée de la concession.

Ce beau projet ne put recevoir complètement son exécution, il n'arriva que 500 hommes seulement ; ils étaient engagés pour trois ans qui servaient à payer leur passage. L'expédition était partie de Dieppe le 20 mai et le 27 juin elle touchait terre, le voyage avait duré seulement 38 jours, ce qui était de bon augure pour les transportés qui étaient émerveillés à la vue d'une végétation splendide inconnue en Europe. Ces colons furent installés sur le bord d'une petite rivière où dominaient l'ombre et la fraîcheur, et sous la surveillance des deux capitaines L'Olive et Duplessis.

Pour avoir un point d'appui en cas de besoin, on contruisit un petit fort sur lequel on arbora le pavillon de France. Ce fut l'origine de la ville de la Basseterre qui devint le chef-lieu de l'île. Malheureusement ce beau ciel, ce beau pays éprouve les Européens par de cruelles maladies. Ainsi au bout de quelque temps, par l'effet du climat et de la mauvaise nourriture, les pauvres colons se trouvèrent dans une misérable situation, qui augmentait encore par le refus des naturels de leur apporter des vivres frais ; car ils voyaient d'un œil jaloux ces nouveaux venus qui menaçaient leur liberté et leur indépendance.

Le capitaine L'Olive, d'un caractère ferme et décidé, voulait forcer les naturels à reconnaître l'autorité des blancs ; tandis que Duplessis, d'un caractère plus doux, était d'un avis contraire. Pour trancher la question, L'Olive s'embarque pour St-Christophe où résidait Dénambuc dans le dessein de lui demander l'autorisation de faire la guerre aux insulaires. Pendant son absence le bon Duplessis meurt d'ennui et de chagrin. L'Olive ayant été prévenu de cette perte, revint vitement à la Guadeloupe avec l'autorisation de faire la guerre aux naturels.

Pendant la guerre, on cultivait peu ou point les terres qui devaient nourrir les hommes. La famine prévue par Duplessis arriva bientôt, et à un tel degré que ces pauvres gens étaient réduits à manger de l'herbe et à déterrer les morts pour les manger aussi. A la suite de tant de misères, le malheureux L'Olive tomba malade et perdit la vue. Les épreuves douloureuses par lesquelles passait la colonisation influencèrent son moral au point de changer son caractère, il devint dévôt.

Les Caraïbes, fatigués d'être traqués comme des bêtes fauves par les blancs, abandonnèrent l'île pour se retirer à la Dominique d'où ils faisaient de fréquentes excursions contre les Français pour les surprendre et les exterminer, lorsqu'ils pouvaient le faire. La haine, ce sentiment de l'âme qui porte au mal, était entrée dans les idées des deux races pour se nuire réciproquement.

La situation de la colonie naissante était devenue bien critique ; elle se trouvait bien exposée à périr en détail à 1,600 lieues de la mère patrie par la famine, les maladies ou bien par les embûches des Caraïbes dont on avait pas su conserver l'amitié et pour avoir cherché dans la force brutale des moyens d'existence qu'ils ne devaient demander qu'à la paix et au travail.

1640. Heureusement le gouverneur Aubert arrive cette année pour prendre la direction des affaires et les remettre en meilleur état. Ce qui frappe le plus d'abord c'est le résultat de la guerre contre les insulaires et la désunion enfantée par la misère ; il est persuadé qu'en agissant autrement qu'on ne l'avait fait jusque-là, on pourrait obtenir d'autres résultats et relever la colonie tombée dans la misère par la faute de ceux qui en avait eu la direction.

Alors s'inspirant de ces idées, il se mit en rapport avec les naturels afin de leur persuader de son intention de vivre en paix avec eux ; il se mit à leur faire des présents qu'ils acceptaient avec des joies d'enfants. Par ces bons procédés, il obtint facilement la paix et la tranquillité ; une confiance réciproque succéda à la défiance, à la guerre et à la ruine.

Bientôt de nouveaux colons arrivèrent dans l'île, et sous l'heureuse influence d'Aubert on se livre au travail ; on organise de nouveaux centres de culture et l'on obtient des produits qui donnent l'abondance à ceux qui étaient menacés de mourir de faim. Mais tout ne marche pas dans une entreprise comme on le désire, l'homme est souvent arrêté par des difficultés imprévues.

Ainsi, vers ce temps, la police des mers était loin d'être faite par les puissances maritimes comme aujourd'hui, la piraterie était un métier très-lucratif; les corsaires couraient les mers pour piller les navires marchands qui partaient des côtes d'Amérique ou qui venaient d'Europe. Ils portaient ensuite les produits à St-Thomas, colonie danoise, pour les vendre; et quand les navires marchands devenaient rares, ils faisaient la traite de noirs ou bien ils s'abattaient sur les côtes des colonies mal défendues et enlevaient ce qui était à leur convenance.

C'est ainsi que les côtes de la Guadeloupe furent insultées plusieurs fois par ces bandits de mer qui pillaient les maisons, enlevaient les esclaves, les bestiaux et les récoltes. On se défendait aussi bien que possible, mais ils avaient soin de n'attaquer que les points faibles, éloignés des centres principaux pouvant donner de prompts secours.

Vers cette époque, le gouverneur Aubert eut une fâcheuse aventure dans laquelle plusieurs pêcheurs perdirent la vie, et où lui-même courut un grand danger; voici à quelle occasion. Pour procurer des vivres frais aux habitants, il commanda à ceux qui avaient des canots d'aller pêcher des lamentins et des tortues ; lui-même se mit dans une barque pour surveiller la pêche. Lorsqu'une tempête furieuse s'élève tout à coup et vient assaillir violemment les barques des pêcheurs ; celle qu'il monte sombre et entraîne seize hommes au fond de la mer. Aubert eu le bonheur de s'accrocher à un baril et six hommes en font autant. Quant aux autres barques, elles furent toutes jetées à la côte et bien peu de pêcheurs qui les montaient purent se sauver. La perte que l'on fit dans cette circonstance troubla l'esprit des colons, la tristesse se répandit dans tous les cœurs, il semblait que la fatalité conspirait contre la colonie pour l'empêcher de prospérer, et l'on parla longtemps de cette funeste pêche au lamentin.

1643. La Compagnie des îles jugea à propos de remplacer le brave Aubert par un nouveau gouverneur nommé Houel, qui, après avoir pris connaissance de la situation de la colonie, trouva que la population était peu en rapport avec l'étendue du terrain propre à la culture, et, d'un autre côté, que le nombre des célibataires vivants avec des négresses était trop considérable et d'un fâcheux effet pour la moralité publique. Il prit donc la résolution honnête de demander au mariage le moyen de fixer les hommes au sol et d'adoucir les mœurs un peu sauvages de ses administrés.

A cet effet, il demande à Paris qu'on veuille bien lui envoyer une certaine quantité de filles à marier.

Cette demande fut agréée par le gouvernement et l'on vit partir une compagnie de jeunes filles de l'hôpital de Saint-Joseph sous la direction d'une dame religieuse. La traversée fut heureuse, et à leur arrivée, elles furent bien accueillies à la Basse Terre et logées dans des cases construites exprès pour elles où rien ne manquait de ce qui leur était utile.

On comprend, du reste, que l'attente dans cette position ne fut pas de longue durée et que ces jeunes filles fraîches et gracieuses, qui étaient des beautés auprès de ces pauvres négresses si laides et disgraciées de la nature, trouvèrent facilement des adorateurs pour les épouser. La colonie fut donc en fêtes pendant quelques temps pour célébrer ces unions légitimes dans lesquelles résident sur cette terre le bonheur de la famille.

La culture coloniale consistait alors en petun ou tabac, c'est sous ce premier nom que cette plante fut connue en Europe, dans le coton, le cacaotier et les plantes alimentaires comme le manioc dont la racine donne une fécule appelée casave, l'igname, la banane et d'autres dont l'énumération est inutile. Le chou, les oignons et la pomme de terre poussent en herbe, le climat est trop chaud pour ces légumes. Le tabac était devenu très commun et se vendait à vil prix pour l'exportation, il ne rapportait pas assez d'argent à la colonie. Aubert pensa avec raison qu'on pourrait tirer un meilleur parti d'un climat aussi chaud et d'une terre aussi féconde en essayant la culture de la canne à sucre qui était cultivée avec succès aux grandes Indes, mais ayant été remplacé par Houel, il lui laissa le soin de poursuivre cette idée en lui recommandant de faire des plantations de cannes et de faire construire une fabrique de sucre. A cet effet, on fit venir des plans de cannes que l'on planta. Le terrain et le travail se trouvant favorable, au bout d'un an on vit de beaux champs de canne à l'aspect verdoyant promettre une bonne récolte. Cet exemple profita à la colonie, car l'on vit les colons de la Grande-Terre s'empresser de planter des cannes et d'établir des sucreries. Cette innovation, due au bon gouverneur Aubert, apporta un notable changement dans la situation des cultivateurs qui virent leurs peines récompensées par l'aisance et la richesse. Il est bon de dire que la canne à sucre donne aussi deux autres produits qui ont leur valeur : le tafia et le rhum qu'on obtient par la distillation.

Quand on apprit dans les autres îles, le succès de la Guadeloupe dans cette nouvelle exploitation, on s'empressa de l'imiter et cette bonne fortune s'étendit partout dans les Antilles.

CHAPITRE III.

1646. Arrivée du gouverneur de Thoisy. — Houel fomente une révolte contre lui. — Le père Armand intervient. — De Thoisy quitte l'île. — Le gouverneur de Poinsy est de cette affaire. — Il fait de Thoisy prisonnier. — Décision du conseil du Roi. — 1649. La compagnie des îles vend la Guadeloupe et ses dépendances. — 1654. Arrivée de familles hollandaises. — 1656. Soulèvement d'esclaves. — 1663. La culture du tabac et celle de la canne à sucre. — Exactions des seigneurs. — Le gouvernement de la métropole achète les îles. — Création d'une nouvelle Compagnie. — 1674. Elle est dissoute. — 1685. Le code noir. — 1690. L'Europe se ligue contre la France. — Expédition des Anglais contre la Guadeloupe. — Ils sont repoussés. — 1700. La succession d'Espagne amène la guerre. — 1703. Attaque des Anglais. Siége du fort Saint-Charles. — Guerre dans l'intérieur de l'île. — Les Anglais se rembarquent.

1646. La Compagnie des îles, mécontente de l'administration du gouverneur Houel, envoie le général de Thoisy pour le remplacer avec la qualité de lieutenant général des îles d'Amérique. Il arriva le 22 novembre de cette année pour prendre possession de son gouvernement. Mais le gouverneur Houel ne voulait pas lui céder sa place qu'il trouvait bonne, et il résolut de l'éloigner par ruse ou par force. En conséquence de ce projet, il fomenta une révolte contre ce nouveau gouverneur, qui avait déjà été reconnu à la Martinique en cette qualité par Duparquet. Il organisa une troupe de 250 hommes et en donna le commandement au nommé Labasilière, qui la conduisit sur une hauteur à portée de fusil de l'habitation du général de Thoisy ; celui-ci se trouvant bloqué, fait une sortie à la tête de 25 hommes pour repousser les révoltés, lesquels, voyant cette résolution de la part du général, et qu'il était soutenu par d'autres personnes encore, furent frappés de terreur panique et décampèrent lestement. Houel, apercevant le danger d'une guerre civile engagée contre l'autorité légale, alla prier le père Armand, supérieur des missionnaires, de bien vouloir apaiser la révolte. Le bon père parvint à réussir en engageant les mutins à mettre bas les armes. Le tour n'ayant pas réussi, Houel en chercha un autre. Il fit dire au général de Thoisy que son autorité aurait toujours à lutter contre la mauvaise volonté des habitants et qu'il ferait bien de quitter l'île pour le moment. De Thoisy jugeant que les circonstances ne lui étaient pas favorables, prit le parti de s'embarquer, le 31 décembre, sur un bâtiment qu'il avait acheté, et se rendit à la Martinique. A peine était-il embarqué que les séditieux se mirent à persécuter tous ceux qui étaient de son parti ; ils furent recherchés avec fureur, dépouillés de leurs biens et chassés impitoyablement de l'île.

Le commandeur de Poincy, gouverneur général des îles à Saint-Christophe, s'entendait dans ces affaires avec Houel, qui était son subordonné, pour empêcher que de Thoisy fut reconnu gouverneur général, par ce qu'il ne voulait pas renoncer à sa charge, et maintenir en même temps Houel à son poste, malgré l'ordre de la Compagnie des îles.

Il fut bientôt informé du départ et de l'arrivée de Thoisy à Saint-Pierre où il envoya une flotille pour le surprendre et s'emparer de sa personne.

Cette flotille, commandée par Lavernade, arriva, le 13 janvier 1647, en vue de la ville. Les autorités averties de son dessein, résolurent d'abord de se défendre, et l'on se mit à faire les préparatifs nécessaires pour repousser une attaque. Mais plusieurs habitants ayant communiqués avec la flotte, se laissèrent gagner par le commandant, et à leur retour ils persuadèrent les autres de livrer le général de Thoisy pour ravoir Duparquet, leur gouverneur, qui avait été mis en prison à Saint-Christophe, pour avoir reçu de Thoisy sans l'ordre de son supérieur, lorsqu'il s'était présenté à la Martinique une première fois.

Les colons, qui avaient juré obéissance à de Thoisy, cherchent alors un motif pour se dédire, et ils lui demandèrent la suppression des impôts qu'ils payaient à la Compagnie des îles, et comme cette demande ne pouvait être agréée, ils se crurent dégagés de leurs obligations envers lui.

Deux jours après ces événements, la maison des jésuites où il était fut entourée par des troupes qui s'emparèrent de sa personne et l'embarquèrent sur un navire de Lavernade.

A son arrivée à Saint-Christophe, de Poincy fit tirer le canon en signe de victoire et l'on mit de Thoisy en prison où il fut soigneusement gardé. En même temps Duparquet en sortait pour retourner dans son gouvernement de la Martinique où il fut reçu.

Pendant que ces événements se passaient, le conseil du roi Louis XIV décidait que M. de Poincy resterait une année encore à Saint-Christophe pour arranger ses affaires personnelles, et qu'en même temps de Thoisy serait lieutenant général des îles de la Guadeloupe et de la Martinique, et qu'ensuite il exercerait la même charge sur toutes les îles de l'Amérique.

Ce gouvernement ne se doutait guère de la triste position dans laquelle se trouvait son représentant aux Antilles, et que, malgré un pouvoir absolu, il est difficile de gouverner contre les intérêts des peuples à cette distance ; car ce qui avait nuit à de Thoisy, c'était le système d'impôts qu'il représentait, la Compagnie des îles voulant imposer les produits des colons de droits excessifs à leur sortie ainsi que les marchandises importées de France aux colonies ; c'était dans les impôts que se trouvaient les motifs de cette révolte.

Le gouvernement de France finit par comprendre qu'il s'était engagé dans une fausse voie en approuvant la nomination de Thoisy comme gouverneur des îles et représentant un système d'impôts excessifs pour des colonies naissantes. Il fut rappelé et de Poincy confirmé dans sa charge. Ce qui n'améliorait pas les affaires de la Compagnie qui pliait sous le fardeau de ses dettes, et ne sachant par quels moyens elle pourrait donner satisfaction à ses nombreux créanciers.

1649. Cette Compagnie des îles considérant qu'elle ne pouvait se soutenir qu'en mettant des impôts très-lourds sur les habitants, et qu'ils refusaient de supporter ; qu'elle ne tirait aucun profit des sommes considérables qu'elle avait déboursées dans cette grande entreprise, et pressée par ses créanciers qui demandaient à être payés, elle prit la résolution de vendre les quatre îles de la Guadeloupe, la Désirade, Marie Galande et les Saintes, à Houel, gouverneur, et au marquis de Boisseret, son beau-frère, pour la faible somme de 60,000 livres et 600 livres de sucre fin par an. Dans cette vente se trouvait compris les maisons, forts, canons, munitions, outils, meubles, marchandises et les esclaves appartenant à la dite Compagnie. Les deux acquéreurs s'engagèrent en outre à payer les dettes qu'elle avait dans le pays.

A partir du jour de cette vente, les acquéreurs Houel et de Boisseret furent les seigneurs de la Guadeloupe et de ses dépendances. On verra plus tard que les colons qui se réjouissaient d'être délivrés de la Compagnie des îles ne gagnèrent pas à ce changement de maître.

1654. Une circonstance heureuse vint se présenter cette année pour la colonie ; il arriva plusieurs navires chargés de familles hollandaises, chassées du Brésil par les Portugais pour des motifs de religion. Ces bonnes gens en arrivant demandent la permission de se fixer dans l'île sur le même pied que les autres colons, ce qui leur fut accordé avec empressement par le gouverneur Houel.

Ces navires amenaient plus de 900 personnes, tant libres qu'esclaves, avec des richesses considérables. Il y avait 300 soldats wallons et 300 esclaves, le reste était composé de cultivateurs avec leurs femmes et leurs enfants. Ils demandaient simplement le libre exercice de leur culte et des terres à cultiver pour former un village, promettant du reste d'être calmes, tranquilles et soumis aux lois et règlements de l'île. On leur assigna un quartier où ils s'installèrent pour cultiver et vivre de la vie commune.

1656. Vers la fin de l'année, il se passa un événement fâcheux qui, mieux concerté, aurait pu avoir des conséquences funestes pour les colons.

Un soulèvement d'esclaves eut lieu sous la direction de deux d'entre eux nommés Pedre et Jean Leblanc. Leur projet était de massacrer tous les maîtres, de conserver leurs femmes et de créer deux royautés dans l'île. Le complot manqua par l'effet d'une partie des conjurés, qui ne jugèrent pas à propos de se rendre à l'endroit indiqué pour le rendez-vous, puis par la répulsion bien naturelle qu'ils éprouvaient d'être obligés d'assassiner des maîtres qu'ils avaient appris, sinon à aimer, du moins à respecter.

Ceux qui s'étaient mis en révolte se mirent à piller et à détruire des habitations par le feu, puis ils prirent la fuite dans les bois. Pour leur donner la chasse, on choisit vingt soldats et des nègres restés fidèles ; presque tous furent pris et jugés dignes de la potence. Les deux pauvres rois, Pedre et Jean Leblanc furent également pris et condamnés à être écartelés vifs. Ainsi finit cette histoire que deux pauvres fous avaient inventé pour se venger d'une société qui avait toutes les jouissances des biens, tandis qu'eux n'avaient que des souffrances à endurer.

1663. Sous le nouveau régime des seigneurs, qui étaient les souverains-maîtres, l'agriculture se développa ; on abandonna tout à fait la culture du tabac pour celle de la canne et l'on créa des fabriques de sucre. Les colons auraient été heureux si les exactions des seigneurs, pour satisfaire leur luxe, n'avaient été intolérables. La majorité de ces malheureux, pour payer les impôts, étaient forcés de s'endetter. Le mécontentement était devenu général, aussi bien dans les autres colonies que dans celle-ci, car la Martinique avait été aussi vendue à Duparquet pour le prix de 60,000 livres.

Dans cette situation, il n'y avait qu'un moyen à employer pour sortir d'embarras, c'était le rachat de l'île par l'État. Le ministre Colbert proposa donc au roi Louis XIV d'acheter les îles aux seigneurs qui les possédaient pour délivrer les habitants de leur tyrannie. Par suite des conventions passées avec eux, la Guadeloupe et ses dépendances furent achetées au prix de 125,000 livres tournois. Mais on retomba malheureusement après dans le système de l'exploitation par une compagnie.

Par un édit du roi, du mois de mai 1664, il fut créé une société sous le nom de Compagnie des Indes occidentales, ayant le droit de faire exclusivement le commerce et la navigation pendant 40 ans avec les Antilles. C'était résoudre la question d'une manière défectueuse, il fallait abandonner ce moyen de gouvernement qui avait déjà mal réussi et accorder la liberté de trafiquer aux colons.

A cette époque, la France cherchait à étendre ses possessions d'outre-mer en faisant des acquisitions dans les grandes Indes comme en Amérique. Colbert avait fait acquérir dans les Antilles une partie de Saint-Domingue, les îles de Sainte-Lucie, la Grenade Saint-Martin, Saint-Christophe, Sainte-Croix et la Tortue. La compagnie pouvait exploiter tous ces pays et encore la Guyane, le Canada et le Sénégal, et tous les pays où elle pourrait s'établir.

Tout sujet du roi pouvait être admis dans la compagnie en y apportant une mise de fonds de 3,000 livres. C'était une trop vaste entreprise pour qu'elle pût durer longtemps. On espérait à tort qu'elle activerait le commerce entre la France et les pays soumis au monopole de la compagnie. Mais elle ne tarda pas à reprendre les errements de la compagnie formée sous Richelieu, en prétendant prendre les denrées à vil prix aux planteurs pour les revendre le plus cher possible en France. Elle poussa ce genre de trafic si loin que les planteurs furent sur le point de se révolter plusieurs fois pour l'en empêcher.

1674. La mauvaise administration de la compagnie des Indes occidentales et son peu d'intelligence des affaires qu'elle avait à diriger, déterminèrent le gouvernement de Louis XIV à prononcer sa dissolution, dix ans après sa formation. Les îles françaises des Antilles furent réunies au domaine de l'Etat dont elles auraient dû faire partie depuis longtemps. Les Français eurent la liberté de s'y établir et d'y commercer comme ils l'entendraient.

Cet horizon nouveau produisit d'heureux résultats en attirant dans ces pays des hommes entreprenants et cherchant fortune, soit dans le commerce, soit dans les plantations.

1685. La population esclave augmentant avec le

développement de l'agriculture et du commerce, il était naturel et humain de régler par un code les droits et les devoirs des maîtres, qui jusqu'alors avaient considéré l'esclave comme une propriété exclusive dont personne n'avait à s'inquiéter. D'autre part, comme les abus naissent et tendent à s'invétérer avec le temps, il était sage de limiter l'autorité du maître sur son esclave, qui était après tout un homme dont on pouvait user et ne point abuser.

On cite ici quelques parties du Code noir, on jugera de son esprit de moralité.

« Les esclaves seront baptisés et instruits dans la
« religion sous peine d'amende contre les maîtres.
« Les hommes libres qui auront des enfants en concu-
« binage avec des esclaves, et les maîtres qui l'auront
« souffert seront condamnés à 2,000 livres d'amende.
« Le maître qui aura des enfants d'eslave, sera privé
« de l'esclave et des enfants à moins qu'il n'épouse la
« mère, ce qui rendra les enfants libres. Les mariages
« des esclaves seront solennisés ; le consentement du
« maître est nécessaire, mais il n'a pas le droit de
« marier l'esclave contre son gré. »

1690. L'Europe s'était liguée contre la France, la guerre maritime existait déjà depuis deux ans avec la Hollande et l'Angleterre au sujet du roi Jacques II, dépossédé par son gendre, Guillaume, prince d'Orange, que Louis XIV voulait rétablir sur son trône.

L'Angleterre, pensant pouvoir s'emparer facilement

de la Guadeloupe, fit préparer à la Jamaïque une expédition contre cette île où elle arriva, le 27 mars ; elle se composait de quatorze navires de guerre ayant à bord des troupes de débarquement, commandée par le général Codrington.

La première opération de général fut de s'emparer de Marie-Galande, livrée à elle même et incapable de pouvoir résister. Après avoir ravagée cette île, les Anglais se rembarquèrent pour venir attaquer la Basse-Terre, le 10 avril. La garnison du fort était de 60 hommes sous les ordres d'un homme énergique nommé Malmaison, lieutenant du roi, et malgré son infériorité, elle soutint bravement un siège de 35 jour ; ce qui donna le temps de réclamer des secours à la Martinique. Bientôt le gouverneur de Ragny accourut avec un corps de troupe, et après quelques combats heureux pour nous, les Anglais furent forcés de se rembarquer, abandonnant leurs blessés, des bagages et des prisonniers.

1700. La paix de Riswick, faite, en 1697, entre les puissance de l'Europe, ramena la tranquillité, le travail et la prospérité dans les Antilles ; mais cette situation heureuse fut changée par l'ambition de Louis XIV qui voulait placer son petit-fils sur le trône d'Espagne ; les autres puissances, par jalousie, se liguèrent contre lui pour traverser ses projets ; elles accusaient ce monarque bien à tort de rêver la monarchie universelle. Cette idée était du roi Guillaume, l'ennemi particulier du roi Louis XIV.

1702. Les armées de terre eurent à lutter contre des forces supérieures et ne furent pas heureuses ; il en fut de même de notre marine unie à celle de l'Espagne, les flottes de l'Angleterre et de la Hollande, les accablèrent en différentes rencontres ; notamment dans l'affaire du port Vigo, en Galice, où la flotte anglaise força l'entrée du port pour s'emparer de dix vaisseaux de guerre et onze galions chargés d'or venant de la Havane. Cette victoire des Anglais eut un retentissement immense dans le monde, et assura l'empire des mers à cette nation ambitieuse.

La situation des Antilles françaises devint assez critique par la crainte d'être attaquées par les ennemis. Ils s'étaient emparés de Marie-Galande qu'on parvint à reprendre après quelques efforts de notre part.

1703. Au commencement de l'année on apprit que les Anglais faisaient de grands préparatifs à la Jamaïque pour attaquer nos possessions, qu'ils convoitaient depuis longtemps ; mais on ne connaissait pas d'avance le point d'attaque. Il fallut donc se mettre en garde partout pour éviter d'être surpris par ces éternels ennemis. Ce fut au mois de mars que l'expédition se présenta devant la Basse-Terre ; elle était composé de : 45 voiles portant 4,000 hommes de débarquement et commandée par l'amiral Benbow.

Walker. Après le débarquement des troupes près de la ville on commença les opération du siège contre le fort qui la protégeait. L'artillerie parvint à ouvrir la brèche, le 3 avril, et les Anglais se disposaient à donner l'assaut, le commandant de la place ayant refusé de se rendre. Tout en se défendant, la garnison avait miné les principales pièces de fortifications, et la nuit qui précéda le jour désigné pour l'assaut, le feu fut mis aux fourneaux de mine qui éclatèrent comme un volcan aux yeux des assiégeants fort étonnés de n'avoir conquit qu'un monceau de ruines après trois semaines de peines et de travaux.

Pendant ce temps, les Français avaient gagné vivement de l'espace pour se retirer dans les bois, où ils espéraient se défendre assez longtemps pour être secourus par un renfort qui devait venir de la Martinique. En effet, 800 hommes parvinrent à débarquer et à les joindre, alors on attaqua avec courage les ennemis sur plusieurs points à la fois, en faisant une guerre de tirailleurs qui tournait à leur désavantage, mais le meilleur auxiliaire fut la maladie qui se déclara parmi eux ; les pertes journalières qu'ils éprouvaient obligèrent l'amiral Benbow-Walker à ordonner le rembarquement. Les pertes essuyées par les Anglais dans cette expédition, furent de 1900 hommes, c'était presque la moitié des troupes de débarquement.

Dans le récit du voyage, fait par le père Labat,

qui se trouvait à la Guadeloupe à cette époque, il
« dit : que les Anglais brûlèrent quatre églises,
« vingt-neuf sucreries, quatre bourgs et quatre
« couvents. Les Français eurent 27 tués et 150
« blessés. »

On avait organisé une compagnie de 60 nègres, elle rendit de très bons services pendant la campagne en se battant bravement à côté de nos soldats. On aime à croire que le gouverneur d'alors, M. Auger, se sera montré juste envers eux, en leur accordant une liberté si bien gagnée au service de la France, malheureusement le père Labat n'en dit rien dans son récit sur les événements de cette époque.

CHAPITRE IV.

1713. La paix d'Utrecht enlève des colonies à la France. — 1715. Mort du roi Louis XIV. — 1717. Le chevalier de Peugnières est nommé gouverneur général des îles Sous-le-Vent. — 1723. Avénement au trône du roi Louis XV. — 1727. Cultures de la Guadeloupe. — 1733. Développement commercial des îles. — 1740. Guerre maritime de l'Angleterre contre l'Espagne. La France s'unit à l'Espagne pour soutenir la guerre. — 1748. Traité de paix d'Aix-la-Chapelle. — 1756. Guerre maritime avec l'Angleterre. — 1759. Attaque de la Martinique et prise de la Guadeloupe par les Anglais. — 1763. Paix signée avec l'Angleterre. La Guadeloupe est rendue à la France. — 1774. Mort du roi Louis XV. — 1776. La guerre maritime éclate de nouveau au sujet des Etats-Unis. — 1783. La France, l'Espagne et les Etats-Unis font la paix de Paris avec l'Angleterre.

1713. La paix d'Utrecht enleva une partie de nos colonies pour les donner à l'exigente Angleterre : on perdit la baie d'Hudson et Terre-Neuve. Le gouvernement d'alors devint plus soigneux des autres ; elles furent affranchies de droits qui pesaient trop lourdement sur leurs produits. C'est alors que commence la prospérité de nos colonies à sucre et à café. Cette prospérité n'était que relative pour notre île, car on l'a déjà dit, les affaires ne se traitaient avec l'Europe que par l'intermédiaire de la Martinique, qui était le centre commercial des Antilles, la reine des possessions françaises. Alors nous avions St-

Domingue, qui promettait d'acquérir une grande importance, St-Christophe, le berceau de notre colonisation, Ste-Lucie, St-Vincent, la Grenade et Tabago. Toutes ces îles avaient dans leur sein des germes de prospérité qui ne demandaient qu'à se développer avec le temps.

1715. Le roi Louis XIV, après un règne illustre, puisqu'il donna son nom à son siècle, meurt en laissant sa couronne à un enfant de cinq ans. La régence fut confiée au duc d'Orléans, prince doué d'aimables qualités, mais aimant trop le plaisir. Les finances de la France étaient dans un grand désordre, le régent crut les rétablir en adoptant le trop fameux système de Law, espèce d'aventurier en finances. L'argent fut remplacé par un papier-monnaie qui eut cours un moment et tomba ensuite dans le discrédit ; beaucoup de gens furent ruinés par l'agiotage et les colonies se ressentirent de cet état de choses ; l'argent, ce nerf des affaires, devenant rare, les transactions devinrent difficiles et languissantes.

1717. Le chevalier de Peugnières, étant gouverneur de la Guadeloupe, reçu du cabinet de Versailles l'ordre d'aller à la Martinique, comme gouverneur général des îles Sous-le-Vent. Ce changement avait été motivé par le renvoi en France de M. de Lavarenne, gouverneur, qui avait déplu aux colons de cette île par ses actes. On ne sait pourquoi il fit défendre la construction de nouvelles sucreries. Les colons mécontents se liguèrent contre lui ; ils l'attirèrent, un beau jour, par ruse, à un dîner, avec l'intendant Ricouard, dans une maison de campagne située au Lamentin, où il fut interrogé et jugé digne de retourner en France. En effet, il fut embarqué le jour même sur un navire qui l'attendait sous voile. C'est à la suite de cette affaire fâcheuse que le chevalier de Peugnières vint à la Martinique prendre en main le gouvernement général des Antilles, et qu'à partir de cette époque la Guadeloupe se trouvait être une dépendance de la Martinique.

1723. Le roi Louis XV étant parvenu à sa majorité, prit la direction du gouvernement sous l'influence du duc d'Orléans, comme premier ministre, et ce dernier meurt peu de temps après. Une longue paix, sous le ministère du cardinal de Fleury, donne heureusement à la France épuisée par une guerre avec l'Espagne, le temps de se remettre de ses efforts et de ses pertes.

1727. Jusqu'à cette époque, on ne cultivait dans les Antilles que la canne à sucre, le coton, le cacao, le tabac et les plantes alimentaires, lorsqu'on apprit que la Martinique avait reçu des plans de caféier et que cet arbrisseau réussissait parfaitement dans cette île. On pensa donc avec raison tirer bon parti de ce précieux arbuste en le cultivant dans la colonie, et peu à peu la culture s'en répandit dans les îles voisines où il réussit parfaitement.

1733. La paix existait depuis 1714 ; elle profitait à toutes les nations en amenant une grande prospérité. Le commerce des îles avait pris un développement inconnu jusqu'alors : les denrées coloniales s'introduisaient dans la consommation des peuples ; le sucre et le café y entraient pour une grande part. Aussi les Antilles regorgeaient de richesse en numéraire et autres valeurs. La Guadeloupe participait à cette heureuse situation : les plantations, les sucreries augmentaient leurs productions en construisant des bâtiments et en augmentant le nombre des travailleurs. Mais elle ne pouvait pas rivaliser avec sa florissante voisine la Martinique où toutes les grandes opérations se concluaient pour l'Europe.

1740. A cette époque, les Anglais suscitaient des difficultés pour recommencer la guerre maritime, dans l'intention de s'emparer de quelques colonies et pour arriver à se saisir du commerce général. Dans cette intention, ils commencèrent par l'Espagne, qui avait de fort belles possessions lointaines et faisait un commerce considérable.

Par le traité d'Utrecht, ils s'étaient réservé le droit de fournir les colonies espagnoles d'esclaves pendant trente ans, et de commercer avec un seul vaisseau de 500 tonneaux qui fut bientôt porté à mille ; puis on le fit accompagner de petits navires, chargés de marchandises pour alimenter le grand, qui, par ce moyen, ne désemplissait pas d'esclaves et de marchandises.

Cette mauvaise foi irrita les Espagnols au point que l'un d'eux coupa l'oreille à un capitaine anglais, qui alla au Parlement se plaindre de cette mutilation. Il n'en fallait pas davantage pour faire éclater la guerre entre les deux nations. Le cardinal de Fleury, qui dirigeait les affaires de France, s'interposa bien entre les deux partis pour les concilier, mais ce fut en vain. L'Angleterre voulait prendre des colonies à l'Espagne, et l'occasion était trop belle pour la laisser échapper.

1748. La France avait été obligée de s'unir à l'Espagne contre l'Angleterre, qui commettait toutes espèces de vexations à notre égard sur mer, prétendant que c'était par erreur que sa marine arrêtait nos vaisseaux. En outre, elle était parvenue à former une coalition contre nous, composée de l'Allemagne, de la Hollande et du Piémont ; les hostilités eurent lieu sur le Rhin, en Flandre et en Italie où les succès et les pertes se balancèrent jusqu'à la bataille de Fontenoy, gagnée sur les Anglais et les Autrichiens, le 11 mai 1745, par l'illustre maréchal de Saxe, alors vieux et infirme. Cette victoire refroidit un peu l'ardeur de nos ennemis par les suites avantageuses qu'on sut en tirer en faisant la conquête des places de Flandre.

Pendant ce temps, les Anglais obtenaient des succès sur mer et dans l'Amérique du Nord où ils s'emparaient du cap Breton ; puis ils détruisaient notre marine dans deux combats, au cap Finistère et à Belle-Isle.

La lassitude de la guerre, la ruine en hommes et en argent décidère enfin les parties belligérantes à s'entendre après la prise de Maëstricht pour traiter de la paix, qui fut conclue à Aix-la-Chapelle, le 18 octobre 1748.

Pendant cette guerre qui dura huit ans, les colonies des Antilles eurent à repousser des attaques partielles de bâtiments ennemis ; mais la plus grande gêne consistait dans l'interruption des communications avec la métropole. La formidable marine anglaise était partout aux aguets, pour surprendre et saisir nos convois marchands, presque toujours escortés par des forces insuffisantes. La guerre faite par nos corsaires au commerce anglais ne compensait nullement nos pertes maritimes.

1756. La guerre recommença par l'Amérique du Nord au sujet de délimitation du territoire. Les Anglais attaquèrent les postes français, en faisant des excursions sur des parties de territoire appartenant à la France. Ils se rendirent même coupables d'un assassinat sur un officier français nommé Jumonville, envoyé du fort Duquesne pour réclamer contre des usurpations commises par eux. Dans cette circonstance les Anglais du fort de la Nécessité, construit sur notre territoire, était commandés par le major Washington où le crime eut lieu ; l'impartialité oblige à dire que cet acte ne fait pas honneur aux sentiments de justice d'un homme que la destinée a fait président des Etats-Unis, et qui, en cette qualité, implora plus tard l'intervention de la France pour aider les Américains à secouer le joug de l'Angleterre. Pour en finir, le frère de Jumonville fut envoyé à la tête d'une expédition afin de punir les Anglais de cette trahison, et il reçut par capitulation le fort de la Nécessité, qu'il aurait pu enlever d'assaut et passer la garnisson par les armes pour venger son frère et nos soldats ; mais il aima mieux se montrer généreux en agissant loyalement. Les sauvages, au nombre de cinq à six cents qui l'accompagnaient, ne comprenaient pas une pareille générosité et l'excitait à verser le sang des prisonniers anglais. Cette retenue de la part de Jumonville avait pour but l'échange des malheureux compagnons de son frère, qui avaient été épargnés, et que l'on retenait prisonnier à Boston.

Vers la même époque, ces mêmes Anglais violaient aussi la paix sur mer en s'emparant de deux vaisseaux de guerre, l'*Alcide* et le *Lys*, portant des secours au Canada menacé par eux. A ce signal, les corsaires anglais, qui avaient le mot, tombent comme des oiseaux de proie sur notre marine marchande : trois cents bâtiments valant trente millions sont enlevés sans déclaration de guerre. Après des vexations de toute espèce, la France déclara enfin la guerre le 13 janvier 1756. Il fallut songer à mettre nos établissements coloniaux à l'abri de la marine anglaise, en envoyant de France des renforts de troupes et de l'argent ; il fallait exécuter des travaux de défense, et tout disposer pour se faire respecter d'un ennemi entreprenant.

M. de Machauld, alors ministre de la marine, eut le talent de distribuer les forces maritimes de la France sur des points qui inquiétèrent vivement le gouvernement anglais ayant à sa disposition une marine supérieure en force et qui pensait tout envahir sans obstacle. Mais le gouvernement de Louis XV, dirigé par une femme, manquait de l'énergie nécessaire pour bien conduire une guerre maritime redoutable, à laquelle vint bientôt se joindre une guerre continentale pour soutenir l'Autriche contre la Prusse.

Les communications maritimes sont coupées entre les colonies et la métropole ; le commerce et les transactions sont presque anéanties et n'existaient qu'avec les nations neutres. L'esprit public, influencé par le doute et la peur, manquait de confiance dans l'avenir qui lui paraissait plein de périls et de dangers. La marine anglaise était redoutée par le nombre et ses succès, et l'on craignait avec raison ses entreprises contre nos possessions maritimes.

1759. Cette année fut une époque extrêmement grave pour la Martinique et la Guadeloupe. Une expédition anglaise, commandée par l'amiral John Moore, ayant été repoussée de la Martinique par une résistance qu'on ne saurait trop louer, vint s'abattre sur notre île qui ne possédait pas d'aussi grand moyens de défense, et qui ne pouvait compter que sur l'énergie de la garnison et des habitants pour défendre leur sol attaqué par des forces supérieures.

L'expédition parut devant la Basse-Terre, le 23 janvier ; elle comptait dix vaisseaux de ligne avec des transport portant des troupes de débarquement. M. Nadaud-Duteil, gouverneur, rassembla ses troupes et ses milices pour se défendre ; mais les Anglais ne lui en laissèrent guère le temps, car ils débarquèrent aussitôt à leur arrivée près de la ville de la Basse-Terre ; ils tentèrent une attaque générale contre le fort et les batteries qui protègent la rade. Il faut bien le dire, cette attaque réussit : les troupes anglaises entrèrent sans coup férir dans la ville et le fort, qui avait été abandonné par les Français. Un déserteur français avait prévenu l'ennemi que la forteresse avait été minée pour la faire sauter ; c'était vrai, mais dans la précipitation de la retraite, la mèche qui devait donner le feux aux poudres n'avait pas été allumée. L'explosion n'eut pas pas lieu et les Anglais purent prendre tranquillement possession du fort.

Le 24 janvier, le gouverneur avait réuni 2,000 hommes dans une bonne position, à l'entrée d'un défilé appelé le Dos-d'Ane, où l'on ne pouvait l'attaquer facilement. Alors les Anglais lui firent des propositions qu'il refusa d'écouter, aimant mieux se défendre que rendre l'île.

Les habitants se joignirent avec leurs esclaves aux troupes, pour participer à la défense de l'île en faisant une guerre d'escarmouche qui devint très meurtrière pour les Anglais. On cite le dévouement dont Madame Ducharmey fit preuve en plusieurs circonstances à la tête de ses gens. Des détachements ennemis sont attaqués et défaits courageusement par cette dame ; les Anglais furent obligés d'envoyer des corps de troupe contre elle pour la déloger de ses positions.

La guerre avait commencée à la Basse-Terre, pays montagneux et boisé, et par conséquent facile à défendre par les Français, qui en connaissaient la topographie et les ressources. Les ennemis, appréciant ces avantages, se décidèrent à la porter à la Grande-Terre, pays plat, dont les accès sont faciles par mer. Ils s'emparèrent du fort Louis après quelques jours de siège, qui leur servit de base d'opération pour attaquer ensuite les défenseurs de l'île qui étaient divisés par détachements de forces variables. Les Anglais imitèrent cette tactique en ayant des détachements beaucoup plus forts que ceux des Français, ce qui leur permit de se rendre maîtres de tous les points défensifs de l'île. — Les secours n'arrivant point de la Martinique, le gouverneur Nadeau-Duteil, voyant toute résistance impossible, envoya deux officiers près du général Barington pour traiter de la reddition de l'île.

Ces conditions furent des plus honorables pour les Français ; rien n'était changé dans les conditions sociales des habitants qui conservaient leurs propriétés, le libre exercice de leur religion et n'étaient assujettis à aucune taxe nouvelle. En cas de guerre, ils n'étaient pas tenus à prendre les armes contre la France. Par une coïncidence fatale, on apprit, au moment où l'on signait la capitulation, qu'un secours de 600 hommes était débarqué heureusement à Ste-Anne, et amené par le gouverneur général, de Beauharnais, pour concourir à la défense de l'île ; mais il était trop tard, ce corps fut obligé de se rembarquer pour retourner à la Martinique.

Plus tard, à la rentrée de Nadaud-Duteil en France, il fut accusé d'avoir mollement défendu son île ; on a écrit même qu'il fut mis en jugement et dégradé. Cette condamnation aurait été excessive en raison de la faiblesse des moyens mis à sa disposition pour se défendre et du manque de concours de la part du gouverneur général Beauharnais. La défense avait durée trois mois entiers ; c'était certainement tout ce que pouvait faire une garnison de 2,000 hommes contre cinq à six mille ; mais on pouvait lui reprocher la défense du fort de la Basse-Terre, qui avait été sottement abandonné aux Anglais à leur débarquement.

1763. Quatre ans après ces inconvénients, la paix fut signée entre la France et l'Angleterre, qui rendit la Guadeloupe avec sa sœur, la Martinique ; mais la guerre maritime avait été si désastreuse pour nous, que les Anglais en profitèrent pour nous enlever la majeure partie de nos colonies dans le monde entier et toute influence maritime. On ne comprend pas qu'il se soit trouvé un roi de France, pouvant consentir à faire subir un pareil traité à son pays.

Le gouvernement français rendit, après la paix, l'administration de la Guadeloupe indépendante de celle de la Martinique. Cette île n'était plus obligée d'envoyer toutes ses denrées à la Martinique et d'y acheter tous les objets de consommation dont elle pouvait avoir besoin ; elle commerçait directement avec la France et les autres colonies, et son gouverneur ne relevait que du ministre de la marine. Six ans après, on replaça de nouveau la Guadeloupe sous la dépendance de sa voisine, pour obtenir, disait-on, plus d'unité dans la défense en cas de guerre ; les deux îles pouvant se porter mutuellement secours. Puis on s'aperçut enfin que les avantages qu'on espérait par cette réunion étaient illusoires depuis que la Dominique, située entre ces deux îles, avait été cédée à l'Angleterre, et, en 1775, la Guadeloupe fut définitivement constituée indépendante du gouvernement de la Martinique, ainsi que cela a lieu de nos jours.

1774. La mort du roi Louis XV fut regardée comme le terme des calamités qui pesaient sur la France : les finances étaient dans le plus grand désordre, l'augmentation des impôts et la conduite immorale du monarque irritaient les populations. Les dissentions agitèrent les esprits dans les dernières années de son règne ; les parlements furent dissous à cause de leur opposition et les jésuites expulsés du territoire pour leurs sourdes menées. En 1772, la malheureuse Pologne fut abandonnée à l'avidité de la Prusse, de l'Autriche et de la Russie.

Il y eut cependant de beaux jours sous ce règne : la guerre d'Allemagne, qui amena la bataille de Fontenoy et la paix d'Aix-la-Chapelle, ne fut pas sans gloire pour nous ; mais celle de sept ans fut malheureuse par la perte de la bataille de Rosbach contre la Prusse.

Au point de vue maritime et colonial, le gouvernement manqua de capacité, d'énergie et de volonté ;

il se laissa arracher par les Anglais les établissements fondés sous le règne précédent. Ce ne furent pas les hommes distingués qui manquèrent pour bien conduire les affaires de l'époque, mais une direction habile et ferme. La France perdit son prestige et la plus grande partie de ses possessions dans l'Inde et l'Amérique.

Pendant la période de paix qui succéda à la guerre désastreuse de 1756 à 1763, les cultures du pays s'augmentèrent beaucoup par le travail et les échanges directes qui se faisaient avec la France et d'autres pays. Cette prospérité donnait l'aisance et la richesse à notre colonie où la fertilité du sol seconde les efforts des habitants.

1776. Le calme dans lequel on vivait depuis longtemps est tout à coup troublé par l'éclat du conflit qui vint à s'élever entre l'Angleterre et ses colonies d'Amérique au sujet des impôts du timbre et du thé qu'elle voulait leur imposer arbitrairement. Les Américains, furieux contre les procédés de la métropole, créent un congrès qui fait une déclaration d'indépendance, le 4 juillet 1776, et l'état de guerre s'ensuivit.

La haine que l'on portait à l'Angleterre fit tressaillir tous les cœurs en apprenant ce qui se passait, et l'on voyait avec bonheur le moment de la vengeance arriver pour déchirer les infâmes traités de 1763. Le gouvernement de Louis XVI temporisa tant qu'il put à cause de l'infériorité de notre marine réduite à 40 vasseaux ; mais poussé par l'opinion publique, il dut céder et reconnaître l'établissement du nouveau gouvernement américain. Franklin, ambassadeur de la nouvelle république, est reconnu par la France, qui envoie de son côté M. de Reineval la représenter aux Etats-Unis.

Dans les colonies de la Martinique et de la Guadeloupe on était dans la joie par l'espoir de voir un jour l'Angleterre humiliée et nos désastres réparés. Un gouverneur habile et énergique, le général de Bouillé, fut donné à la Martinique. Il reprit la Dominique et Ste-Lucie, mais cette dernière île ne put être conservée. Le comte Destaing, avec son escadre, reprit St-Vincent et la Grenade. Dans ces parages, Lamotte-Piquet et lui soutinrent dignement l'honneur de notre pavillon dans différentes rencontres avec les forces anglaises.

1780. Quatre ans plus tard, le fameux Rodney, avec une flotte de vingt vaisseaux, changea la face des affaires dans ce pays. Il commença par balayer l'Atlantique depuis les rivages d'Europe jusqu'à ceux des îles Sous-le-Vent. Dans ces parages, se trouvait le modeste Guichen, aussi intelligent que brave, qui sut lutter avec avantage contre lui dans différents combats qui n'amenèrent rien de décisif.

1781. Au mois d'avril une autre flotte, commandée

par l'amiral Hood, vint bloquer Fort-de-France de la Martinique et intercepter les communications avec le dehors. Cette situation désagréable durait depuis quelque temps, lorsque les habitants virent arriver une flotte française, commandée par le comte de Grasse, qui força celle des Anglais à prendre le large. Puis après cet avantage, elle se rendit sur les côtes des Etats-Unis où elle était appelée à rendre des services à la cause américaine.

1782. Cette année eut lieu la réunion aux Antilles des deux flottes de Hood et de Rodney venues d'Angleterre, ce qui porta les forces anglaises à trente-huit vaisseaux, tandis que de Grasse, qui était revenu des côtes d'Amérique, n'en comptait que vingt-huit. La prudence exigeait donc d'éviter toute rencontre avec l'ennemi, et il y avait encore ce motif qu'il était chargé de l'escorte d'un immense convoi de bâtiments marchands, en général mauvais marcheurs. Il devait se rendre à Saint-Domingue pour faire jonction avec une flotte espagnole, ce qui devait porter ses forces à cinquante vaisseaux. Avec une flotte aussi formidable, il était maître de la mer et les Anglais auraient été forcé de cacher leurs vaisseaux dans le fond de leurs rades. Mais la fatalité voulut que de Grasse se laissât joindre par les Anglais à la hauteur des Saintes, le 12 avril 1782, qu'une lutte terrible eut lieu contre des forces supérieures et que notre flotte fut broyée, anéantie. La *Ville de*

Paris qu'il montait, fut désemparée ; fait prisonnier, il est conduit à Londres pour être mis en vue devant la populace. Au moment d'amener le pavillon amiral, il ne restait que trois hommes sans blessures à bord : c'était de Grasse et deux matelots ; que n'était-il au nombre des morts !

On comprendra sans peine que cette bataille navale, livrée à une vingtaine de kilomètres des côtes de la Guadeloupe, dut attiré sérieusement l'attention des habitants, et que c'est le cœur navré qu'ils en connurent le fatal résulta.

1873. La guerre avec l'Angleterre durait depuis sept ans au sujet de l'affranchissement des Américains des Etats-Unis avec des chances assez malheureuses pour nous, lorsqu'on apprit que les préliminaires de paix avaient été signés à Paris, le 20 janvier pour la France, l'Espagne et les Etats-Unis d'un côté et l'Angleterre de l'autre.

Dès lors succèdent partout les idées pacifiques à celles de guerre. On était heureux d'avoir atteint le but désiré, en contraignant notre rivale à reconnaître l'indépendance de nos alliés et la liberté des mers ; mais ce bonheur avait été acquis bien chèrement par la perte de nos vaisseaux et de grandes dépenses qu'on estimait à quinze cent millions. Est-ce que les Américains nous ont jamais montré un dévouement semblable dans les crises que nous avons eu à traverser ? Non, certes, ils n'ont été pour nous que des amis intéressés !

Cette guerre n'avait pas constamment interrompu les rapports avec les ports de France et ceux des autres colonies parce que les flottes belligérantes furent presque toujours occupées vers les côtes des Etats-Unis, éloignées de douze à treize cents lieues des îles du Vent.

La population de l'île avait une marche régulière dans le sens de l'augmentation ; on l'estimait à cette époque à 107,000 personnes, dont 14,000 blancs, 3,000 affranchis et 90,000 esclaves. Cette augmentation de population était due surtout à la traite des noirs, qui s'exerçait alors par toutes les nations sur les côtes d'Afrique où les bâtiments négriers les achetaient facilement aux tribus noires pour de l'argent, de l'eau-de-vie, des armes, de la poudre à tirer et des étoffes grossières. Ces malheureux noirs étaient transportés dans les îles et sur les côtes d'Amérique où les négriers les vendaient avantageusement. Les Anglais surtout étaient le plus âpres à ce genre de commerce inhumain, ils faisaient la traite en grand pour s'enrichir, en vendant des noirs à tous les établissements du Nouveau-Monde. Ils n'affichaient pas alors cette philanthropie qu'ils eurent plus tard pour la race nègre, parce qu'alors les grandes Indes ne leur rendaient pas encore assez de denrées coloniales pour leur immense commerce.

Ce ne fut que plus tard, que les produits des Indes en grande quantité et à meilleur marché, leur suggérèrent cette philanthropie de marchands à laquelle les esprits superficiels ne virent que le beau côté qui cachait une opération commerciale en grand (1).

(1) En effet, en supprimant la traite dans les colonies, on supprimait le travail de ces pays, et pendant ce temps les produits des grandes Indes trouvaient partout des débouchés. La philanthropie anglaise avait un intérêt qui n'était pas visible à tous les yeux en France ; on croyait à des beaux sentiments d'humanité qui n'étaient motivé que par l'intérêt du commerce.

CHAPITRE V.

1789. Les blancs désirent la liberté. — Une députation se rend à Paris. — 1790. Le gouverneur de Clugny et les Patriotes. — Discours d'un grenadier au gouverneur. On apprend l'insurrection au Fort de France. — Le gouverneur et le tamarin de la Savane. — L'assemblée coloniale envoie une adresse à la Constituante. — La Guadeloupe se calme. — Le gouverneur est arrêté et relâché. — Fête donnée à cette occasion. — Le gouvernement se transporte à la Pointe-à-Pitre. — Emeute dans cette ville. — 1791. Les hommes de couleur demandent des droits politiques. — Décret du 7 mai 1791 en leur faveur. — Les députés de l'île protestent. — 1792. On refuse d'appliquer la loi du 4 avril 1792. — De Clugny, gouverneur, fait embarquer 250 personnes. — Le capitaine Duvel à la Convention ainsi que le contre-amiral Lacoste. — Le général Collot se réfugie à Saint-Domingue. — Le capitaine Lacrosse fait reconnaitre le régime républicain.

1789. Pendant dix ans, les habitants vécurent dans une paix profonde, ne songeant qu'à étendre leur cultures et leurs rapports d'affaires, qui étaient en voie de prospérité, lorsque les agitations de la France pour la liberté vinrent remuer l'esprit impressionnable des blancs et des gens de couleur. A l'imitation de ce qui se passait partout, on éprouvait un désir de changement politique qui provenait de la vue des institutions libres de l'Angleterre et des Etats-Unis, où les intérêts de ces nations se discutaient librement par des mandataires élus par le peuple.

Dans les colonies, les blancs désiraient comme en France avoir la liberté d'élire des députés pour traiter de leurs intérêts, mais pour eux seulement ; ils ne pensaient pas que les gens de couleur libres pussent jamais jouir de droits politiques dans les îles, cette prétention leur paraissait inadmissible.

En conséquence, une députation d'habitants de la Guadeloupe vint à Paris se présenter à la Constituante pour demander le droit de représentation, et par un décret, du 22 septembre 1789, le nombre des députés fut fixé à deux.

1790. S'il existe des esprits ardents, c'est surtout dans les climats chauds, où l'imagination s'excite aisément pour se monter et éclater, c'est la cause première de toutes ces insurrections qui ont eu lieu à diverses époques dans ces pays. Il y a des hommes impatients qui ne savent pas attendre et conformer leur marche à celle des événements, il faut avec eux courir au but au lieu d'y marcher, et ils deviennent ennemis de ceux qui entravent leur course. La Guadeloupe avait pour gouverneur un excellent homme, le général de Clugny, qui était plein de zèle et de dévouement à l'intérêt public, mais qui ne pouvait satisfaire tout le monde. Il se forma un parti d'hommes avancés, dans le sens de ceux qu'on appelait patriotes, et qui tendaient à agiter la colonie en usant de mauvais procédés.

Vers le commencement de septembre, ce parti d'agitateurs avait achevé de séduire les troupes de la Basse-Terre, qui se portèrent à la mairie pour remercier la municipalité de leur avoir donné six barriques de vin pour célébrer la St-Louis. Ils avaient deux drapeaux : l'un fut donné au maire, chez lui, et le deuxième, à un des chefs de la réunion ; puis cette troupe se rendit à un Comité pour prêter le serment de civisme, et de là au gouvernement avec leurs partisans ; ils obligèrent le général de Clugny à se présenter devant eux. Un grenadier s'avance et lui dit : « Mon général, nous sommes « venus pour vous dire que nous sommes tous « patriotes et que nous venons d'en faire le serment « au Comité, et que si vous vous écartiez de celui « que nous avons fait, nous vous abandonnerions. » Le général de Clugny leur répondit : « Avez-vous « à vous plaindre de moi ? Ne vous ai-je pas tou- « jours traité comme mes enfants ? Allez, soyez « tranquilles, je serai fidèle à mon serment à la vie « et à la mort. »

Les soldats, satisfaits, se retirèrent en criant « vive notre général ! » et, s'échauffant avec de la boisson, ils parcourent les rues, le sabre à la main, en effrayant les habitants.

Le lendemain de cette échauffourée de soldats, un bâtiment marchand, venant de la Martinique, apporte la nouvelle de l'insurrection de Fort-de-France. Alors la fermentation recommence à la Basse-Terre avec plus de violence ; les soldats et le peuple se rassemblent sur le bord de la mer, et l'un des chefs du rassemblement fait la proposition d'aller secourir les insurgés de la Martinique ; ce qui fut accepté, et l'embarquement fixé au soir même (1).

Les jours suivants, les soldats mirent le comble à leurs excès, en se permettant d'aller prendre le gouverneur de Clugny pour l'amener de force sur la Savane où il y avait un tamarin auquel était attaché une corde, destinée à pendre les aristocrates. Les soldats la lui firent remarquer et le forcèrent ensuite à creuser lui-même une partie de la fosse pour les enterrer au besoin, et ils exigèrent aussi que les officiers qui l'accompagnaient en fissent autant. Les soldats disaient hautement que le lendemain ils feraient l'essai du tamarin sur le tambour-major du régiment pour n'avoir pas voulu suivre la révolte ; ils le considéraient comme un aristocrate.

Heureusement que le gouverneur avait un caractère facile et conciliant qui lui permettait de supporter les excès de soldats en délire, et attendre qu'une ivresse passagère fut dissipée pour reprendre

---

(1) Parmi ces chefs se trouvait le fameux Dugommier, qui devint général en France, et commanda l'armée des Pyrénées-Orientales où il fut tué.

sur des hommes égarés un ascendant qu'il avait toujours eu sur les troupes.

Le parti des agitateurs parvenait à troubler l'ordre dans les deux îles de la Martinique et de la Guadeloupe ; ici le motif était indéterminé, à la Martinique c'était le commerçant qui voulait dominer les planteurs.

Il parut dans le courant de mars un décret de la Constituante autorisant les colonies à faire connaitre leurs vœux sur la constitution, la législation et l'administration qui convenaient le mieux aux habitants. L'assemblée coloniale s'empressa de rédiger les modifications nécessaires au régime colonial en faveur, et de faire parvenir à la Constituante une adresse, pour la remercier des intentions favorables qu'elle manifestait envers les colonies.

La Guadeloupe se remit de ses troubles, le gouverneur et l'assemblée coloniale y contribuèrent beaucoup par leur attitude et leur langage. On gémissait sur le triste sort de la Martinique, à laquelle on avait envoyé des secours sur la demande de la ville de Saint-Pierre, et l'on ne se doutait pas que c'était pour alimenter la révolte.

On s'était réuni pour former les cahiers demandés par la Constituante à laquelle ils furent remis par l'intermédiaire des députés de la colonie à Paris.

Un incident, insignifiant par lui-même, fut sur

le point de troubler la tranquillité de l'île. Le 10 octobre, deux jeunes gens arrivèrent de la Martinique portant une dépêche pour le gouverneur, de la part du général Dumas, gouverneur de la Martinique ; leurs manières mystérieuses intriguèrent les habitants qui se rendirent chez M. de Clugny pour connaître le contenu de cette dépêche, ce qui fut accordé par celui-ci. Arrivé au passage suivant :
« dans cet état de chose, vous voyez, Monsieur, que
« je ne puis vous fournir aucun secours ; je ne doute
« pas que vous fassiez tout ce qui sera en votre pou-
« voir pour conserver votre colonie à la métropole
« et la préserver des maux qui accablent la Marti-
« nique. »

Cette dépêche, qui annonçait une demande de secours après le mouvement du 3 septembre, fut si mal interprétée par les habitants de la Basse-Terre que M. de Clugny fut mis en état d'arrestation sous la garde de neuf citoyens. La municipalité ayant approuvé cette mesure, le comité colonial manda les députés des paroisses pour délibérer sur cette affaire grave.

Les députés assemblés trouvèrent dans leurs sentiments des motifs en faveur du gouverneur qui se justifia facilement. Il fut décidé à l'unanimité que la garde serait retirée et que l'on mettrait dans l'oubli un soupçon de déloyauté aussi blessant une conduite aussi illégale et outrageante. Il y avait encore des gens de bon sens et de loyauté, qui rendaient justice à leur gouverneur.

Pour faire oublier ces misères, on vota une fête, qui eut lieu le 27 octobre, dans laquelle on réunit les corps civiles et militaires pour cimenter une union qui devenait de jour en jour plus nécessaire dans la colonie.

Dans ce même mois, l'assemblée coloniale prit la décision de transporter le lieu de ses séances à la Pointe-à-Pitre pour commencer ses sessions, en invitant le gouverneur à s'y rendre pour coopérer à ses travaux, et dans le but aussi de lui faire oublier la conduite tenue par les exaltés de la Basse-Terre.

Attachant un grand prix au maintien de la discipline parmi les troupes, elle fit comparaître en sa présence deux soldats qui avaient résisté à des tentatives de corruption, en dénonçant ceux qui avaient voulu les corrompre. Ils furent complimentés sur leur conduite courageuse par le président, un officier reçut aussi les félicitations de cette assemblée pour le même motif.

Quelques jours après, elle décide que MM. Curt et Gulbert continueraient à représenter la colonie à la Constituante, pour soutenir ses vues et les intérêts de la colonie.

Les troubles de la Martinique étant apaisés, les députés, les milices et les troupes envoyés dans cette île, rentrèrent en rapportant un germe d'esprit de désordre. Ces députés et autres, qui étaient des exaltés, cherchèrent des partisans à la Pointe-à-Pitre. Ils y réussirent en partie, et voulurent essayer leurs forces en faisant une émeute au sujet de vivres demandés par la Martinique, et qui étaient chargés sur cinq petits navires. Ils s'emparent violemment du fort Louis, qui commande la rade, à l'aide des marins de la frégate l'*Embuscade*, et font feu des canons pour empêcher les navires de sortir. Le danger d'une seconde insurrection fit accourir des miliciens de toutes parts, au nombre de 600, qui reprennent le fort pour le garder.

A partir de ce moment, les partis commencent à se dessiner plus nettement : l'un cherche à soutenir ce qui existe, le gouvernement, l'ordre et la tranquillité, il était composé de blancs riches ; l'autre, au contraire, cherche la liberté dans l'agitation, le renversement de ce qui existe, il était composé de quelques blancs et de gens de couleur libres.

1791. Les hommes de couleur libres continuaient à s'agiter pour obtenir les droits de citoyens réservés jusque ici aux blancs ; il s'associèrent dans ce but à ceux de St-Domingue, de la Martinique et des autres îles, et ils envoyèrent des députés et des pétitions à la Constituante, qui s'occupa d'eux dans la séance du 7 mai 1791, ainsi que cela a déjà été dit dans l'histoire de la Martinique. Dans cette séance, il fut décidé que les gens de couleur, nés de pères et de mères libres, seraient admis à voter comme les blancs, et seraient considérés citoyens comme eux.

Les blancs furent très mécontents de ce décret qui élevait moralement les gens de couleur à leur niveau ; c'était froisser leurs sentiments de supériorité de race ; heurter leurs préjugés enracinés que des siècles avaient consacré et que rien ne pourra effacer. Le blanc, dans cette partie du monde, se regardera toujours comme un être supérieur à celui de sang mêlé ; et, il faut le dire, l'homme de couleur a un certain respect pour lui, malgré les sentiments jaloux que son âme éprouve.

Les députés des colonies à la Constituante représentaient les intérêts des blancs ; ils s'opposèrent autant qu'il était possible de le faire au vote de ce décret ; mais en vain ! Il y eut un entraînement général en faveur des gens de couleur. Alors, se trouvant choqués de cette décision, ils prennent tous le parti d'écrire au président de l'Assemblée qu'ils n'assisteraient plus aux séances, parce qu'ils trouvaient que c'était une usurpation commise sur leurs droits.

Il semble aujourd'hui bien démontré par les faits que la race blanche avait tort de prendre si mal les choses ; car il devait arriver un jour où cette émancipation devait nécessairement avoir lieu, et, à cette époque, il était utile dans son intérêt que cela se fît, pour fortifier son parti contre l'esprit de liberté des noirs, qui tendaient, eux aussi, à l'émancipation. Certes, c'était beaucoup, d'élever le niveau libéral des gens de couleur à la hauteur de celui des blancs ; mais là aurait dû s'arrêter l'action de l'Assemblée de France. Vouloir en faire autant pour une race esclave nullement préparée à la liberté, c'était une chose absurde ; c'était tout bouleverser, retourner la pyramide sociale sur la pointe, et dans ce cas s'exposer à tout perdre. Malheureusement en France on s'enthousiasme facilement pour une idée nouvelle, sans examiner les conséquences qui peuvent en résulter, et l'on peut dire hardiment que la classe noire ne méritait pas la faveur qu'on voulait lui faire, et que jamais l'Angleterre n'a favorisé ainsi ses noirs et ses mulâtres dans les nombreuses colonies qu'elle possède ; car ils ne participent à aucune élection, tout libres qu'ils sont, et ne jouissent point de droits politiques si généreusement prodigués par la France.

1792. La journée du 10 août avait amené la chute de la royauté en France, en produisant un grand effet sur le parti du gouvernement dans les colonies. On commençait aussi à désespérer de son maintient et à croire que la fin de ce régime était proche.

Malgré tout, le gouverneur de Clugny, aidé et soutenu par le parti royaliste, agissait contre ceux qui demandaient l'égalité sociale et qui avaient le droit de leur côté, puisque la législative avait décrété, le 4 avril 1792, que les hommes de couleur et les nègres libres, seraient admis à voter dans toutes les assemblées paroissiales, lorsqu'ils réuniraient les conditions voulues.

Il eût été de bonne équité de donner avec grâce ce que la loi accordait ; par ce moyen on évitait de mécontenter une partie nombreuse de la population qui avait une certaine valeur par son caractère énergique et son activité. Les gens de couleur et les noirs libres avaient comme les blancs intérêt à s'entendre avec sincérité sur la situation, pour maintenir les noirs esclaves dans la subordination et le travail ; mais les blancs, ici comme dans les autres îles, étaient intraitables dans leur orgueil ; ils ne pouvaient se résoudre à comprendre que les gens de couleur, qui tenaient tout d'eux, dévinssent leurs égaux. Aussi le gouverneur de Clugny, qui s'était montré assez tolérant jusqu'ici à leur égard, se mit à sévir contre tous ceux qui se montraient assez hardis pour réclamer des droits politiques.

C'est ainsi qu'il fit saisir et embarquer, d'un seul coup, 250 personnes sur un navire en partance pour la France, sans leur donner le temps ni les moyens nécessaires de se procurer ce qui leur était indispensable dans un si long voyage, malgré leur demande et celle du capitaine commandant le navire de transport.

Il en fit aussi enfermer d'autres dans les prisons pour le même motif dans l'intention d'intimider les gens de couleur. La réaction agissait ouvertement sous l'influence des planteurs des îles et surtout d'après l'influence du général de Béhague, gouverneur général des îles.

Vers le commencement de novembre, le capitaine Duval, commandant le navire la *Perdrix*, arrivant de la Guadeloupe, fut appelé à la barre de la Convention pour donner des renseignements sur la situation de cette île. Il déclara que la révolte existait contre le régime républicain et que le gouverneur de Clugny et l'assemblée coloniale étaient des réactionnaires. Alors et pour ce motif, Barrère fait décréter d'accusation les chefs militaires de cette île ; le ministre de la marine fut autoriser à remplacer les fonctionnaires dont le civisme était suspect (1).

La Convention, impressionnée par l'état de résis-

(1) Moniteur du 9 novembre 1792.

tance des colonies, fit aussi comparaître à sa barre le contre-amiral Lacoste qui avait été envoyé, par le ministre de la marine avec d'autres personnes, comme commissaires aux Antilles, pour faire une enquête sur les causes qui empêchaient les gouverneurs et les assemblées coloniales de faire appliquer le décret du 4 avril 1792, concernant le vote des hommes de couleur et les noirs libres. Cet amiral déclara qu'à son arrivée les autres commissaires prirent parti pour les gouverneurs et les assemblées coloniales, c'est-à-dire contre la Révolution dont il est partisan, et que ses efforts dans ce sens ont été inutiles par l'effet d'une opposition décidée ; qu'il a été obligé de quitter la Guadeloupe par ordre du gouverneur de Clugny, et qu'avant son départ ses papiers furent saisis et retenus. A son retour il a fait son rapport au Comité colonial, et il a demandé qu'il fut présenté à la Convention (1).

La Convention avait donc raison de s'alarmer de ce qui se passait dans les Antilles où l'esprit de parti préparait une trahison en ne voulant pas reconnaître les changements survenus en France, et en demandant à l'Angleterre de la prendre sous sa protection.

Elle avait prescrit l'envoi de deux nouveaux gouverneurs, Rochambeau pour la Martinique et Collot

---

(1) Moniteur du 11 novembre 1792.

pour la Guadeloupe, avec de nouveaux commissaires et des troupes ; mais on apprit que l'escadre portant cet envoi avait été obligée de faire route pour St-Domingue, sur le refus du gouverneur général, de Béhague, de laisser débarquer Rochambeau ; puis que l'assemblée coloniale, usurpant le pouvoir, avait nommé de Béhague généralisme des îles du Vent, comprenant : la Martinique, la Guadeloupe, Ste-Lucie et Tabago.

Cependant on commençait à comprendre que la résistence à la Convention devenait un jeu dangereux, parce que c'était résister à un gouvernement de fait et dont les principes trouvaient un appui vigoureux dans les masses de la nation, et que la monarchie avait été frappée trop rudement pour se relever de sa défaite.

On se trouvait dans cet état de perplexité, lorsqu'on apprit à la Guadeloupe l'objet de la mission du capitaine Lacrosse et des commissaires qui l'accompagnaient ; ils s'étaient arrêtés à la Martinique et arrivèrent bientôt à la Guadeloupe pour convertir les récalcitrants au système républicain ; ils apportaient des paroles résonnables et conciliantes dans le but de faire cesser une mauvaise situation. Et comme ceux auxquels Lacrosse s'adressait avait du patriotisme et du bon sens, ils comprirent qu'il fallait céder au torrent qui entraînait tout le monde vers un nouveau régime.

Il fut donc résolu qu'on acclamerait le gouvernement républicain ; et le gouverneur de Clugny voyant ses espérances, son autorité fondre au soleil de la liberté, pris le parti de quitter une terre où les hommes avaient la fièvre de l'agitation politique. Il s'embarqua sur un navire de l'Etat qui le transporta à la Trinité espagnole.

CHAPITRE VI.

1793. Situation troublée en France et dans les colonies. — Arrivée du général Collot. — Nouvelles élections. — Rapport fait à la Constituante sur les colonies. — Mesures prises à la suite. — 1794. Prise de la Martinique par les Anglais. — Arrivée de l'escadre de John Jervis. — Débarquement au Gozier. — Prise des forts, de la ville de la Pointe-à-Pitre et de la Basse-Terre. — Expédition commandée par V. Hugues. — Elle débarque au Gozier, reprend les forts et la Pointe-à-Pitre. — Les Anglais reviennent assiéger les Français. — Attaque repoussée par V. Hugues. — Les Anglais se retirent sur la rivière Salée. — Les maladies surviennent. — V. Hugues se crée des ressources. — Les Français attaquent le camp de Berville. — Le général Graham capitule. — La chaloupe des chefs d'émigrés. — V. Hugues fait fusiller 300 blancs et 100 hommes de couleur. — Pélardy prend la Basse-Terre et le fort St-Charles. — V. Hugues organise le pays et forme une armée de 10,000 hommes. — Les biens des émigrés séquestrés. — Les restes du général Dundas jetés à la voirie. — Domination de V. Hugues, il est approuvé à la Convention. — On lui envoie un renfort.

1793. La situation en France était fortement troublée depuis l'établissement de la Convention ; les partis étaient d'accord pour faire périr Louis XVI sur l'échafaud, de maintenir la république comme moyen de gouvernement, de réprimer la guerre civile en Vendée et dans le midi et de soutenir la guerre étrangère par tous les moyens possibles. La Convention fit face à tout avec une énergie indomptable, une cruauté digne de l'époque des proscriptions de Sylla à Rome.

Dans les colonies des Antilles la situation morale et politique était également déplorable ; l'anarchie régnait partout ; les blancs étaient voués à la haine des hommes de couleurs et des noirs ; ceux-ci se vengeaient en incendiant et pillant de tous les côtés les habitations, pour avoir supporté trop longtemps leur orgueil et leur vanité ; c'était surtout à Saint-Domingue où la guerre intestine entre les races se faisait le plus sentir ; là les partis étaient sans pitié les uns contre les autres. Il faut penser que dans cette zône brûlante les passions étant montées à leur maximum d'intensité entre les diverses classes, et que dans ces circontances, il valait mieux chercher à apaiser les esprits irrités que de propager des principes absurdes. La continuation de l'anarchie conduisait à la perte des colonies.

Après cet exposé général, il faut reprendre la suite des évènements qui concerne plus particulièrement la Guadeloupe.

Le général Collot, qui s'était réfugié avec Rochambeau à St-Domingue, revient avec les commissaires de la Convention à la Basse-Terre pour organiser le nouveau gouvernement républicain, lequel assurait aux gens de couleur et aux noirs libres les mêmes droits politiques qu'aux blancs, ainsi que l'avait décrété la Législative, le 4 avril 1792.

De nouvelles réunions électorales eurent lieu où tous les hommes libres furent admis cette fois, sans distinction de race, pour former une assemblée coloniale et un directoire qui devait seconder Collot dans l'organisation gouvernementale.

La France ayant à soutenir la guerre sur terre et sur mer, il s'agissait de mettre nos côtes et nos colonies en mesure de résister aux agressions de l'Angleterre. Cette puissance haineuse n'ignorait pas que nos moyens défensifs étaient restreints ; que les habitants des colonies étaient divisés entre eux ; et qu'elle possédait une flotte formidable pouvant dominer sur mer et s'emparer de nos colonies.

La Convention désirant savoir à quoi s'en tenir au sujet de la situation des colonies des antilles qu'elle ne connaissait pas bien, prescrivit au Comité des colonies de lui faire un rapport circonstancié dont on rapportera le substance. Ce fut, le 5 mars, que Cambolas, rapporteur, lui fit connaître que les ennemis avaient séparés de la France, la Martinique et la Guadeloupe, et qu'ils ne tarderaient pas d'obtenir le même succès dans les autres colonies si l'on ne se décidait à prendre des mesures rigoureuses.

A Saint-Domingue, la guerre civile existait depuis le mois d'août 1791, entre les blancs d'une part, les mulâtres et les noirs de l'autre. Cette colonie, dont le revenu était de 200 millions, était tombée dans la plus profonde misère, et depuis la Révolution on n'a commis que des erreurs et pris des mesures contradictoires faisant naître la confusion.

En général, les blancs ont toujours été animés contre les gens de couleur et les noirs, ils n'ont jamais voulu admettre les effets de la loi du 4 avril 1792, pour l'égalité politique. De leur côté, les noirs sont également animés contre les blancs et les gens de couleur ; à Saint-Domingue ils sont conduits par des blancs, des prêtres et des Espagnoles ; ils se disent les nègres du roi et ses vengeurs.

Les planteurs ont commencé ces désordres, dans cette île, par le désir de se rendre indépendants, et en formant une assemblée à Saint-Marc, dans laquelle on prêchait la révolte contre la France, de sorte que partout c'était désordre et anarchie.

Le rapporteur dit encore : sans colonies vous ne pouvez avoir de commerce maritime, point de marine marchande, point de marine militaire pour conserver vos ports et vos côtes sur l'Océan et la Méditerranée.

Ensuite, comme conséquence, il propose un décret ayant pour objet : 1° de mettre les colonies en état de guerre ; 2° les hommes libres pourront prendre les armes et s'organiser en compagnies et en légions ; 3° les gouverneurs feront les règlements nécessaires ; 4° les citoyens déportés par les commissaires Ailhaud, Sontonax et Polveret ne pourront rentrer à Saint-Domingue qu'à la fin de la guerre civile.

Au moment où ce rapport était fait à la Convention, on ne savait pas encore, à cause des distances, que le capitaine de marine Lacrosse avait réussi dans sa mission aussi bien à la Martinique qu'à la Guadeloupe, où le parti patriote était parvenu à saisir le pouvoir, ainsi que le lecteur l'a vu plus haut ; car ce ne fut que quelques jours après, que le ministre de la marine, Monge, en donna connaissance à la Convention.

Pendant que Blanchelaude était gouverneur de St-Domingue et de Béhague gouverneur général des îles du Vent, on avait exilé beaucoup de colons, qui, en apprenant les changements survenus dans le gouvernement, demandèrent à rentrer chez eux. Ce fut l'objet d'un nouveau décret rendu le 21 juin, et dans lequel il est dit que les patriotes exilés sont autorisés à rentrer avec un certificat de civisme, et que les gouverneurs pourront les employer aux opérations de terre et de mer en les faisant solder.

1794. Les armes de la France triomphaient en Europe, mais elles n'étaient pas heureuses aux Antilles, où les Anglais venaient de s'emparer de la Martinique après un siége de trente-deux jours, dirigé contre le fort Bourbon, la clef de l'île. Il était donc à craindre que la Guadeloupe ne se vit bientôt attaqué par nos éternels ennemis.

On se mit en défense par des travaux exécutés sur les points faibles et en armant une partie de la population, quand le 10 avril, l'escadre de John Jervis arriva dans les eaux de l'île à la pointe du

Gozier. Elle y débarque un corps de troupe considérable sous les ordres du général Dundas, qui fit cerner le fort de Fleur-d'Epée, dont il se rendit maître, après avoir tué 150 hommes sur 232, qui le défendaient. Après ce succès, les Anglais s'emparent aussi du fort St-Louis et de la ville de Pointe-à-Pitre. Fiers de ces succès, ils se rembarquent, le 15 avril, pour se porter sur la côte de la Basse-Terre, chef-lieu de l'île ; le 21, ils font demander la reddition de la ville au général Collot, gouverneur, qui consent à une capitulation avec les honneurs de la guerre et le libre retour en France, sans tenter une défense active et honorable avec une force évaluée à cinq mille hommes. Il était facile de faire une guerre de chicane qui aurait fait perdre du monde aux Anglais et gagner du temps ; mais les colons n'aimaient pas la république, et il est certain que le gouverneur n'eut pas trouvé un concours dévoué chez les habitants, néanmoins l'honneur militaire exigeait de la part de Collot une résistance énergique qu'il n'eut pas le courage de tenter.

La perte de la Guadeloupe complétait notre ruine dans les Antilles où nous avions perdu la Martinique, Ste-Lucie et Tabago ; c'était malheureux pour notre commerce et humiliant pour nos armes maritimes ; mais c'était notre faute, et cela prouve que les hommes à principes ne sauvent rien et qu'à leur place il faut, dans les circonstances difficiles, des hommes de cœur, de courage et de talent.

La Convention nationale fut émue de toutes ces pertes ; elle donna des ordres au ministre de la marine pour organiser une expédition devant reprendre la Guadeloupe. On mit tout en œuvre pour réussir. A Rochefort, une petite expédition, composée de deux frégates, *la Pique* et *la Thétis*, le brick de guerre l'*Espérance* et cinq bâtiments de transport, sous les ordres du capitaine Lessegues. Il y avait à bord deux commissaires de la convention : Victor Hugues et Chrétien, les généraux Aubert, Cartier, l'adjudant-général Rouyer et environ douze cents hommes de troupe, à peine formés à l'état militaire et provenant de la fameuse réquisition. C'était avec de si faibles moyens que la Convention voulait qu'on tentât de reprendre l'île, défendue par 8,000 hommes et une forte escadre : c'était ridicule et dérisoire, il y avait plus de chances pour échouer que pour réussir ; car si l'expédition rencontrait en mer une escadre anglaise, elle était détruite ou prise. Heureusement pour nous, les événements furent favorables à nos armes.

Après une traversée heureuse, l'expédition attérit à la Grande-Terre, le 2 juin 1794. Ce fut avec ce faible armement que les commissaires et le général Aubert se proposèrent d'attaquer des troupes plus nombreuses, mieux acclimatées et pouvant être soutenues par une forte escadre. On pouvait échouer dans cette entreprise ; mais on comptait sur la valeur des soldats, l'attachement des Guadeloupéens à la mère patrie et leur haine contre les Anglais.

Victor Hugues, qui était l'âme de l'expédition, se détermina à tenter une attaque subite en débarquant avec les troupes et des marins à la Pointe-du-Gozier. L'ennemi, surpris, ne se présenta que lorsque le débarquement était opéré, il fut repoussé et les Français prirent des positions dans lesquelles ils se retranchèrent.

Le 6 juin, le fort de Fleur-d'Épée, défendu par 900 hommes, fut enlevé d'assaut à minuit par les généraux Cartier et Rouyer. L'ennemi, effrayé par tant d'audace, abandonna ses positions pour se retirer au delà de la rivière Salée. Dès qu'il fit jour, les Français s'emparent de la Pointe-à-Pitre et de 87 bâtiments de commerce Anglais qui étaient dans le port ; une foule de personnes entassées dans les prisons furent délivrées.

Le général Aubert voulait profiter du succès pour passer la rivière Salée et chasser les Anglais. Malheureusement, on leur donna le temps de revenir de leur frayeur, et de reprendre quelques avantages en s'emparant de deux positions qui menaçaient la ville. Ils tentèrent même une attaque ; le général Aubert étant accourut, les repoussa ; mais atteint d'une balle en pleine poitrine, il fut obligé de se retirer et le succès resta indéterminé.

Pendant ce temps, le capitaine Lessegues fit entrer son escadre dans le port et en ferma l'entrée aux Anglais par des bâtiments qu'il coula à fond. Ces travaux étaient à peine terminés que l'amiral Jervis se présenta devant la Pointe-à-Pitre avec 6 vaisseaux, 12 frégates, 5 canonnières et 16 transports chargés de troupes.

Il débarqua au Gozier, ne s'approchant du fort de Fleur-d'Épée que par degré, suivant les règles de l'art de l'attaque, et établissant des batteries pour battre le fort et la ville.

Tout était en feu dans cette malheureuse citée, les Français tentèrent en vain plusieurs sorties pour bouleverser les batteries et le bombardement continua ainsi pendant un mois sans cesser ses ravages.

La maladie du climat faisait d'affreux ravages ; le commissaire Chrétien était mort, les généraux Cartier et Rouyer avaient péri et les troupes, privées d'eau, étaient décimées par le climat et le feu de l'ennemi. Le valeureux Dumont, commandant le fort de Fleur-d'Épée, se voyait au moment de le céder aux Anglais, faute de munitions, lorsque la face des choses vint à changer.

Les Anglais, auxquels rien ne manquait, organisèrent une attaque de vive force pour la nuit du 1er au 2 juillet ; et au préalable firent feu de toutes leurs batteries huit heures durant ; ensuite deux colonnes de 1,000 hommes chacune s'avancèrent en silence sur la ville dont ils s'emparèrent en jetant le désordre et la confusion. Il ne restait plus aux Français que le morne du Gouvernement sur lequel V. Hugues s'était refugié avec les chefs et les troupes. Les Anglais attendaient le jour pour l'enlever, mais les Français s'étaient mis en mesure et, dès qu'il parut, ils foudroyèrent avec leur artillerie les masses ennemies pendant qu'une frégate mouillée dans le port les mitraillait ; et au moment où les Anglais étaient vacillant, ébranlés, ils furent chargés à la baïonnette et mis en déroute, leur artillerie fut prise, et ce qui restait vivant se mit à fuir pour éviter la mort !

Le général anglais Simes, le colonel Gomm, un grand nombre d'officiers et soldats payèrent de leur vie cette tentative : la perte fut de 800 hommes. Du côté des Français les pertes furent aussi très sensibles en raison de leur petit nombre ; mais le but était atteint par l'effet de leur dévouement sans bornes. Honneur ! à ces valeureux soldats, qui loin de la patrie luttaient contre un ennemi supérieur en nombre et contre un climat destructeur !...

V. Hugues consacra le souvenir de ce haut fait en donnant au morne du Gouvernement, le nom de morne de la Victoire et à la ville de la Pointe-à-Pitre celui de Port de la Liberté, que la Convention confirma.

Alors l'amiral Jervis quitta ce funeste pays, le 5 juillet, emportant les débris de ses troupes et les colons, qui s'étaient mis de son parti, dans l'espérance de réduire les républicains par la force.

La maladie survint aussi pour faire périr un grand nombre de personnes, et parmi elles le général Aubert, commandant les troupes, homme de cœur et de mérite, qui avait conduit les attaques avec courage et talent.

V. Hugues sut enflammer les esprits des hommes de toutes couleurs et se créer des ressources ; il leva 2,000 hommes de couleur et nomma le capitaine d'artillerie Pélardy, qui s'était distingué par sa bravoure et son activité, au grade de général de division et commandant la force armée. Le commandant Boudet fut fait général de brigade et eut la tâche d'instruire les troupes nouvelles, tandis que V. Hugues surveillait tout avec une rare activité, ne se fiant qu'à lui seul du soin de l'administration civile et militaire. Privé de munitions, il parvint à s'en procurer par les Américains et sut attirer à lui tous les patriotes réfugiés dans les autres îles, malgré la rigueur du blocus observé par les Anglais.

Ces faibles secours ne changeaient guère la position du corps expéditionnaire ; ses rangs s'éclaircissaient par les ravages de la fièvre jaune et par le bombardement qui continuait ; les Anglais espérant triompher par leur ténacité et leur nombre.

Dans cette situation, le général Grey s'était retiré à la Martinique avec quelques vaisseaux, chargeant le général Graham de continuer les opérations.

Cette diminution de forces navales inspira aux Français l'idée d'attaquer les assiégeants par un suprême effort pour s'en débarrasser. L'intrépide Pélardy fit établir une batterie en face de celle des Anglais et l'on forma les troupes sur trois colonnes ; puis il s'embarqua à la tête de la principale sur des embarcations, qui passèrent pendant la nuit sous le feu de l'escadre ennemie qui était à l'ancre, sans être aperçues ; il alla débarquer à Goyave et se mit de suite en marche pour fondre sur l'ennemi qu'il surprit et mit en déroute, s'empara de la pointe Bachus où il fit 160 prisonniers, d'une batterie dont les canons furent dirigés contre un vaisseau et une frégate qui furent forcées de s'éloigner ; puis continuant son attaque, il parvint à s'emparer de l'artillerie et des munitions de l'ennemi dont on avait le plus grand besoin. Par cette position, acquise par un grand effort, il coupait la communication des Anglais avec leur escadre, il ne pût aller plus loin et effectuer sa jonction avec les deux autres colonnes.

Le général Boudet, commandant la colonne de droite, s'était aussi embarqué, avait bravé le feu d'une frégate et était parvenu, le 27 septembre, assez près du camp des Anglais, où il fut joint le lendemain matin par la troisième colonne, commandée par le chef de bataillon Bures.

Le camp de Berville se trouvant cerné, fut attaqué par les deux colonnes réunies. Cette attaque, faite sans discernement, avant d'avoir reconnu le terrain, fut fatale aux Français ; l'ennemi, prévenu, les écrasa dans un défilé dans lequel ils s'étaient entassés et ils perdirent 400 hommes, l'élite des soldats. Le général Boudet eut une épaule fracassée, alors le chef de bataillon Paris opéra la retraite avec ordre ; il fut nommé général par V. Hugues, pour sa belle conduite.

Le général Pélardy, accourut au secours avec 300 hommes de sa colonne et jugea nécessaire d'établir des batteries dont le feu produisit un excellent effet contre les retranchements ennemis. Il s'apprêtait à forcer le camp, lorsque le général Graham adhéra, le 6 octobre, à la sommation qui lui fut faite de capituler dans les 24 heures.

Ce général, livré à ses propres forces et voyant l'escadre l'abandonner, sans chercher à le secourir, appela à un conseil de guerre les chefs des émigrés français qui combattait avec les Anglais. Il en résulta que des articles favorables furent débattus et signés, mais n'offraient de salut qu'aux chefs émigrés, en faveur de qui on obtint de V. Hugues une chaloupe couverte ; quand aux soldats, ils furent voués à la mort au nombre de huit cents !

Bientôt la chaloupe vint de la Pointe-à-Pitre pour prendre vingt-deux privilégiés qui s'y embarquèrent ; les autres apprenant leur malheur s'y précipitent en foule, les Anglais les repoussent en faisant sortir ceux en sus du nombre vingt-deux ; le capitaine Mouroux, qui la commandait, fut révolté de l'atrocité britanique et s'écria : « Plut à Dieu ! que ma cha-
« loupe fut assez grande pour les sauver tous ! » et il alla déposer les vingt-deux émigrés à bord du vaisseau, *The Boyne*.

Les Anglais s'embarquèrent au nombre de 1,400, le 7 octobre, ils laissèrent 38 bouches à feu, 2,000 fusils, une grande quantité de munitions de guerre et de bouche et les 800 victimes qu'ils venaient de sacrifier à leur égoïsme !

L'inexorable V. Hugues fit subir à 300 blancs et à 100 hommes de couleur, le sort cruel auquel condamnait la Convention tout émigré : 100 esclaves furent destinés aux travaux publics. Les malheureux voués à la mort furent fusillés sans pitié ; ceux de nos soldat chargés de l'exécution avaient le cœur navré d'être obligés de remplir l'office de bourreaux, pour satisfaire à la haine de la Convention !

Les exploits de ces valeureux soldats combattant pour l'amour de la gloire et de la liberté, furent souillés par cet acte barbare ; tandis que le vainqueur aurait pu être généreux en tirant parti des hommes que le malheur des temps avait mis les armes à la main dans les rangs ennemis (1).

Après ces événements, le général Pélardy se mit en marche pour la Basse-Terre que les Anglais occupaient encore. A son approche, ils abandonnèrent la ville pour se retirer dans le fort ; mais après avoir détruit l'arsenal, les magasins, les batteries et autres engins de guerre.

Il y arriva le 14 octobre, et en attendant le matériel de siège, il organisa une administration municipale ; désabusa les noirs qui ne voulaient plus travailler, sous prétexte qu'ils étaient libres, et obtint d'eux qu'ils reprendraient leurs travaux.

Le général Prescott s'était enfermé dans le fort avec 800 hommes pour attendre les événements. Pélardy ayant reçu son matériel de siège de la Pointe-à-Pitre se mit en devoir de commencer les opérations contre le fort Saint-Charles ; mais les Anglais ne jugèrent pas à propos de soutenir un assaut ; car ils abandonnèrent le fort dans la nuit du 10 au 11 décembre et dans le plus grand silence, en sortant par la poterne de la mer où une escadre les attendait depuis quelques jours à proximité pour les recueillir.

Ils fuyaient honteusement un sol qu'ils avaient souillé de leur excès, emportant avec eux la malédiction de tout le pays !

(1) L'exécution se fit aussitôt après la reddition, avant le départ des Anglais et en présence de V. Hugues. Tirons un voîle sur cet acte que l'humanité réprouve !

Pendant le siège, 40 hommes de Marie-Galande s'embarquèrent sur des pirogues, et parvinrent à reprendre leur île sur les Anglais.

Ces faits héroïques, presques incroyables, enfantés par la haine séculaire des Anglais et l'amour de la patrie, furent accomplis par les habitants de la Guadeloupe et une expédition de 1,200 soldats français, la majeure partie pris parmi les réquisitionnaires bretons, n'ayant presque aucune instruction militaire, mais possédant cette valeur instinctive qui a toujours distingué cette race armoricaine. Ils eurent à lutter contre 8,000 Anglais bien approvisionnés et soutenus par des escadres formidables pouvant les ravitailler à volonté.

Après l'expulsion des Anglais un nouvel ordre de choses devait s'établir ; il fallait songer à organiser le pays, à rétablir les ruines commises par la lutte acharnée qu'on venait de soutenir, reconstituer l'administration et réorganiser le travail partout. Les mulâtres et les noirs avaient rendus de grands services en combattant avec nos soldats, ils avaient été organisés militairement en compagnies, et V. Hugues en avait tiré bon parti ; mais il était plus difficile de les faire travailler que de les conduire au combat ; parce qu'ils avaient horreur du travail qui leur rappelait la servitude ; ils élevèrent des prétentions et se réunirent pour les faire valoir. V. Hugues ne s'en laissa pas imposer par ces démonstrations, il marcha contre eux, les défit et par des châtiments sévères les renferma dans les bornes qu'ils n'auraient jamais dû franchir. Il les reconnus comme Français, mais rien de plus. Il substitua la discipline militaire à l'ancienne servitude, et les nègres et les mulâtres furent obligés d'obéir.

La population entière fut rangée sous sa domination et les infractions furent punies sans différence de race ou de couleur. Les commissions militaires étaient le moyen qu'il employait pour gouverner, il frappait tous ceux qui voulaient se soustraire à la loi commune. Tous les habitants étaient appelés à la défense du territoire. V. Hugues forma une armée de 10,000 hommes exercés et aguéris, qui ôta aux Anglais l'idée d'une invasion. En même temps de nombreux corsaires, bravant la marine militaire anglaise, désolaient le commerce britanique !

Voilà des faits, des résultats qu'une volonté ferme sut imposer après la victoire à une population désorganisée par la politique, des idées chimériques et par le trouble de la guerre. V. Hugues eut non-seulement le mérite de rendre un pays à la France, mais encore de le soustraire à une décomposition morale pire que la peste.

Ceux des habitants qui n'étaient ni soldats ni marins furent contraints de cultiver la terre. Les biens des émigrés furent sequestrés et les revenus versés dans le Trésor public. Par ce moyen l'île, devenue militaire et agricole, put se suffire à elle-même et brava pendant toute la guerre les forces imposantes de la Grande-Bretagne.

L'audace de V. Hugues, la force de son caractère et les formes acerbes qu'il employait, avait pénétré les Anglais de terreur, et pour l'augmenter encore, il fit exhumer les restes du gouverneur anglais Dundas enterré six mois auparavant au fort St-Charles et les fit jeter à la voirie !...

Tout le monde respectait ce gouvernement personnel : le calme régnait à l'intérieur, la terreur au dehors ; les services étaient assurés, les magasins remplis et l'artillerie dans un bon état. La volonté d'un seul dominait toutes les autres et ne souffrait aucune opposition de la part de qui que ce fut.

La nouvelle de ces succès parvint en France avec des exagérations augmentées par une distance de 1,800 lieues. Le rapport que Victor Hugues adressait à la Constituante fut approuvé ainsi que ses actes. On ne vit que l'ensemble du résultat sans s'arrêter aux détails ; puis la haine contre l'Angleterre était si générale que tous les moyens employés pour lui nuire paraissaient justes.

Pour appuyer ce gouverneur dans sa position difficile, la Convention décréta qu'un renfort lui serait envoyé et l'on fit partir de Brest, le 17 novembre, une division composé du vaisseau l'*Hercule* et de plusieurs transports transportant deux bataillons d'infanterie et une compagnie d'artillerie, en tout 1,520 hommes. Il y avait aussi à bord deux nouveaux commissaires de la Convention, Lebas et Goyrand, qui devaient participer au gouvernement de la Guadeloupe.

Ce renfort, tout médiocre qu'il était, donna à réfléchir aux Anglais qui avait poussé la barbarie jusqu'à mettre la tête des républicains à prix, en avoir fait pendre plusieurs, emprisonner et déporter d'autres. Ces mesures cruelles amenèrent des représailles et une guerre d'extermination de part et d'autre.

On ne comprend guère cette haine de nos jours, elle était cependant portée jusqu'à l'exaltation à l'époque dont il s'agit; les noms de Pitt et Cobourg étaient en exécration, et quand un évènement malheureux arrivait en France on en attribuait la cause à ces deux personnages. Que le lecteur veuille bien se souvenir de l'histoire de ce temps passé pendant lequel l'Angleterre employait tous les moyens possibles pour nous nuire. Rien ne coûtait à ce gouvernement dirigé par le trop fameux William Pitt qui disposait d'un crédit de 25 millions pour fomenter des troubles en France pendant les guerres de la Révolution et de l'Empire. On faisait des dépenses exagérées pour armer des flottes, pour payer tour à tour l'Autriche, la Prusse et la Russie chargées de nous combattre pendant 20 ans. A ce jeu terrible l'Angleterre a dépensé plus de vingt milliards, et aujourd'hui il semble que cette terrible lutte soit de l'histoire ancienne, tellement on se plaît à oublier le passé, et bien à tort assurément. En France on lira avec intérêt la lutte de Rome et de Carthage et l'on oubliera la guerre contre la perfide Angleterre !

Pendant que des évènements aussi surprenants se succédaient aux Antilles, il s'était passé à la Convention un acte d'une portée immense. A force de vouloir faire de l'égalité et de la fraternité, on était tombé dans l'absurde nivellement des blancs et des noirs. Ainsi, au lieu de se contenter de donner des droits politiques aux gens de couleur comme il était stipulé dans la loi du 4 avril 1792, la Convention se prenait d'un bel amour de liberté pour les noirs esclaves, et dans la séance du 4 février l'on brisait les chaînes de l'esclavage à plus d'un million d'individus sans aucune préparation pour ce grand acte et sans savoir comment il s'accomplirait. Erreur funeste ! car les noirs se servirent de leur liberté contre leurs libérateurs !

Voici ce qui avait donné lieu aux membres de la Convention de prendre une décision aussi exagérée. Le représentant Santonax avait été envoyé à Saint-

St-Domingue avec trois collègues comme commissaires pour tâcher de ramener un peu d'ordre dans les idées des gens de cette colonie. Ces hommes voyant la conduite des blancs qui cherchaient à se détacher de la mère patrie, leur haine contre l'esprit républicain et les gens de couleur, pensèrent qu'en libérant les noirs on les attacherait fortement à la France, ils se trompaient. Sontenax, à son retour, fit un rapport dans ce sens pour supplier l'Assemblée, dans un discours, de faire jouir pleinement de la liberté la population esclave, déclarant que c'était le seul moyen d'empêcher la guerre civile et de défendre nos colonies contre les Anglais. Et, sans lui donner le temps d'achever de parler, on vote d'enthousiasme, l'abolition de l'esclavage dans les colonies. Deux députés de couleur qui se trouvaient à la séance sont embrassés par tous les représentants qui les félicitent à l'occasion d'un évènement aussi mémorable, consacrant un grand principe. Hélas! quel fruit la France a-t-elle retiré d'un aussi grand sacrifice? Aucun! Qu'elle reconnaissance la race noire a-t-elle eu pour nous? Aucune! Le résultat de notre générosité est celui-ci : elle nous a récompensé par la révolte, le fer, le feu et l'assassinat !... On voit où peut conduire l'engouement d'une idée que l'on veut appliquer, sans réfléchir avant tout aux conséquences qui doivent résulter en agissant précipitamment.

Cette décision a amené la perte de St-Domingue; d'une île de 150 lieues de longs de 50 lieues de large et d'une fertilité admirable, qui produisait un commerce de plus de deux cent millions avec la métropole. Ce ne sont pas les Anglais qui perdent aussi facilement leurs possessions ; ils sont trop avisés pour cela, tâchons donc de les imiter en agissant avec sagesse.

CHAPITRE VII.

1795. Attaque et prise de Sainte-Lucie par Goyrand. — Pélardy est renvoyé de la Guadeloupe. — V. Hugues pousse la 'guerre de course sans ménagement. — Il amène des différents avec les Etats-Unis. Il est remplacé par le général Desfourneaux qui le fait embarquer de vive force. — Desfourneaux éprouve le même sort. — Pélardy lui succède. — La Guadeloupe forme un département. — Jeannot, Baco et Lavaux, gouvernent la Guadeloupe. — Ils font arrêter et embarquer le général Lavaux. — 1801. Lacrosse est nommé capitaine général, Lescalier, préfet, et Coster, grand juge. — Lacrosse fait déporter des individus et demande de l'argent. — La Basse-Terre est mise en état de siège. — Révolte à la Pointe-à-Pitre. — On s'empare du capitaine général pour l'embarquer. — Pélage prend le gouvernement. — Envoi d'une adresse au Ier Consul. — Troubles et embarras du gouvernement provisoire.

1795. Les Anglais étaient maîtres de Sainte-Lucie où les Français avaient conservé un parti ; V. Hugues, pour le soutenir, y envoie son collègue Goyrand, jeune homme brave, actif, doux et humain. On parvient à débarquer dans l'île avec quelques forces, et l'on se réunit au parti français. Une affaire a lieu dans laquelle les Anglais perdent 700 hommes ; ils sont obligés de s'enfermer dans le fort du morne Fortuné, d'où ils s'enfuirent précipitamment dans la nuit du 18 juin.

Maître de Sainte-Lucie, le commissaire Goyrand y

établit une administration qui le fit aimer et estimer des colons.

On sait que V. Hugues et Lebas exerçaient un pouvoir sans limites à la Guadeloupe ; ces proconsuls trouvèrent que le général Pélardy ne se pliait pas facilement à toutes leurs volontés ; ils résolurent de le faire embarquer pour la France, le 2 juillet, afin de se débarrasser de lui. Il en était de même pour ceux qui pouvaient offusquer l'esprit des deux commissaires de la Convention. On ne plaisantait pas avec l'obéissance absolue, il fallait plier sous peine d'être brisé.

Le 14 brumaire (5 novembre 1795) vit naître la forme du gouvernement directorial en France et il fut décidé que les deux commissaires V. Hugues et Lebas prendraient le titre d'agents du Directoire.

Le cabinet anglais, effrayé des pertes que lui faisait éprouver V. Hugues par ses corsaires, mit en mer des armements considérables pour les réprimer et reprendre Sainte-Lucie.

1796. Un nouvel arrêté prolongea les fonctions des commissaires de 18 mois. Lebas, dont la santé était altérée par le climat, retourna en France au mois de mai ; V. Hugues n'ayant plus son collègue pour le contenir, se livra à la fougue de son caractère.

Il rétablit les droits de douane, et poussa la guerre de course sans ménagement jusqu'aux neutres, et finit par amener la mésintelligence et la guerre avec les Etats-Unis d'Amérique, qui alimentaient nos colonies dans ces temps difficiles.

Cette fâcheuse circonstance et les nombreuses dénonciations contre V. Hugues déterminèrent le Directoire à lui retirer ses pouvoirs et à lui donner pour successeur le général Desfourneaux pour dix huit mois, et le général Pélardy fut désigné pour commander les troupes sous ses ordres.

Ils partirent de Lorient sur les deux frégates la *Volontaire* et l'*Insurgente*, n'ayant avec eux que 128 hommes d'infanterie. A leur arrivée, V. Hugues chercha à éluder l'ordre relatif à son remplacement, il forma même un complot contre le général Desfourneaux ; celui-ci parvint à le déjouer à temps, et fit embarquer de vive force le récalcitrant V. Hugues ; il crut devoir aussi faire enfermer les partisans les plus remuants de cet agent du gouvernement,

Desfourneaux se voyant enfin maître du gouvernement, s'occupa de ramener l'administration à des formes légales ; il rappela les nègres à l'assiduité du travail et décida que les propriétaires paieraient aux nègres cultivateurs le quart du revenu des terres cultivées ; il voulut aussi réglementer les fermages des absents dans l'intérêt de l'Etat et des propriétaires. Ces mesures soulevèrent des réclamations et Desfournaux sentant que le gouvernement pourrait bien le faire remplacer pour ses actes, fit signer une adresse aux officiers de la garnison pour justifier sa conduite ; et dans un repas, il dit que si le gouvernement envoyait un autre agent pour le remplacer, il repousserait la force par la force. Alors ses ennemis s'emparent de ce propos inconsidéré, l'enveniment aux yeux de la troupe, le dépeignant comme une trahison ; puis les officiers allèrent en faire leur rapport à la municipalité, qui ordonna son arrestation et son embarquement à bord d'un bâtiment partant pour la France.

Le procédé était violent pour un propos de table, et il prouve que dans ce pays les hommes s'impressionnent facilement et font peu de cas de l'autorité légale.

Le général Pélardy fut choisit pour son successeur et pris le gouvernement malgré lui, disant qu'il manquait de lumières pour gouverner, et demanda qu'une commission de trois membres lui fut adjointe pour l'aider.

1797. Peu après ces événements on fit publier la loi, du 25 octobre 1797, qui formait la Guadeloupe en département divisé en vingt sept cantons, et ayant la Pointe-à-Pitre pour chef lieu. Cette loi déterminait encore l'organisation administrative et judiciaire de la colonie.

1798. Le gouvernement décida l'envoi des trois agents du Directoire à la Guadeloupe, et devant rester en fonctions pendant 18 mois.

Bientôt on vit arriver Jeannet, Baco de la Chapelle et le général Lavaux, connu pour avoir été à Saint-Domingue. Ils arrivèrent, le 16 novembre, sur la frégate *la Vengeance* et la corvette *le Berceau* avec une compagnie d'artillerie.

Jeannet était adjudant général et frère du chef de brigade Pélage qui joua un grand rôle plus tard ; Baco avait pour aide-de-camp un mulâtre nommé Delgrès, chef de bataillon, homme d'une grande énergie, et qui devint plus tard aide-de-camp du contre-amiral Lacrosse.

Ces personnages furent bien accueillis, ils arrivaient dans un moment d'apaisement, de tranquillité. Les travaux de la campagne commençaient à renaître par l'effet de la rentrée des nègres dans leurs ateliers.

1799. Le général Bonaparte ayant renversé le Directoire, le 18 brumaire, et fait un nouveau gouvernement composé de trois consuls, les trois agents reçurent la confirmation de leurs pouvoirs avec le titre d'agents des consuls.

Tous les trois semblaient pénétrés du bien public ; Jeannet et Baco résidaient à la Pointe-à-Pitre et le général Lavaux à la Basse-Terre, où ses qualités lui avaient acquis un grand crédit sur les gens de couleur ; mais les deux agents devinrent inquiets et jaloux de cette popularité.

1800. Au mois de mars, les deux agents Jeannet

et Baco partent de nuit inopinément de la Pointe-à-Pitre, et arrivent à la pointe du jour à la Basse-Terre, ils réunissent les troupes et envoient le général Pâris à la tête d'une compagnie de grenadiers pour arrêter Lavaux qu'on trouve pérorant dans une église devant des gens de couleur ; on l'enlève et on l'embarque sur le champ pour la France, sans provoquer aucune démonstration de la part des habitants.

On se contenta de faire savoir à la colonie que Lavaux se faisait redouter par ses conciliabules avec les gens de couleur, en cherchant à leur donner l'élan de ceux de Saint-Domingue, ce qui était faux.

Vers ce temps, on ne sait trop pourquoi, les agents dirigent une attaque contre l'île de Curaçao appartenant aux Hollandais, alliés de la France ; elle fut repoussée et Jeannet qui la commandait eut à rendre compte de sa conduite en France devant un conseil de guerre qui l'acquitta.

Les agents gouvernaient avec sagesse : ils prirent des mesures contre le maronnage, la désertion dans les troupes et la marine ; ils sévirent contre toute atteinte à la propriété et maintinrent le calme dans la population. Baco de la Chapelle fut enlevé par la maladie du climat avec le chef du génie Daniau.

1801. Le gouvernement des consuls, en s'occupant des colonies, chercha des moyens pratiques, il voulait abandonner les doctrines et les théories impraticables pour les peuples, et pouvant conduire à la ruine d'un pays.

L'expérience avait démontré que le partage du pouvoir dans les colonies ne produisait que des déchirements et du scandale, en ôtant toute force morale à ceux qui en étaient dépositaires. On pensa remédier à cet inconvénient en séparant l'administration, la justice et l'autorité militaire. D'après ce principe, le gouvernement d'une colonie fut répartie entre un capitaine général, un préfet et un grand juge. Un règlement fut établi pour leur attribuer des fonctions indépendantes, et qui voulaient qu'ils pussent se succéder l'un à l'autre, si les circonstances l'exigeaient.

Mais ce système avait des inconvénients; en partageant le pouvoir, il pouvait s'élever des rivalités. Un pouvoir doit être organisé de manière à ce qu'il puisse se suffire à lui même, surtout dans des colonies éloignées de la métropole. Il faut donc une puissance forte, pouvant faire le bien et réprimer le mal, c'est là son prestige.

Les Anglais, qui ont de nombreuses colonies, n'ont jamais dévié de ce principe : l'unité de pouvoir a toujours été concentré dans les mains d'un gouverneur dont l'autorité est tempérée par des assemblées ou des consuls.

Un arrêté des consuls nomma le contre-amiral Lacrosse, capitaine général; le conseiller d'Etat

Lescalier, préfet ; Coster, ancien magistrat, commissaire de justice ; le général Bethencourt, commandant des troupes de la Guadeloupe.

Le capitaine général Lacrosse arriva le 29 mai 1801, il fut reçu avec des démonstrations de confiance qui devaient aplanir les difficultés d'une nouvelle organisation. Une première proclamation fit bon effet ; une seconde, du 5 juin, vint inspirer des craintes en annonçant qu'il existait des conspirations et des complots ; puis, dans la nuit suivante, quinze individus établis furent pris pour être déportés, et, plus tard, l'arrestation d'officiers de couleur excita une certaine fermentation. Il fallut la prudence du général Bethencourt et celle du colonel Pélage pour prévenir une insurrection ; c'était dangereux de s'attaquer aux gens de couleur qui formaient la majeure partie de la force armée. Le mécontentement fut augmenté par la demande d'un emprunt à la Pointe-à-Pitre de 350 mille francs, et par l'intention d'en demander autant à la Basse-Terre. Cet emprunt, et l'approvisionnement de tous les magasins, conclu avec un fournisseur privilégié, excitèrent des murmures qui augmentèrent encore par la rentrée d'émigrés, auxquels les biens n'étaient pas rendus.

Sur ces entrefaites, le général Bethencourt vint à mourir, et par voie hiérarchique, le commandement des troupes revenait au colonel Pélage ; mais le capitaine général le réunit à son autorité, en ajoutant à son titre celui de commandant des troupes (1).

Ces mesures amenèrent des discussions, et des troubles agitèrent la colonie, la Basse-Terre en particulier où le capitaine général se rendit. A son arrivée il fit investir la ville qu'il mit en état de siège, casse la municipalité et ordonne des visites domiciliaires chez les hommes de couleur. Plusieurs furent traduits devant un conseil de guerre, il y eut des condamnations ; un mulâtre fut condamné à la peine de mort et fusillé.

Cependant l'ordre matériel n'était pas encore troublé, quoique la révolte fut dans les esprits. Le 21 octobre, il y eut une tentative à la Pointe-à-Pitre pour s'emparer des officiers de couleur sous prétexte de conspiration. On tente d'arrêter le colonel Pélage qui s'échappe ; il se rendit au fort de la Victoire où toutes les troupes noires étaient réunies et en insurrection ; en même temps une compagnie s'empare en ville des officiers d'état-major et du commissaire général de police. Dans ce moment d'effervescence, le colonel Pélage pense à convoquer les notables habitants à la municipalité pour former une commission capable de l'aider de ses lumières en cette grave circonstance.

(1) Le colonel Pélage dont il a déjà été question était homme de couleur et commandait les troupes noires. Il se conduisit très habilement dans la révolte qui eut lieu.

Le capitaine général, informé de ce qui se passe à la Pointe-à-Pitre, prit un arrêté déclarant le colonel Pélage hors la loi et tous ceux qui lui obéiront; puis il se mit en marche pour revenir dans cette ville, tout en faisant continuer les arrestations à la Basse-Terre.

Pendant ce temps, les troupes de couleur proclament, au fort de la Victoire, Pélage général en chef; il accepte ces fonctions dangereuses et cherche à les ramener à leur devoir, mais inutilement.

Les notables de la ville avaient décidé qu'on se rendrait au devant du capitaine général pour le fléchir et le prier de se montrer clément en accordant un pardon généreux pour éviter la guerre civile. Mais ils furent reçus avec hauteur et dûreté, ils furent menacés d'être punis. Le colonel Pélage vint ensuite et fut aussi mal reçu que les notables; de sensibles reproches lui furent adressés sur sa conduite et les trahisons qu'on méditaient contre son autorité, et il exigeait de lui et des officiers de couleur leur démission. Arrivé à la municipalité, le capitaine général continue ses menaces de sévérité envers tous ceux qui étaient présents, ce qui produisit des murmures d'indignation. A cet instant des troupes noires arrivent inopinément et s'emparent de sa personne pour la conduire au fort de la Victoire où la troupe noire était rassemblée; les soldats en le voyant poussent le cris de à bas Lacrosse ! et le forcent d'entrer dans une prison.

Ce dernier événement se passa précipitamment, en quelques minutes, avec une entente qui ne laisse aucun doute sur la complicité des officiers et des soldats.

Après une humiliation aussi grande faite au capitaine général, il ne restait plus qu'une seule chose à faire : l'embarquer sur un navire partant pour France, c'est aussi le parti que l'on prit. Il fut remis à un bâtiment neutre qui devait le débarquer dans un port français (1).

La situation faite à la Guadeloupe après ces événements était peu rassurante, elle se voyait livrée à une force armée composée de plus de 4,000 noirs révoltés et bravant le petit nombre de blancs restés fidèles à leurs devoirs. Il y avait encore 2,000 marins noirs devenus oisifs depuis la paix avec les Etats-Unis; puis une multitude de nègres qui ne savaient où la liberté commence et où elle finit, trouvant un grand plaisir à jouir de la licence. Enfin tous ces petits blancs venant de France, gens sans aveu et sans famille, disposés à tout faire, excepté le bien.

On ne pouvait opposer à cette tourbe nombreuse

---

(1) Le contre-amiral Lacrosse fut embarqué, le 5 novembre 1801, à bord d'un navire Danois, avec Lescalier, préfet, et Coster, grand juge.

que peu de gens honnêtes à différents degrés, et pris dans les blancs et les gens de couleur, formant une minorité impuissante qui manque presque toujours d'énergie, quand il est utile d'en avoir.

Les habitants donnèrent à Pélage le dangereux honneur du gouvernement avec une commission provisoire pour l'aider. On s'attacha à arrêter le progrès de l'insurrection, à calmer les esprits et à augmenter l'activité des travaux publics. On forma aussi un conseil colonial, le tout était provisoire. Ce nouveau gouvernement ainsi composé vota une adresse au premier consul pour l'assurer de son attachement à la France, et lui faire connaître la cause des événements qui avaient amené le renvoi du contre-amiral Lacrosse.

Pendant ce temps, il voguait en mer et faisait la rencontre d'un bâtiment de guerre anglais, le *Thamer*, qui le fit prisonnier et le conduisit à la Martinique, où le gouvernement s'apprêtait à le faire conduire en Angleterre, lorsqu'on eut avis de la signature des négociations du traité d'Amiens.

Dans cette situation, Lacrosse se fit conduire à la Dominique près de l'amiral Cochrane, qui le reçut avec bienveillance ; là il employait son temps à lancer des articles de journaux contre ses ingrats administrés de la Guadeloupe, dont il voulait faire le bonheur à sa manière, ce dont ils se souciaient peu.

A la Guadeloupe, Pélage eut à disperser un rassemblement de nègres, près de la Pointe-à-Pitre, qui voulait piller la ville ; trois chefs furent déportés à la suite de ce mouvement. D'autres troubles eurent encore lieu sur différents points de l'île ; l'habitation nommée Ducharmoy fut attaquée, et une famille de blancs fut massacrée par ces malheureux nègres aigris par le malheur et la misère du temps.

Ces désordres faisaient désirer la fin de cette situation provisoire, et le conseil, dans ce but, adressa, par plusieurs voies des protestations de fidélité au ministre de la marine et au premier consul, et pour mieux réussir, on fit prendre la mer à la frégate, la *Cocarde*, avec trois députés de la colonie, que l'officier commandant devait conduire dans un port de France, sans toucher à la Dominique, où se trouvaient Lacrosse, Lescalier et Coster. Mais en quittant la Pointe-à-Pitre, l'officier commandant fit voile pour la Dominique, où il livra les trois députés et les dépêches à Lacrosse.

Cette marche fâcheuse des affaires disposa mal les habitants en faveur du gouvernement de Pélage ; il y eut des émeutes qu'il fallut réprimer par la force, la prison et la déportation. Du reste, le caractère des mulâtres et des nègres se prête beaucoup à la révolte ; pour eux le meilleur état social, c'est de n'avoir aucun souci des lois.

CHAPITRE VIII.

1802. Expédition commandée par le général Richepanse. — Les troupes noires passées en revue, se révoltent. — Premières hostilités à la Basse-Terre. — Le capitaine Prudhomme et l'aspirant Losach. — Entrée des troupes à la Basse-Terre. — Siège du fort Saint-Charles. — Les noirs abandonnent le fort. — Le général Gobert et Pélage poursuivent Ignace. — Affaire de la redoute Bambridge. — Affaire du morne Matouba. — Explosion de l'habitation d'Anglemont. — Amnistie. — Soins donnés au gouvernement. — 3,000 noirs sont déportés. — Les membres de l'ancien gouvernement sont transportés en France. — Le contre-amiral Lacrosse reprend le pouvoir. — L'esclavage est rétabli. — Pertes éprouvées par l'expédition. — Mort de Richepanse. — Chasseurs des bois. — Le général Ménard et autres sont transportés en France. — Conspiration de Sainte-Anne. — Trait odieux de Lacrosse.

1802. Pendant que le mulâtre Pélage se débattait dans son gouvernement provisoire, la France préparait des armements contre Saint-Domingue et la Guadeloupe pour tâcher d'y détruire l'esprit de révolte, et ramener les habitants sous ses lois. L'expédition de Saint-Domingue était commandée par le général Leclerc et celle de la Guadeloupe par le général Richepanse.

On remarquera à cette époque deux choses bien opposées dans les idées et dans les faits relatifs à ces deux pays. A Saint-Domingue, Toussaint Louverture déploie toutes les forces possibles pour combattre les Français, tandis qu'à la Guadeloupe Pélage se propose de les bien accueillir.

L'escadre destinée à la Guadeloupe était commandée par le contre-amiral Bouvet ; elle était composée de 2 vaisseaux, 4 frégates, une flûte et 3 transports ayant à bord le général Richepanse avec 7,470 hommes de troupe d'infanterie, d'artillerie et de cavalerie. Elle entra à la Pointe-à-Pitre, le 2 mai 1802.

Une députation se rendit à bord pour protester de son dévouement à la métropole et se donner en otage, si le commandant de l'expédition l'exigeait. Le débarquement eut lieu avec sécurité au milieu des cris d'allégresse poussés par la population.

Les troupes coloniales furent passées en revue par le général Richepanse ; il fut satisfait de l'ordre et de la tenue des troupes auxquelles il parla en ces termes : « Les guerriers que je vous amène ont « vaincu l'univers par leur obéissance, obéissez !.... « Mon intention et de me rendre à la Basse-Terre, « où je serais bien aise de vous avoir près de moi ; « en conséquence, j'ai ordonné que vous vous em- « barquiez de suite sur les frégates. »

La moitié de ces troupes s'embarquèrent avec confiance sur les bâtiments qui les attendaient, elles furent désarmées et mises à fond de cale. Le reste des troupes noires ne vit dans cette mesure qu'une indigne trahison de la part de l'autorité militaire, et s'empressa de fuir à la faveur de la nuit. Tous ces hommes étaient furieux contre Pélage, leur chef, pensant qu'il les avait trahis. L'alarme se répandit partout et Delgrès, qui commandait à la Basse-Terre, se mit à la tête des révoltés.

Le général Richepanse fut mal conseillé de traiter ainsi les troupes noires, très susceptibles de leur nature ; avec de la douceur et des ménagements, il aurait pu en tirer un bon parti (1).

Pour tranquilliser les habitants, il leur adressa une proclamation, et partit ensuite pour aller réduire la Basse-Terre.

Cette ville était sous les ordres de Delgrès, ancien aide-de-camp de Lacrosse, qu'il avait abandonné à son malheureux sort pour se joindre, comme mulâtre, au parti des gens de couleur. Dans cette situation, il préféra lever l'étendard de la rébellion que de soumettre comme Pélage.

Il se hâte donc de concentrer des forces à la Basse-Terre, en faisant appel aux mulâtres et aux noirs ; il désarme les blancs et reçoit les noirs de la Pointe-à-Pitre ; enfin il se prépare à une défense vigoureuse.

L'escadre portant le général Richepanse et ses troupes fut accueillie par une décharge d'artilerie du fort et des batterie. Cependant on voulut tenter un moyen d'accommodement en écrivant à Delgrès ; le capitaine Prudhomme et l'aspirant Losach furent

(1) Voir les *Moniteurs* des 11, 14 et 26 juillet et du 26 octobre 1802.

chargés par le général en chef de la mission de se rendre près de lui ; ils furent très mal reçus et retenus prisonniers. Alors l'ordre fut donné de débarquer pour repousser les troupes noires qui se retirèrent dans leurs retranchements. Le 11 mai, le général Richepanse traversa la rivière des Pères pour forcer les retranchements, tandis que le général Gobert et le colonel Pélage la traversaient à son embouchure et entraient dans la ville. Cette entrée soudaine sauva les habitants du pillage et de la mort.

Cette journée fut extrêmement pénible pour nos troupes, non habituées à combattre et marcher sous un ciel de feu comme celui des tropiques. On eut à regretter des morts et des blessés, et il fallait se hâter de prendre le fort St-Charles ; car on n'était pas en sûreté dans la ville que les insurgés pouvaient bombarder. Mais on ne pouvait rien entreprendre de sérieux avant l'arrivé du général Seriziat, qui était parti de la Pointe-à-Pitre par terre et avait vaincu les rebelles dans plusieurs rencontres. A son arrivée on put investir complètement le fort et commencer les travaux de siège. L'artillerie nécessaire fut débarquée et traînée à bras sur des mornes escarpés et les matelots organisés en compagnies travaillèrent aux tranchées.

Le 21 mai, les batteries commencèrent à tirer efficacement ; de vigoureuses sorties se firent par les noirs, et le 28 on perdit le capitaine du génie Ambrecère. Le 21 juin, les pièces de la défense se trouvèrent démontées, et les assiégés évacuèrent le fort à huit heures du soir, au nombre de 400 hommes.

Delgrès avait donné l'ordre de faire sauter le magasin à poudre, afin de faire périr 150 prisonniers qu'il avait, et d'écraser la ville par la projection des matériaux ; mais le capitaine Prud'homme et l'aspirant Losach avaient su se ménager des intelligences avec des officiers du fort. On leur ouvrit les portes de la prison au moment de la sortie de Delgrès, ils enlevèrent la mèche et parvinrent à mettre les autres prisonniers en liberté.

La conduite énergique de ces deux officiers sauva le fort et la ville ; ils furent comblés d'éloges par le général en chef, et certes ils le méritaient bien.

Le général Gobert et le colonel Pélage se mirent à la poursuite d'Ignace, qui commandait un parti de noirs, ils purent l'atteindre au moment où il se proposait de mettre le feu aux poudres des postes retranchés de Dollé ; on sauva 70 femmes et enfants blancs que cet homme féroce voulait faire périr. En se retirant, Ignace brûlait et massacrait tout ce qui se trouvait sur son passage ; il réduisit en cendre beaucoup d'habitations, le bourg des Trois-Rivières et le quartier de la Capstère.

On apprit bientôt que ce chef redouté menaçait la ville de la Pointe-à-Pitre à la tête de 400 hommes et d'une foule de nègres armés pour la saccager. Le général Gobert ne pouvant y conduire ses troupes exténuées de fatigues, prit le parti d'y envoyer Pélage pour organiser la défense et tenir Ignace en échec jusqu'à son arrivée. En effet, celui-ci voyant des forces arrivées pour la défense de la ville, se retira dans la redoute du Bambridge. Alors Gobert et Pélage l'y attaquèrent à 6 heures du soir; les troupes marchèrent résolument sur cette masse d'hommes qui se défendit intrépidement, sachant qu'il n'y avait point de quartier pour des brigands de leur espèce; pour eux c'était une question de vie ou de mort.

Le résultat de ce combat acharné fut qu'il y eut 675 hommes de tués, parmi lesquels se trouvait Ignace, leur chef. On fit 150 prisonniers qui furent fusillés presque immédiatement après l'affaire. On ne jouait pas aux soldats à la Guadeloupe. On se battait vaillamment de part et d'autre.

Cette terrible expédition terminée, dans laquelle se jouait si facilement la vie des homme, les troupes retournèrent à la Basse-Terre pour prendre part à un autre drame plus terrible encore que le précédent, ainsi qu'on va le voir.

Delgrès, ce chef des rebelles, qu'il ne faut pas confondre avec Ignace et ses semblables, s'était retiré sur le morne appelé Matouba, à l'habitation d'Anglemont; position naturellement forte par son site abrupte et élevé, et à laquelle on avait fait des ouvrages de défense.

Le général en chef reconnut avec soin cette position d'un accès difficile et prit ensuite les dispositions nécessaires pour la faire enlever par ses troupes, qu'il mit en mouvement, le 28 mai, sur plusieurs colonnes.

On parvint à joindre les rebelles, malgré les obstacles du terrain et les postes détachés en avant. Le chef de bataillon Lacroix, avec un bataillon de la 66ᵉ demi-brigade, attaqua d'un côté pendant que le commandant Cambriels attaquait d'un autre, avec un autre bataillon du même corps.

Vers 4 heures du soir, Cambriels formant son bataillon en plusieurs colonnes, s'élança contre les rebelles sans tirer, ayant 30 hommes en tirailleurs, et au moment où l'attaque pénétrait dans les retranchements ennemis, les noirs se sauvèrent dans l'habitation d'Anglemont, mirent le feu aux poudres et sautèrent au nombre d'environ 400, parmi lesquels se trouvaient leur chef Delgrès et ses officiers, qui voulurent partager son sort.

Ce moment fut terrible par l'effet inattendu de cette explosion ; il y eut un moment de stupeur et d'anxiété, puis on reprit le combat qui se termina par la destruction des noirs échappés à la catastrophe.

Dans cette explosion violente, calculée à dessein,

par Delgrès, les Français perdirent tous leurs tirailleurs qui étaient en avant commandés par le brave lieutenant Faquiant ; aucun deux ne put échapper à cette horrible vengeance des noirs entrainant la mort de leurs ennemis avec la leur !

Il est fâcheux que tant de courage aveugle ait été mis au service d'une aussi détestable cause que celle de la révolte ; mais il était impossible de faire autrement, les noirs étaient arrivés à un transport furieux de rage qui ne permettait aucun ménagement, c'était la bête fauve blessée à mort cherchant à se venger contre son ennemi !

Cette dernière affaire parvint à anéantir le parti des rebelles. Le général en chef accorda libéralement une amnistie à tous ceux qui voulurent déposer les armes et s'engager à rentrer dans leurs ateliers. Un petit nombre seulement de ces malheureux voulurent persister à rester en armes, pour vivre dans les bois comme des brigands.

Après ces événements, le général Richepanse put donner ses soins au rétablissement de l'ordre et de la légalité. Les émigrés purent rentrer, pour se faire réintégrer dans leurs biens sans distinction d'opinion. Les blancs et les hommes de couleur reçurent des armes pour défendre leur existence contre les vagabons et former des compagnies de milice. On forma aussi une compagnie de 150 sapeurs pour le service des travaux du génie.

La crainte du retour des troubles lui fit aussi prendre une décision bien grave, celle de déporter 3,000 noirs en pays étrangers ; c'était priver l'ile d'un élément de force vive pour les cultures, peut-être les aurait-on ramenés à la raison et au travail par la douceur et les bons traitements. Mais on fut inexorable pour ceux pris les armes à la main, ils furent mis à mort.

Enfin, le général en chef prit un bon parti en arrêtant le cours sanglant des exécutions, et en proclamant l'oubli du passé comme étant le plus sûr moyen d'arriver à une solide pacification. Il y avait eu assez de victimes ayant payé de leur sang cette affreuse revolte. (1)

Les émigrés rentrés dans leurs foyers auraient dû s'estimer heureux de les revoir ; au contraire, ils s'abandonnèrent à leur caractère irritable pour s'occuper de vengeance contre la population noire. Aussitôt reparurent les assassinats et les incendies. Pour y remédier, Richepanse publie une proclamation dans laquelle il assure que la liberté ne recevra pas d'atteinte. Cette mesure ne suffisant pas pour calmer la réaction, on arrêta les membres de l'ancien conseil et différents notables de la Pointe-à-Pitre, pour les envoyer en France, avec 32 officiers de

---

(1) La perte éprouvée par la race nègre a été évaluée à 10,000. Un millier de noirs furent formés en un bataillon et employé en Italie où il servit avec distinction à Mantoue et au siège de Gaëte.

couleur, qui devaient être mis à la disposition du ministre de la marine à leur arrivée en France.

Les quatre membre de l'ancien conseil étaient Pélage, Frosans, Piaud et Corneille ; à leur arrivée à Brest, ils furent détenus comme prisonniers et transférés à Paris où ils demandèrent en vain à être mis en jugement. Leur demande ne produisant pas d'effet, ils prirent le parti de publier un mémoire justificatif de leur conduite, ce qui n'empêcha pas le gouvernement d'alors de continuer leur détention arbitraire jusqu'au 26 novembre 1803. Ces malheureux subirent ainsi seize mois de prison (1).

Le gouvernement voulant avoir le dernier mot vis-à-vis de sa colonie, avait décidé que l'amiral Lacrosse serait réintégré, pour un mois, dans ses fonctions, en réparation de l'offense faite à l'autorité par les habitants, qui forcèrent ce gouverneur à se rembarquer pour la France ; c'était une vengeance puérile, pour un gouvernement, de vouloir ressusciter un fonctionnaire, mort par l'effet de ses sottises.

Ce qui était beaucoup plus grave, c'était le rétablissement dans les îles du principe aboli par la Convention sur l'esclavage. Une loi, du 20 mai 1802, rétablissait l'esclavage de la race noire, c'était une faute, un retour malheureux vers le passé qui eut un

---

(1) Pélage fut ensuite employé à l'armée d'Espagne comme colonel ; il mourut en 1813 des suites des fatigues de la guerre.

retentissement jusqu'à St-Domingue : pour les nègres de cette île, ce fut un motif de vaincre ou de périr dans la lutte qu'ils soutenaient contre la France.

La Convention était allée trop vite dans l'émancipation des noirs, qui n'étaient nullement préparés à ce grand acte ; mais le gouvernement de l'époque n'avait aucune raison valable pour leur ôter la liberté, c'était une violation de la loi humaine et des promesses faites à la race noire. On pouvait organiser le travail pour les empêcher de se livrer au vagabondage, mais on devait respecter la liberté qui leur avait été donnée par la Convention.

La restauration de l'autorité avait coûté la vie à un grand nombre de militaires, dévorés par un climat destructeur et les fatigues de la guerre. Le général Ceriziat venait d'expirer, et le brave et digne général de Richepanse était aussi arrivé au bout de sa carrière. Victime des fatigues et des soucis du commandement, de la saison de l'hivernage et de la fièvre jaune, il succomba en 17 jours, le 3 septembre 1802, encore à la fleur de l'âge, ayant assez vécu pour sa gloire et pas assez pour le pays qu'il gouvernait (1).

Le gouvernement de France, touché de cette perte cruelle, décréta, le 30 mars 1803, que le fort

---

(1) Richepanse était né à Metz, le 25 mars 1770 ; il n'était âgé par conséquent que de 33 ans. Il ne fut gouverneur que pendant 4 mois.

St-Charles, où ses restes étaient déposés, porterait le nom de fort de Richepanse. Le commissaire Coster mourut bientôt après, et le brave général Gobert fut obligé de repasser en France pour rétablir sa santé ébranlée. Il s'en suivit que le commandement des troupes arriva jusqu'au général Ménard.

Par la mort de Richepanse, le pouvoir revint à l'amiral Lacrosse, dont la position se trouvait singulièrement délicate vis-à-vis de ses administrés. Si cet homme avait eu le sentiment de sa fausse position, il aurait demandé sa rentrée en France depuis longtemps ; mais son esprit dominateur le poussait à tout tenter pour ressaisir son autorité. Hélas ! c'était une erreur de caractère qu'on aurait dû lui faire apercevoir pour son amour propre.

Ce fut vers cette époque que l'on créa un corps de chasseurs, composé de jeunes créoles, pour combattre les noirs retirés dans les bois. Le commandement en fut confié à M. de Vermont. On mit à prix la tête de ces malheureux nègres ; cette mesure dégénéra en abus par la cupidité des hommes qui se livraient à cette chasse.

Lacrosse, toujours irritable, emporté et défiant, se créait à chaque instant des affaires désagréables ; il était surtout susceptible quand l'on tenait des propos contre lui. Dans une réunion d'officiers on parla d'une manière peu agréable pour sa personne et son autorité, il se crut outragé. Pour s'en venger, il fit saisir ces officiers, le général Ménard entre autres, et les fit embarquer à bord du vaisseau le *Jemmape* pour être transportés en France. Il menaça de traiter ainsi tous ceux qui lui feraient opposition.

Les hommes qui avaient vu revenir Lacrosse au pouvoir, et qui avaient de la haine ou de l'antipathie s'entendirent pour conspirer contre lui. Ils pensèrent qu'il fallait recommencer ce qui avait réussi en 1801. Une conspiration se forma donc à Ste-Anne, et éclata le 6 octobre ; ceux qui en faisaient partie se réunirent en criant mort aux blancs ! puis se portèrent sur vingt habitations différentes, tuant tous les blancs qu'ils y trouvaient. Après avoir commis toutes ces cruautés, ils se portèrent sur Ste-Anne dont ils ne purent s'emparer.

Le capitaine général Lacrosse s'étant rendu sur les lieux, prit un arrêté pour établir un tribunal spécial dans le but de juger ceux qui avaient pris part à cette levée de boucliers. A cette occasion, il écrivit une lettre au président de ce tribunal, le chef de bataillon Danthouars, de l'artillerie, où l'odieux se le dispute à l'absurde. Cette lettre se terminait ainsi : « Vous penserez donc comme moi, « citoyen, que le supplice de la potence n'expiera « point assez le crime de ces assassins que la loi « condamne à la peine de mort ; ils doivent être « rompus vifs et expirer sous la roue. » Et cela s'écrivait à une époque où l'on cherchait à rétablir la société ébranlée sur la double base de l'humanité et de la justice !

Il y eut de ces malheureux révoltés qui furent pendus, d'autres roués ou étranglés. On parvint ainsi par la terreur des supplices à maintenir le calme dans la population noire jusqu'à la fin de l'année, qui devait aussi voir la fin du règne du capitaine général Lacrosse.

Ce récit paraîtrait incroyable de nos jours, s'il n'était puisé dans les écrits du temps, et l'on ne peut expliquer un pareil abus de pouvoir que par une aberration d'esprit de celui qui exerçait une tyrannie semblable, et aussi par un manque d'attention de la part de ceux auxquels le gouverneur était subordonné.

On voit que cette année de 1802 est remplie d'événements importants. L'arrivée du général Richepanse suivie d'actes de sévérité contre les troupes noires ; la révolte de Delgrès à la Basse-Terre, la prise du fort St-Charles et le combat de Matouba où les noirs se firent sauter par la mine plutôt que de se rendre. La déportation de 3,000 noirs, la mort du général Richepanse et la suppression de la liberté des noirs.

En détruisant l'œuvre de la Convention, la liberté des noirs, qui avait été faite sans examen, sans préparation aucune, comme pour satisfaire une fantaisie politique à l'avantage d'une cohue de nègres grossiers ;

ce n'était pas un motif pour abolir ce qui avait été fait, car l'impression morale de cet acte devait être immense, et retentir dans cet archipel peuplé en grande partie par cette race. C'était surtout à St-Domingue où l'effet devait produire un grand mal ; attendu que dans cette île la révolte était générale contre l'autorité ; et elle devait décupler ses forces par la haine contre ceux qui leur préparaient des fers ; c'est ce qui a été cause de la perte de cette belle et grande colonie.

A la rigueur, on aurait pu continuer le système de V. Hugues qui employait chacun suivant ses aptitudes particulières ; celui-ci était soldat, celui-là ouvrier des villes, cet autre cultivateur à la campagne et rémunéré convenablement. Cet emploi des noirs était rationnel et praticable ; ceux qui n'auraient pas consenti à cet arrangement auraient été contraint à exécuter des travaux publics.

Il semble que cette organisation eut été préférable que d'ôter à ces hommes la liberté à laquelle l'homme tient autant qu'à la vie. D'un autre côté, ceci veut dire que le nègre abandonné à lui-même n'est ni laborieux, ni économe, qu'il n'a point l'esprit d'initiative qui distingue la race blanche, et qu'il ne saura jamais se gouverner ni travailler. St-Domingue est un exemple frappant de décadence, où de révolution en révolution ce pauvre pays est arrivé à une dégradation sans pareille, tout en étant maître de la contrée la plus riche du monde, et qui avait atteint une grande prospérité sous le régime de la France. La fertilité de la terre, l'extension du commerce, le nombre de colons et des habitations avaient amené un mouvement d'affaires de plus de deux cent millions dont profitaient nos ports et notre marine. Aujourd'hui il n'y a plus de finances organisées pour faire face aux dépenses, plus de transactions commerciales; l'État est rempli de dettes dont il ne peut pas même payer les intérêts, n'ayant point de ressources budgétaires. La république d'Haïti donne un triste spectacle au monde en prouvant qu'elle ne sait pas se gouverner.

CHAPITRE IX.

1803. Le général Ernouf nommé capitaine général. — Organisation de l'administration. — Le traité d'Amiens est rompu. — Perte de Sainte-Lucie et de Tabago. — Mise en état de siège de l'île. — Amnistie én faveur des noirs fugitifs. — Affaire du port de Deshayes. — Le préfet Lescalier. — 1804. Napoléon Ier, empereur. — Corsaires de la Guadeloupe. — 1805. Escadres de Missiessy et de Villeneuve. — Le général Kerversan est nommé préfet. — 1806. Impôts pour les fortifications. — Affaire de la Dominique. — Envoi d'un détachement à Caracas. — 1807. Expédition contre Saint-Barthelémy. — 1808. Perte de Marie-Galande et de la Désirade. — Les Anglais repoussés de Saint-Martin. — Tentative des Français sur Marie-Galande.

1803. Le général Ernouf ayant été nommé à l'emploi de capitaine général, le 8 mars 1803, le ministre de la marine presse son départ pour la Guadeloupe, dans le but évident de rappeler au plus vite le contre-amiral Lacrosse dont l'impopularité n'avait fait que grandir dans cette île, et pouvait amener de fâcheuses conséquences. D'un autre côté, la paix avec l'Angleterre se maintenait avec peine et l'on pouvait prévoir que la rupture ne se ferait pas attendre longtemps ; or, il devenait dangereux de laisser l'une de nos importantes colonies entre des mains inhabiles à la gouverner.

L'arrivée du général Ernouf, qui eut lieu le 8 mai

1803, fut saluée par la population avec enthousiasme ; elle espérait un meilleur avenir dans ses destinées, et eut pour effet de produire tout de suite un apaisement dans les esprits irrités.

Le gouvernement des consuls, qui s'occupait de réorganiser l'administration en France, n'oublia pas les colonies ; et par un arrêté du 24 mars 1803, une Chambre d'agriculture fut créée ; elle était composée de cinq membres et pour en faire parti il fallait être âgé de 25 ans, et propriétaire d'une habitation de quarante noirs. Cette Chambre avait pour mission de s'occuper de l'amélioration de l'agriculture et de faire connaître les causes qui pouvaient la faire progresser ou l'entraver.

Plus tard, on organise aussi les tribunaux sur le système de ceux de France, il fut créé un tribunal d'appel composé de neuf juges et d'un président ; un tribunal de première instance à la Basse-Terre, un autre à la Pointe-à-Pitre et un troisième à Marie-Galande.

Le gouvernement de France ayant proclamé une amnistie en faveur des émigrés, le nouveau capitaine général voulut faire jouir de ce bienfait ceux des colonies, en les rétablissant dans leurs propriétés ; et à cette occasion, il leur fut accordé un sursis pour les dettes contractées, afin de prendre des arrangements avec leurs créanciers.

La paix intérieure étant assurée, les habitants se

mirent au travail et aux affaires. Les gens de couleur libres avaient abjuré une ambition déplacée, et les noirs, subjugués par la force, étaient rentrés paisiblement dans leurs ateliers. Tout promettait de rendre heureux le pays qui aspirait à la tranquillité et au repos, lorsqu'on apprit la rupture du traité d'Amiens.

En jetant un coup d'œil dans le passé, on trouve que les traités de paix n'ont été que des trêves avec l'Angleterre pour se préparer par des intrigues de cour à reprendre les hostilités au moment le plus favorable à sa politique et à ses intérêts. Dans cette circonstance on remarquera que, suivant les habitudes perfides de cette nation, lord Wilwouth, ambassadeur d'Angleterre, n'avait pas encore quitté Paris que les hostilités étaient commencées sur toutes les mers. Nos navires, trop confiants, qui revenaient dans nos ports, sur la foi des traités, furent saisis dans toutes les mers, par la marine britannique, comme cela avait eu déjà lieu dans les guerres maritimes précédentes.

La France à cette nouvelle pousse un cri d'indignation d'un bout à l'autre de son territoire, elle offre des trésors, des soldats et des marins pour venger son honneur outragé. Boulogne reçoit des flottes qui font trembler l'Angleterre et l'oblige à chercher une puissance qui recevra le choc pour elle ; c'est l'Autriche qui se laisse gagner par son or pour être vaincue par la célèbre campagne de 1805 avec la Russie qui venait à son secours.

La perte de Saint-Domingue fut le premier succès de notre ennemie. Elle court attaquer Sainte-Lucie qu'elle enlève malgré la vigoureuse défense du général Noguès à qui les maladies n'avaient laissé qu'une poignée de soldats. Elle prend ensuite Tabago, rocher sans défense où commandait le général César Berthier. Voyant qu'elle ne peut s'emparer de la Martinique et de la Guadeloupe, elle se contente de les faire bloquer par ses vaisseaux.

La guerre avec l'Angleterre enthousiasme la population de nos deux îles ; les habitants aident aux apprêts de la défense, et les milices sont souvent réunies pour s'exercer au maniement des armes. La Guadeloupe est mise en état de siège et le capitaine général prend le titre de général en chef. Il établi près de sa demeure de Mont-Repos un baraquement de troupes dans le but de les avoir sous la main et de les préserver des maladies.

L'amiral sir Cochrane, qui avait épousé une créole, reçoit l'ordre de quitter l'île et d'aller soupirer loin de l'objet de ses amours ; sa femme n'ayant pas voulu le suivre.

Le capitaine général prit une excellente mesure, ce fut celle d'accorder une amnistie aux noirs fugitifs dans les mornes et les bois; ils rentrèrent presque tous chez leurs maîtres pour reprendre leurs occupations ordinaires.

Les croisières anglaises, en rompant les relations directes avec l'Europe, n'empêchaient pas les relations avec les neutres à qui on ouvrait les ports et où ils accouraient pour commercer. C'est ainsi qu'on vit flotter le pavillon des Etats-Unis, celui des Espagnols, des Suédois et des Danois dans nos ports pour y apporter des marchandises et remporter des denrées coloniales. Mais cette prospérité fut de courte durée, notre île n'était plus cette pépinière de vaillants hommes qui surent lutter contre l'étranger avec Victor Hugues, en créant des ressources extraordinaires sur terre et sur mer.

Vers la fin d'août, le capitaine général voulut tenter une attaque sur Antigoa pour y détruire un atelier de construction d'une grande importance. A cet effet on réunit au port de Deshayes, dix goëlettes armées en course devant recevoir un bataillon d'infanterie, plusieurs compagnies d'hommes de couleur et une centaine de blancs. Les Anglais en furent instruits, et envoyèrent contre cette expédition la frégate l'*Emeraude*, accompagnée d'un brick et d'une goëlette. L'attaque se fit, le 15 septembre 1803, à 11 heures du soir, par les chaloupes de l'ennemi qui souffrirent beaucoup, plusieurs furent coulées à fond ; néanmoins l'expédition française fut dispersée sur la plage où elle avait été réunie et une partie des bâtiments furent incendiés (1).

Le préfet Lescalier, qui avait l'administration intérieure, agissait de son mieux pour la répartition des charges publiques, qui consistaient dans la capitation des esclaves, l'impôt sur l'industrie et les maisons des villes. Les douanes furent mises en régie, parce que cet impôt est variable. Ces ressources étant insuffisantes pour faire face aux dépenses, il en chercha d'autres. Les nègres provenant des prises faites sur les Anglais, et répandus sur les habitations de l'île, étant la propriété de l'Etat, furent vendus aux agriculteurs, puis il exigea aussi la retribution imposée par les lois sur les affranchissements qui avaient eu lieu antérieurement.

Ces dispositions justes en elles-mêmes, mirent ce préfet en butte à de sourdes menées contre lesquelles il ne voulut pas lutter, il demanda sa rentrée en France, et fut remplacé provisoirement par M. Roustenecq.

1804. Le premier consul venait d'être porté au trône par la volonté nationale, le 18 mai 1804. Les Français s'étaient empressés de lui prêter serment de fidélité. Le pape Pie VII, cédant à l'influence de l'époque, traverse les Alpes et la France pour venir

(1) *Moniteur* du 24 mai 1804.

sanctifier le couronnement du nouveau Charlemagne.

Ces nouvelles portées aux colonies y produisirent un entousiasme général. Les colons pensaient que celui qui ramenait le règne de l'ordre, de la justice et des lois, avait bien le droit à leurs sympathies et à leur reconnaissance.

Les corsaires de la Guadeloupe célébrèrent cet événement à leur manière en déployant un grand courage contre les forces britanniques qui leur ont été opposées. Parmi ces combats brillants qu'ils soutinrent, il faut citer celui du capitaine Lamarque comme une exception digne d'éloges. Le navire qu'il montait ne portait que six canons de 6 et son équipage de 75 hommes, quand il aperçut, le 15 juillet, la corvette anglaise la *Lily*, de seize canons de 12 et ayant 105 hommes d'équipage. En manœuvrant pour s'approcher du bâtiment ennemi, le capitaine Lamarque prêta le flanc de son navire, et dirigea si bien son feu qu'il tua beaucoup d'hommes à l'ennemi en lui faisant en même temps des avaries majeures. Dans cette situation il accoste, saute à l'abordage avec ses hommes et s'empare de la corvette qu'il conduit en triomphe à la Basse-Terre. Ce n'est pas tout : ce bâtiment, monté par vingt hommes seulement, est conduit aux Saintes pour être réparé de ses avaries. Les Anglais cherchèrent à la reprendre en envoyant la frégate la *Galathée* faire une attaque de nuit avec des chaloupes ; mais le commandant des Saintes, Madier, se tenait sur ses gardes en renforçant la *Lily* de 30 soldats. Les ennemis furent foudroyés dans leur attaque et obligés de rétrograder par suite des pertes qu'ils éprouvèrent.

Ces succès, qui avaient leur importance matérielle et morale, en excitant le courage de nos marins, n'était que le prélude d'événements plus importants.

1805. Dans le mois de février, on fut fort étonné de voir les croisières anglaises se retirer de nos côtes précipitamment, de fuir comme des oiseaux de proie qui veulent éviter des chasseurs à leur poursuite ; la cause en fut bientôt connu ; c'était l'arrivée à la Martinique de l'escadre de l'amiral de Missiessy, qui rendit la mer libre jusqu'après son départ des îles, qui eut lieu à la fin de mars ; puis les Anglais revinrent croiser sur nos côtes jusqu'au mois de mai suivant où l'escadre de Villeneuve arriva aussi à la Martinique pour balayer de nouveau sur mer les bâtiments anglais.

Dans l'histoire de la Martinique, il a été raconté ce qui a rapport à ces deux escadres pendant le temps qu'elles passèrent dans les îles ; on n'y reviendra pas. On dira seulement qu'en juin on vit arriver à la Guadeloupe des frégates françaises pour y déposer des troupes et du matériel, et annonçant que l'escadre dont elles faisaient partie avait repris le large pour retourner en Europe, où elles devaient rallier l'amiral Villeneuve ; que cette escadre devait opérer contre les Anglais pour dégager l'entrée de Brest où se trouvaient bloqués 22 vaisseaux français.

Après le départ de l'escadre de Villeneuve, les Anglais déployèrent de grandes forces autour de nos îles. Plusieurs de nos corsaires tombèrent entre leurs mains ; mais comme ces bâtiments ennemis ne pouvaient pas toujours tenir la mer, le commerce intérieur et extérieur n'en souffraient pas trop.

Pour subvenir aux besoins toujours croissants, il fallut créer un impôt additionnel qui fut acquitté sans le moindre murmure. On avait d'ailleurs confiance dans le capitaine général qui avait l'estime de tout le monde. Au moyen de ce revenu, les gardes nationales furent dispensées du service personnel.

Cependant les plaintes portées à Paris par le préfet Lescalier avait porté leurs fruits, le général de brigade Kerversan, connu par la guerre qu'il avait faite à Saint-Domingue, et ses talents administratifs, fut nommé préfet colonial et il arriva en juillet 1805.

L'administration suivit sa marche ordinaire, on rendait justice à son intégrité ; mais on n'aimait pas sa manie de faire des arrêtés et des règlements qui donnaient prise à la critique. Il vint à circuler des écrits offensants contre le préfet, et le commissaire de justice Bertholio, qui en était l'auteur, fut découvert, arrêté et chassé de la colonie.

1806. Au commencement de l'année l'administration établit un impôt de 250 mille francs pour réparer les fortifications et dont le capitaine général se réservait l'emploi ; c'était un tort, en matière d'impôts il faut toujours que la lumière se fasse, sur les recettes et dépenses pour éviter les soupçons et les critiques ; mais à cette époque on n'y regardait pas de si près.

Au mois de février on eut à déplorer une expédition mal concertée. Le chef détat-major du capitaine général passa aux Saintes à la tête de 60 hommes pour s'embarquer de nuit dans le but de se rendre à la Dominique surprendre des bâtiments marchands anglais richement chargés ; mais le gouverneur de cette île, prévenu à temps, fit cerner les deux bâtiments français et enlever ceux qui en faisaient partie. Tous les hommes furent faits prisonniers et leur échange refusée, à cause de ce genre d'attaque. Les Anglais les firent conduire en Angleterre pour périr sur ces affreux pontons de Plymouth.

Peu de temps après cette fâcheuse affaire, le capitaine général envoya un chef de bataillon et 150 hommes avec de l'artillerie à Caracas, ville capitale de la province de Venezuela en terre ferme. Ce détachement était envoyé en qualité d'auxiliaire pour plaire aux habitants qui voulaient se donner à la France et secouer le joug espagnol, mais le gouvernement français refusa cette offre.

Cette affaire était conduite par le fameux Miranda, qui ne put réussir dans son entreprise. Ce détachement revint à la Guadeloupe sur des bâtiments que le général Ernouf envoya pour le transporter.

En décembre, le bruit se répandit d'une prochaine attaque des Anglais. Une proclamation du capitaine général appela tous les habitants aux armes, en ordonnant que chaque habitant amènerait quatre de ses nègres avec lui, pris parmi les plus dévoués.

Ces nègres furent enrégimentés et employés aux travaux des places pour le service de l'artillerie et du génie; malheureusement ils furent loin d'être fidèles; beaucoup d'entre eux désertèrent dans les bois et finirent par inspirer des inquiétudes ; il fallut établir des postes sur les lisières des forêts pour se garantir de leurs excursions contre les habitations isolées qu'ils cherchaient à piller.

1807. L'empereur Napoléon était occupé à dissoudre la coalition du nord dont la Suède faisait partie, le général Ernouf voulant tirer parti de la situation de la Suède à notre égard, prépara une expédition contre l'île de St-Barthélemy, qui appartenait à cette puissance et gardée par quelques soldats de cette nation. Mais comme il ne voulait pas s'affaiblir en conservant cette conquête facile, il se contenta d'y envoyer deux de ses corsaires, chargés de troupes qui débarquèrent dans l'île sans coup férir et y restèrent pendant 24 heures. L'expédition revint à la Guadeloupe chargée des dépouilles de l'ennnemi ; les plus riches étaient celles du juif Isaac, accusé d'avoir fourni des armes et des munitions aux nègres de St-Domingue (1).

1808. L'amiral, sir Alexandre Cochrane, commandant la croisière anglaise dans nos parages, vint fixer sa station dans le courant de février près des îlots à l'est de la Guadeloupe. De cette position il envoya une frégate et deux bricks, le 2 mars, à Marie-Galante faire des vivres frais pour ses équipages. L'expédition ne trouvant que peu de résistance s'empara de l'île, et Cochrane vint y prendre son mouillage.

Cette perte occasionnée par l'incurie du général Ernouf, amena beaucoup de mécontentement dans l'île. L'autorité fit arrêter et conduire en prison quatre personnes innocentes ; elles étaient accusées d'avoir communiqué avec les Anglais venus à Ste-Rose pour y faire de l'eau ; mais comme il n'existait pas de preuves de culpabilité contre elles, on les relâcha à l'exception du sieur Busquet qui mourut en prison.

Le capitaine général prenait en même temps deux arrêtés pour parer à la situation, l'un proclamant la

(1) *Moniteur* du 13 mai 1808.

mise en état de siège de l'île et l'autre que la connaissance des crimes et délits se rapportant à la trahison serait réservée aux conseils de guerre.

La situation de la Guadeloupe devenait de jour en jour plus grave par l'effet de la rigueur du blocus, et faisait naître des inquiétudes qui pesaient sur l'esprit des habitants. Cependant on était disposé à se défendre vigoureusement si l'on était attaqué, et l'important était d'avoir une bonne direction partant d'un chef ferme et résolu ; mais malheureusement cette fermeté et cette résolution manquaient ainsi que le prouvera la suite de cette histoire.

Le 31 mars, la croisière anglaise se présenta devant la Désirade ; la garnison, composée de 11 hommes, fit feu pendant deux heures et capitula ensuite. Cette île entre les mains de l'ennemi resserrait davantage le blocus de notre île, en interrompant les atterrages des navires venant d'Europe.

L'établissement des lépreux de la Désirade fut détruit par ordre de l'amiral Cochrane et les malheureux qui en faisaient partie furent conduits sous pavillon parlementaire à la Pointe-à-Pitre dans le but d'infecter les habitants, qui furent indignés de tant de mépris de l'humanité. On fut obligé de les reléguer à bord d'un ponton pour éviter toute communication avec ces malheureux.

Les Anglais firent, à cette époque, une attaque sur l'île St-Martin, occupée par moitié avec les

Hollandais, qui ne réussit pas. Le lieutenant anglais, Spearing, débarqua avec 200 hommes, mais le capitaine Preuil, du 66°, qui n'avait que 43 soldats, se tenait sur ses gardes; il se défendit vaillamment en tuant le lieutenant anglais et une partie de ses soldats, le reste fut forcé de se rendre à discrétion.

Lorsque le chef de l'Etat fut informé de la perte de Marie-Galande et de la Désirade, il en témoigna son mécontentement au général Ernouf, qui voulut essayer de reprendre Marie-Galande ; mais il employa des moyens insuffisants qui ne permirent pas de réussir dans cette entreprise. Il aurait été bien plus simple de prime abord de mettre une garnison capable de la défendre.

Le colonel Cambriels, commandant le 66° régiment à la Guadeloupe, fut chargé de cette triste opération. Il s'embarqua avec 150 soldats, 13 canonniers et 200 fusils dans 15 pirogues. Contrarié par les vents, il est obligé de relâcher à Ste-Anne ; une embellie arrive et lui permet de reprendre la mer avec sa flotille qui est surprise par un brouillard épais et la disperse. Enfin il put prendre terre le 23 août au matin, avec huit pirogues seulement. Peu à peu il parvient à rallier son monde et un certain nombre d'habitants avec lesquels il marche en trois petites colonnes sur le Grand-Bourg dans l'espoir d'enlever le fort qui se trouve défendu par 400 hommes et armés de canons.

Après de vains efforts de la part des Français, il fallut songer à la retraite, car les Anglais arrivaient avec cinq vaisseaux, trois frégates et huit corvettes pouvant mettre à terre une force considérable. La position de notre petit corps était désespérée : exténué de fatigues et de besoins, se battant sans relâche contre 1600 hommes pourvus de tout, et appuyés par une marine considérable. Une plus longue résistance devenant impossible, nos malheureux soldats se virent réduits à mettre bas les armes et à se rendre prisonniers.

Le colonel Cambriels croyant devoir se soustraire à cette humiliation, prit le parti de consulter les deux capitaines qui étaient avec lui, sur sa détermination ; puis confia le commandement au plus ancien et quitta sa troupe, le 2 septembre, à 10 heures du soir. Conduit par des guides sûrs, il alla s'embarquer dans un petit canot à deux rames pour revenir à la Guadeloupe..

Le lendemain le détachement, réduit à 147 hommes, après une lutte de douze jours contre 1600 Anglais, se vit contraint de capituler contre des forces supérieures qui augmentaient sans cesse.

Cette affaire regrettable porte à se demander comment le capitaine général Ernouf avait pu prendre sur lui d'ordonner une semblable expédition avec des forces si minimes, sans s'être assuré d'avance de la situation des Anglais par une reconnaissance préalable exécutée par un officier chargé de guider ensuite l'expédition, si elle était praticable. Agir autrement c'était s'attirer un échec et vouer à une perte certaine nos malheureux soldats ; mais le reproche capital, c'était celui de n'avoir pas mis Marie-Galante en état de résister aux Anglais, qui s'en sont emparés sans difficulté.

Cette conduite du capitaine général indique clairement son manque de capacité et de réflexion et qu'il ne savait rien des choses de la guerre ; car envoyer une expédition de 150 hommes pour reprendre un fort défendu par de l'artillerie et 400 hommes est une faute grossière qui devait ruiner la confiance qu'on pouvait avoir en lui.

CHAPITRE X.

1809. Allarmes à la Guadeloupe. — Préparatifs de défense. — Arrivée du capitaine Troude aux Saintes. — Les Anglais y débarquent. — Ruse du capitaine Troude. — Perte des Saintes. — Destruction du port de Deshayes. — Brulôt lancé contre la Basse-Terre. — Affaire de l'Anse à Barque. — Les Anglais occupent plusieurs points. — 1810. Situation des moyens de défense. — Les Anglais débarquent à Ste-Marie et à Billiery. — Inaction des Français. — Le gouverneur veut capituler. — La garde nationale est congédiée. — Reddition de la Basse-Terre. — Les troupes murmurent. — Vatable attaque sans ordre. — Affaire du pont de Nozières et capitulation. — La garnison est prisonnière de guerre. — Le général Ernouf mis en jugement est gracié. — Le général Beckwith exige le serment d'allégeance des habitants. — Alex. Cochrane, gouverneur. — M. Dampierre, procureur général, est destitué. — Secours apportés au port de Deshayes. — Refus des habitants d'être miliciens. — 1813. Sir John Shiner, gouverneur. — 1814. Paix avec la coalition. — Le contre-amiral Linois, gouverneur. — Nouvelle organisation.

1809. Dans les premiers jours de janvier l'alarme fut grande dans l'île en apprenant qu'un armement considérable se préparait à la Barbade; mais on apprit que cette expédition s'était portée contre la Martinique où les Anglais avaient pratiqué des intelligences, disait-on, l'inquiétude se portait donc de ce côté.

Les colons demandèrent à concourir personnellement à la défense de l'île et proposèrent un enrôlement de nègres choisis dans leurs ateliers; cette levée produisit 1500 hommes qui furent incorporés dans les compagnies du 66ᵉ régiment d'infanterie où ils furent armés, équipés et habillés promptement. Peu de temps après ce régiment offrait une masse de 2,000 hommes bien armés et bien exercés.

Par un arrêté du 19 février, le capitaine général ordonne la formation de deux bataillons actifs sur les autres bataillons de la garde nationale pour agir dans l'intérieur à la défense commune. On déclara d'utilité publique les ouvriers, les esclaves et les bestiaux nécessaires à la défense.

Les colons étaient devenus anxieux à l'égard de ce qui se passait à la Martinique, unie par des liens de sympathie à la Guadeloupe. Cette île avait pour gouverneur l'amiral Villaret Joyeuse, qui était un officier général de la marine capable et dévoué à ses devoirs. La ville de Port-de-France était défendue par deux forts respectables et une bonne garnison. On pouvait donc espérer que les Anglais échoueraient dans cette entreprise, malgré leurs moyens d'attaque. Il n'en fut rien, car on apprit à la fin de février que le fort Desaix, dernier refuge de la garnison, s'était rendu le 24 du mois précité. On comprendra sans peine l'alarme jetée dans tous les cœurs par cette pénible nouvelle et la crainte de voir les ennemis tourner leurs efforts contre notre île. Il n'en fut rien ; cependant, on apprit bientôt qu'après la reddition de la Martinique, les troupes anglaises avaient été renvoyées dans les îles d'où elles avaient été tirées; on en conclut que la tranquillité ne serait pas troublée de longtemps, et cela eut pour effet de calmer les esprits surexcités par la présence des bâtiments anglais.

Les Saintes, dans la situation où l'on se trouvait, acquérait une grande importance. C'était l'unique point de ralliement où le ministre de la marine pouvait envoyer les secours nécessaires à la Guadeloupe, qui était la dernière possession de la France dans l'archipel américain, la garnison en avait été portée à 600 hommes, et l'on attendait chaque jour l'arrivée de renforts de France.

Enfin, parut une division venant de Lorient qui alla mouiller aux Saintes; elle était commandée par le capitaine Troude, brave marin s'il en fut, et se composant de trois vaisseaux de 74 : le *Courageux*, le *D'haupoult* et le *Polonnais,* de deux flûtes, la *Furieuse* et la *Félicité.* Il y avait à bord 600 conscrits destinés au 66ᵉ régiment et des approvisionnements de toute espèce.

Le commandant des Saintes et le capitaine Troude s'entendirent pour organiser la défense de cette île en y employant des marins et des soldats, et on avait l'espérance de la mettre à l'abri d'un coup de main, lorsque, le 14 avril, au point du jour, on vit 22 voiles anglaises accourir sur les Saintes. A 11 heures elle débarquèrent de nombreuses troupes et marins pour s'emparer du gros morne, ce qui leur réussit, malgré la défense du capitaine d'artillerie Bouchard.

Le capitaine Troude, furieux de voir les Anglais maître du gros morne, demande au commandant de place l'ordre écrit de les combattre, on le lui refuse. Il avise alors au moyen de se soustraire aux forces supérieures qui l'entouraient. Il prend, à 11 heures du soir, la résolution de faire appareiller ses trois vaisseaux, de couper les câbles et de fuir en laissant les deux flûtes au mouillage. Les Anglais s'étant aperçu de cette manœuvre se mirent à la poursuite des trois vaisseaux, et les flûtes en profitèrent pour aller jeter l'ancre dans la rade de la Basse-Terre.

Le général Maitland ayant encore fait débarquer des troupes, somma la place de se rendre, mais inutilement. Alors, le 17 avril, l'ennemi tenta d'enlever le fort Napoléon d'assaut; les conscrits et les noirs le laissèrent s'approcher jusqu'aux palissades du chemin couvert pour se précipiter sur lui et le culbuter.

Deux heures après cette affaire, un officier sortit du fort pour parlementer avec l'ennemi et traiter de la capitulation qui fut signée. Et les Saintes, ce dernier boulevard des possessions françaises aux Antilles, passait au pouvoir de nos plus cruels ennemis.

La prise des Saintes, qui pouvaient tenir plus

longtemps, attrista les habitants qui auguraient mal de l'avenir, et fit naître des suppositions peu avantageuses sur le commandant de la garnison.

On était encore sous l'impression de cette triste affaire, lorsqu'il s'en présenta une autre aussi peu agréable. Un canot parlementaire, dirigé sur le bourg de Deshayes, au lieu d'aller à la Basse-Terre, fut repoussé à coups de fusil ; le midschipmann qui le commandait fut tué ; et sur le rapport fait au commandant des forces britanniques, les Anglais mirent à feu et à sac ce malheureux bourg dont les habitants étaient étrangers à ce triste fait. Hélas ! tout n'était pas fini, car on commençait à peine d'entrer dans une période de guerre qui devait aller en augmentant dans ses effets désastreux.

Vers la fin de mai, l'amiral anglais conçut le projet de brûler du même coup les deux flûtes, mouillées près de la Basse-Terre, et la ville. Pour mettre ce projet à exécution, il fit lancer un brûlot, le 34 mai, contre les deux navires. La brise le poussait doucement et directement dans la rade sur les bâtiments, et tout le monde était dans l'attente cruelle d'une catastrophe, lorsque les deux commandants des navires parvinrent, par un tir de canon juste et heureux à couler à fond ce terrible brûlot ; l'eau ayant gagné les poudres, le danger avait disparu, et les Anglais, désappointés, en furent pour leurs peines.

On était toujours sous l'influence d'une situation vague et indéfinie qui pèse sur les esprits, quand l'avenir paraît incertain, lorsque l'arrivée d'un secours inespéré vint ranimer le courage des colons.

Le 17 décembre, les deux flûtes, la *Seine* et la *Loire*, escortées par les deux frégates, la *Clorinde* et la *Renommée*, se présentèrent dans l'anse à la Barque où elles mouillèrent, tandis que les deux frégates gagnèrent le large pour retourner en Europe.

Ces deux flûtes apportaient 320 recrues pour le 66e régiment, des approvisionnements et deux millions en traites ou numéraires. Pendant que le débarquement s'opérait, les Anglais vinrent en force tenter une attaque contre nos deux bâtiments. Comme il était impossible de résister à des forces aussi supérieures, on prit le parti de les incendier pour que l'ennemi ne les prît pas. Une grande partie du chargement fut perdue; toutefois les valeurs furent mises en lieu de sûreté et apportées ensuite à la Basse-Terre.

Cette échauffourée mal ordonnée et mal conduite jeta la consternation encore une fois partout; les secours envoyés de France indiquaient cependant que le gouvernement tenait à la conservation de l'île; mais tout semblait présager une perte certaine de cette belle colonie.

Une proclamation du capitaine général annonçait une attaque prochaine de la part des Anglais, et ordonnait à tous les habitants animés de bons sentiments de se tenir prêts à marcher, et que si le sort des armes était contraire, on le verrait au milieu d'eux pour obtenir une capitulation honorable. Il était déterminé à défendre seulement les hauteurs de la Basse-Terre; en conséquence, il donna l'ordre d'évacuer la Grande-Terre, les magasins de la Pointe-à-Pitre et la garnison de cette ville se rendit aux Trois-Rivières, où l'on réunit mille hommes pour la défense de cette position.

Les côtes de la Guadeloupe étaient insultées de tous côtés par les embarcations ennemies, et le cabotage d'un quartier à l'autre était devenu impossible. Les Anglais voyant que les troupes se retiraient, vinrent occuper le Port-du-Moule, le Port-Louis et la Pointe-à-Pitre, détruisant tout ce qui était destiné à la défense, et s'emparant des navires qu'ils trouvaient dans les ports.

Il faut dire qu'à ce moment critique toute énergie paraissait éteinte pour la défense. La colonie touchait à sa ruine; cependant l'esprit de faction ne la divisait pas; on était généralement pénétré de dévouement à la France, à l'exception de quelques vendus à l'étranger, et le capitaine général était informé de la situation; mais il manquait de fermeté et de volonté, au lieu d'être l'âme de la défense et la flamme qui devait galvaniser tous les cœurs.

1810. Le premier janvier on sut d'une manière

certaine que l'ennemi avait fixé son attaque le 25 du mois, les moyens de défense ne manquaient pas. La garnison était nombreuse : le 66ᵉ régiment était composé de 2,500 hommes y compris les noirs; de trois compagnies de chasseurs de couleur de 140 hommes chacune ; de trois compagnies d'artillerie dans lesquelles on avait incorporé 300 matelots et une compagnie d'ouvriers de 400 hommes; ce qui faisait un total de 4,000 hommes.

On pouvait bien tirer 3,000 gardes nationales de l'île qui auraient pu être utilement employées dans une guerre défensive, comme celle qu'il fallait faire; et alors le général Ernouf pouvait donc disposer d'une force de 7,000 combattants.

Comment se fait-il donc que cette défense ait été nulle, dérisoire même de la part de ceux qui disposaient du gouvernement de l'île et de l'honneur militaire ? Il ne fallait qu'un homme de tête et de cœur pour tirer parti de tous ces moyens de défense, et l'on n'avait qu'un fantôme de gouverneur !

Le vice-amiral Cochrane et le lieutenant général sir Georges Beckwith qui commandaient l'expédition, vinrent jeter l'ancre au Gozier, le 27 janvier 1810. On somma ensuite la ville de la Pointe-à-Pitre de se rendre ; mais le brave Fournier, chef de bataillon de la garde nationale, répondit qu'on ne rendrait ni la ville ni les forts. Cette démonstration en imposa à l'ennemi et à ses partisans. Les Anglais allèrent alors débarquer à Ste-Marie leur première division, qui se dirigea sur la rivière des Bananiers, tandis que la réserve arrivait à la Grande-Rivière. Le 30 janvier, cette division traversa le défilé du Trou-au-Chien, qu'elle ne trouva pas gardé, et arriva aux Trois-Rivières où elle fut reçue par une fusillade du 66° qui l'obligea à rétrograder à trois quarts de lieues du bourg.

Le général Beckwith resta en position jusqu'au 2 février avec la première division et la réserve. La seconde division anglaise, commandée par le général Harcourt, débarqua le 30 janvier et prit terre à l'habitation Billiery. On envoya quatre compagnies du 66° contre cette division, qui furent obligées de rétrograder.

On voit dans ce qui précède que le capitaine général Ernouf laisse tranquillement les Anglais, du 27 au 30, avec 3,000 hommes au plus près du bourg des Trois-Rivières, sans chercher à les combattre ni à les inquiéter ; il faut convenir qu'il faisait là une singulière défense. Mais il faut poursuivre ce récit. Les grenadiers et les voltigeurs du 66° et de la garde nationale était réunis au camp de Boulogne avec les marins ; on les dirigea sur l'habitation du Mont-d'Or en leur annonçant qu'on allait attaquer l'ennemi ; quand ces troupes furent près d'arriver au point d'attaque, on trouva qu'il était trop tard, et elles allèrent au pont de la rivière des Pères passer la nuit ; au lieu d'une attaque, c'était une retraite.

Le moment du dénouement de cette triste comédie approchait. Le 30 janvier, le capitaine général fit appeler le préfet, le commissaire de justice et les différents chefs militaires à Mont-Repos, où il se trouvait, pour leur expliquer la situation qui n'était rien moins que belle. Il leur annonça que la ligne de défense était coupée par les ennemis, que la gauche s'était retirée sur le Matouba et que la droite était arrivée 2 heures trop tard pour combattre près du Mont-d'Or, et qu'il ne restait d'autre parti à prendre que celui de capituler.

Dans ce conseil, plusieurs objections furent faites pour prolonger la défense ; mais elles furent sans effet sur le capitaine général ; on se sépara tristement.

Le 31 au matin, les troupes quittèrent le bourg des Trois-Rivières pour venir prendre position au morne Houel, puis ensuite au quartier général du Matouba où elles furent disséminées dans des postes éloignés les uns des autres et ne pouvant se prêter un mutuel appui.

Le 1er février, la garde nationale fut congédiée ; tout annonçait une fin prochaine qu'on paraissait même hâter autant que possible. La première division anglaise s'était rapprochée du côté du morne Houel, la deuxième division était à portée de la première.

L'amiral Cochrane ayant sommé la ville de la Basse-Terre de se rendre, douze notables furent autorisés par le gouverneur à traiter de la capitulation.

Les troupes françaises étaient consternées ; officiers, sous-officiers et soldats murmuraient hautement de l'inaction dans laquelle on les tenait depuis le débarquement des Anglais : le sentiment de l'honneur militaire et le dévouement à la patrie étaient sacrifiés à une pussillanimité sans exemple ! Ombres des illustres gouverneurs de la Martinique et de la Guadeloupe, vous avez dû frémir de colère et d'indignation de tant de lâchetés !

Le commandant du poste de Bel-Air, le colonel Vatable, ne voulant pas mettre bas les armes sans s'être mesuré avec les Anglais, attaqua sans ordre les ennemis placés au-dessous de lui avec 400 hommes qui furent ramenés par l'effet d'une attaque de front et de flanc par des forces supérieures ; il perdit près de la moitié de son monde dans cette fâcheuse affaire.

Le 3 février au soir, les Anglais engagent une vive fusillade au pont de Nozières pendant que la réserve attaque le morne Houel qui se trouve forcé. A partir de ce moment tout est en confusion de notre côté.

Le lendemain matin, le capitaine général étant à table, au Matouba, on entendit le son d'une trompette annonçant la marche des troupes anglaises qui s'étaient introduites dans ce retranchement pendant la nuit. Le pavillon parlementaire est aussitôt arboré et deux officiers anglais entrent un instant après dans la salle. Un officier français est alors envoyé au général Beckwith pour proposer une suspension d'armes ; puis on nomme des commissaires de part et d'autres pour traiter des articles de la capitulation ; et la colonie stupéfaite apprend, le 6 au matin, qu'elle ne s'appartient plus.

On accorda à la garnison les honneurs de la guerre, mais elle fut prisonnière. L'argent de la caisse servit à payer les fonctionnaires civils et militaires et les troupes pour ce qui leur était dû jusqu'à la reddition.

D'après la capitulation, 4,200 Français furent considérés comme prisonniers de guerre et embarqués pour être transportés en Angleterre sur ces pontons où tant de malheureux prisonniers perdirent la vie.

Le général Ernouf est embarqué, le 23 février, à bord de *la Loire* avec son état-major, et le commissaire de police Bertholio est mis à bord de *l'Alcmène*; ce convoi mit à la voile le lendemain pour l'Angleterre, sous l'escorte de deux frégates anglaises. Le préfet Kerversan et son administration restèrent pour rendre les comptes de la colonie pendant 4 mois, puis furent envoyés aussi en Angleterre comme prisonniers.

Le général Ernouf fut échangé contre un officier anglais, prisonnier en France, puis mis en jugement en 1812 ; mais l'instruction du procès exigeant des pièces et des témoins pour lesquels il fallait du temps, l'Empereur l'autorisa à sortir de prison en 1814. Enfin, il s'adressa au roi Louis XVIII, le 18 juillet 1814, pour obtenir un acte qui terminait son procès, et le 25 du même mois une ordonnance, en termes très sévères, exprima la volonté du monarque d'user d'indulgence envers cet officier général.

Aussitôt après la prise de possession de l'île, le général Beckwith vint s'établir à la Basse-Terre, il exigea d'abord des habitants le serment d'allégeance, et ordonna que l'île continuerait à être régie comme par le passé.

Le blocus de la Guadeloupe n'avait pas permis le commerce des denrées coloniales, l'administration des anglais trouva dans cette situation le moyen de supprimer la capitation imposée aux planteurs, en imposant les denrées à leur sortie qui payaient des droits élevés ; de cette manière les Anglais purent se procurer des sommes considérables.

Au mois de juillet, le général Beckwith fut remplacé par le major général Carmichaël, qui n'occupa le poste de gouverneur que pendant deux mois ; car, le 10 août, il fut remplacé par le vice-amiral Alexandre Cochrane.

Le nouveau gouverneur était frère de celui qui

s'était marié à la Guadeloupe, Johnston Cochrane, gouverneur de la Dominique. C'était un marin estimable d'un caractère doux et facile ; mais s'occupant peu des détails d'administration. Il aimait le faste et les constructions et avait soin d'augmenter sa fortune par des moyens qui n'étaient pas toujours avouables.

Vers cette époque, il se passa un fait tout à fait hostile à l'administration anglaise. A l'ouverture de la cour d'appel, M. Dampierre, procureur général, dans la séance du 5 novembre 1810, présidée par le gouverneur, sir Cochrane, osa se prononcer avec courage contre la puissance qui prétendait employer des hommes nouveaux et étrangers à la colonie. Le chef de l'administration anglaise, qui était un Français, se sentant attaqué dans cette allusion, traita ce discours de libelle audacieux, et le procureur général Dampierre fut destitué, et remplacé dans ses fonctions par un homme sans valeur aucune.

Le gouverneur eut la bonne pensée de faire allouer une indemnité de 18,000 fr. aux habitants du bourg de Deshayes pour les aider à reconstruire leurs maisons et réparer les dégâts dont ils avaient été victimes, lors des préparatifs d'une expédition ordonnée par le général Ernouf, ainsi qu'on l'a vu précédemment.

Cet acte d'humanité de la part des Anglais avait pour but de faire voir leur sympathie pour les colons, et qu'ils seraient heureux s'ils voulaient se rattacher franchement à eux, en acceptant leurs avances ; mais l'esprit du pays n'y répondait pas, il n'était pas porté pour l'Angleterre, on se conservait pour son pays, qui était la France.

Une proclamation du gouverneur, du 13 octobre 1810, annonce que la milice sera rétablie pour le maintient de l'ordre et la défense extérieure de l'île en cas d'attaque de la part de l'ennemi ; et cet ennemi ne pouvait être que des Français ! Les habitants libres et de toutes couleurs qui se présenteront volontairement seront seuls appelés à les repousser et à combattre avec les troupes anglaises. Mais ces habitants ne pouvant se fier aux intentions des autorités anglaises et craignant un piège de leur part, personne ne se présenta.

1811. Une autre ordonnance, sur le même sujet, est rendue, le 10 juillet 1811, et porte : que chaque habitant de l'âge de 16 à 60 ans était tenu, dans le délai de 15 jours, de se faire inscrire pour faire partie de la milice ; et l'on affecta aux miliciens une espèce d'uniforme anglais, c'était assimiler aux sujet des îles anglaises des hommes qu'une conquête passagère avait soumis au gouvernement anglais ; mais dont la capitulation n'accordait aucun droit de souveraineté. Tous les habitants refusent de s'enrôler. Il paraît, au reste, que ce moyen était un calcul pour se procurer de l'argent ; car une amende fut prononcer contre ceux qui ne se présenteraient pas dans le délai voulu. Et bien, l'on préféra payer l'amende que d'endosser l'uniforme anglais. Cette amende fut doublée, c'est-à-dire portée à 128 fr., on n'en persista pas moins dans une répulsion général contre le service anglais.

Cette honorable conduite des habitants donne la mesure de leur énergie contre l'étranger, et de leur attachement à la mère patrie. Cependant la misère publique était grande, et le gouvernement anglais prenait à tâche de l'augmenter par des traitements indignes au lieu de la soulager par des travaux publics, en entretenant les ponts, les routes et les chemins qui étaient entièrement négligés.

Le gouvernement d'alors n'était ni civil ni militaire, c'était une situation provisoire, et il n'y a rien d'énervant pour un peuple comme une situation indéfinie à l'aide de laquelle se manifeste le désordre dans les administrations ; mais qu'importait aux Anglais cette situation, ils ne se croyaient pas obligés de traiter les habitants avec faveur ! Aussi vers la fin de l'occupation, les villes se dépeuplaient, les magasins se fermaient, l'argent, ce nerf des affaires commerciales, disparaissait et les planteurs ne produisaient plus rien. C'est état de chose était décourageant pour les colons, l'occupation anglaise avec le temps devait augmenter la gêne au lieu de l'atténuer. On n'avait nulle espérance de la voir cesser dans un espace de temps donné.

1813. Le gouverneur sir Cochrane fut appelé au commandement des forces navales devant agir contre les Etat-Unis avec qui l'Angleterre était en guerre, et fut remplacé, le 26 juin, par sir John Shiner, major-général. Ce nouveau gouverneur ne savait pas parler français et ne savait rien de l'administration. L'administration en chef de la colonie pouvait donc l'influencer sur les décisions à prendre ; le conseil privé étant à sa dévotion, en réalité c'était lui qui gouvernait l'île ; heureusement que cette situation devait avoir un terme prochain.

1814. La coalition est maîtresse de la France qu'elle foule à ses pieds, jamais dans son passé elle n'eut à supporter une pareille humiliation. Par le traité du 30 mars 1814, l'Angleterre consent à nous rendre une partie de nos colonies, mais elle garde les acquisitions que la France possédait depuis Louis XIV, telle que : l'île de France, Ste-Lucie, la Dominique et Tabago (1).

Une ordonnance parut, le 13 juillet 1814, nommant le contre-amiral Linois gouverneur de la Guadeloupe et de ses dépendances ; l'adjudant général Boyer de Peyrebeau, commandant en second ;

---

(1) Ce traité annulait celui fait entre l'Angleterre et la Suède en 1813, par lequel la Guadeloupe avait été cédée à la Suède, au mépris du droit des gens.

M. Vaucresson ordonnateur, et le colonel Vatable, commandant le régiment de cette île. Le colonel Boyer fut chargé d'organiser quelques troupes et d'aller recevoir la Guadeloupe des mains des Anglais qui en firent la remise le 7 décembre 1814.

Le gouvernement du roi Louis XVIII, voulant revenir aux anciennes formes de 89 avait décidé, par ordonnance, que les cours d'appel des colonies et les tribunaux prendraient de nouvelles dénominations. Ainsi, la cour d'appel devint un conseil supérieur, et les tribunaux de 1re instance furent appelés sénéchaussées.

Au moment du départ des Anglais, le colonel Boyer, qui avait précédé l'arrivée du gouverneur, adresse une proclamation aux colons pour leur dire qu'après vingt-cinq ans d'orages politiques et de guerres désastreuses, la France allait enfin jouir de la paix, qu'elle allait être gouvernée sagement par un petit-fils de Henri IV, et que les colonies seraient à l'avenir régies par leurs anciennes institutions.

Et pour commencer, il installe, le 7 décembre, le nouveau conseil supérieur où il prononce un discours pour annoncer que les institutions qui avaient contribuées jadis à leur prospérité, seraient remises en vigueur; mais que la justice continuerait à être administrée suivant le nouveau code civil français.

Les partisans des Bourbons approuvaient ces mesures, elles entraient dans leurs idées, tout ce qui rapppelait l'ancien régime était accueilli avec bonheur ; mais la partie éclairée de la population ne pensait pas de même ; elle n'admettait pas que les efforts qui avaient été faits pour obtenir une sage liberté fussent perdus, et qu'il était raisonnable de retourner en arrière pour y chercher des formes d'administration d'un autre temps. C'était bien assez pour les colonies d'être exclues du droit commun par la charte donnée par Louis XVIII, dans laquelle l'article 73 dit : que les colonies sont régies par des lois et règlements particuliers.

Cependant, on peut dire que la paix, malgré les inconvénients qu'on vient de voir, avait ses avantages : on était débarrassé de ces Anglais, qui coûtaient chers, on reprenait les travaux de culture, les ports étaient rouverts entre la métropole et les colonies, et, sous la sévère police des Anglais, les noirs avaient repris l'habitude du travail, ils n'inquiétaient plus les maîtres par un marronnage préjudiciable aux uns comme aux autres. On se disposait donc dans les Antilles à jouir d'une tranquillité d'esprit dont on était privé depuis longtemps, à reprendre les transactions commerciales et à se livrer à la culture du sol qui récompense toujours les peines du travailleur. Mais il faut dire qu'au fond du cœur des colons, il régnait une teinte de tristesse, un regret du passé qui avait donné de la gloire et maintenu les principes acquis par la Révolution que les autres nations repoussaient, et ceci paraissait d'autant surprenant que c'était à l'instigation de la libre Angleterre et au moyen de son or que les nations de l'Europe s'étaient liguées contre la France.

CHAPITRE XI.

1815. Débarquement en France de Napoléon. — Le gouverneur reconnaît son autorité. — On apprend l'envahissement de la France. — Les Anglais demandent à occuper l'île. — Capitulation. — Officiers et soldats renvoyés en France. — Proclamation de l'amiral Durham. — Les noirs continuent à se battre. — Ils sont vaincus. — Linois demande à être jugé. — Il est acquitté. — Boyer est condamné à mort. — 1816. Le général Leith est nommé gouverneur. — Le comte de Lardenois lui succède. — 1817. Un point de droit important. — Modification dans le gouvernement. — La fièvre jaune. — 1821. Création d'un comité consultatif. — Nomination d'un député. — Rareté du numéraire. — 1823. Le vice-amiral Jacob est nommé gouverneur. — Jugement rendu contre quatorze employés de la douane. — 1824. Mort du roi Louis XVIII.

1815. Cette année vit naitre de grands événement en Europe et dans nos colonies des Antilles. On sut d'abord assez vaguement au mois de mai que l'Empereur Napoléon était débarqué en France, puis des bâtiments du commerce apprirent enfin son arrivée à Paris.

Le nouveau ministre de la marine Decrès avait envoyé en mission dans les Antilles, le capitaine de *l'Agile*, goëlette de guerre ; arrivé à la Guadeloupe, ce navire fut arrêté par les croiseurs anglais et conduit aux Saintes à l'amiral Durham, qui le fit relâcher. Le capitaine de *l'Agile* aborda la Basse-Terre et débarqua avec la cocarde tricolore à son chapeau, quoique son navire eut conservé son pavillon blanc, il se présenta au contre-amiral Linois, gouverneur, pour lui remettre ses dépêches, et fut mal reçu. Le colonel Boyer, les militaires et les habitants s'émurent de l'arrivée de ce navire de guerre, qui apportait la nouvelle officielle du changement de gouvernement en France.

Le colonel Boyer, gouverneur en second, demande au contre-amiral Linois de faire reconnaître le gouveinement de l'Empereur, celui-ci refusa. Alors le colonel Boyer se rend à la Pointe-à-Pitre, fait prendre la cocarde tricolore au 62° de ligne, malgré l'opposition du colonel Vatable et arrive à la Basse-Terre, le 18 juin, pour forcer le gouverneur à se prononcer pour l'Empereur et donne en même temps l'ordre d'arrêter les principaux fonctionnaires de la colonie.

Le lendemain, 19 juin, le gouverneur ayant consenti à se rallier au nouveau gouvernement, fait une proclamation pour engager les militaires, les fonctionnaires et les habitants à se ranger sous le drapeau tricolore.

Le comte de Vaugirard, gouverneur de la Martinique, avait été nommé par Louis XVIII gouverneur général des îles du Vent, il était donc le supérieur du contre-amiral Linois; c'est de concert avec l'amiral Durham, commandant la flotte anglaise, qu'ils convinrent d'envoyer des troupes anglaises à la Guadeloupe pour conserver cette île aux Bourbons; cette proposition ayant été refusée par Linois, le gouverneur général prononce alors sa destitution avec éclat.

Les Anglais voyant la tournure des affaires, s'emparent des Saintes et de Marie-Galante, ce qui oblige Linois à prendre des précautions contre eux en mettant l'île en état de siége.

Les habitants n'aimaient pas les Bourbons, encore moins les Anglais qu'ils ont toujours détestés et combattus; ils accucillirent donc ces dispositions avec satisfaction en se préparant à la défense.

Pendant ce temps, il se passait de graves événements en Europe qui tournaient contre nous. On perdait la bataille de Waterloo, le 18 juin, et la France était envahie de nouveau par les armées de la coalition. Ces mauvaises nouvelles arrivèrent avec une rapidité inouïe, puisque l'amiral anglais put annoncer, dans les premiers jours d'août, aux autorités et aux habitants la chute de Napoléon Ier et la rentrée à Paris de Louis XVIII.

Profitant habilement du trouble et de la stupeur jetée dans les esprits par l'annonce de ces fatales nouvelles, l'amiral anglais propose à Linois de remettre l'île sous l'autorité légitime des Bourbons ou bien de s'attendre à être traité en ennemi. La sommation ayant été repoussée, la flotte anglaise arriva, le 8 août 1815, vers l'anse du Sauveur, à

16 kilomètres de la Basse-Terre, où le débarquement s'effectua sans trouver une grande résistance. Cette opération était dirigée par le général sir James Leith, commandant en chef les troupes britanniques, qui reçut le lendemain du débarquement des propositions de la part du gouverneur. On convint de la capitulation qui fut signée, le 10 août 1815, par le contre-amiral Linois et Boyer de Peyreleau, commandant en second.

Aux termes de cette capitulation, les officiers et soldats étaient prisonniers de guerre et renvoyés en France, pour être mis à la disposition du duc de Walington.

Tous les établissements militaires furent remis aux Anglais ; ils exigèrent même les drapeaux, les aigles et les armes de la garnison. Le 62° de ligne fut embarqué sur des bâtiments anglais et conduit au Hâvre, où il se fit remarquer par sa bonne conduite dans cette ville. Quelque temps après un ordre du ministre de la guerre prescrivit son licenciement, et le trop fameux général Donnadieu fut chargé de cette opération, le 4 novembre 1815.

Le général Leith, en rendant compte de la prise de la Guadeloupe à son gouvernement, eut la triste fantaisie de dire que la fête de Napoléon devait être célébrée par l'exécution à mort de royalistes, et que l'on devait se féliciter de voir cette île arrachée en deux jours aux fureurs des Jacobins.

La France ayant succombé dans une lutte inégale à Waterloo, on sentait qu'il était inutile de faire une grande résistance à ceux qui se présentaient au nom du gouvernement des Bourbons pour défendre un coin de terre perdu dans l'immensité de l'Atlantique. Il en aurait été autrement si les événements eussent été favorables : le gouverneur et la population eussent agis suivant leur courage et leurs ressources en se défendant vigoureusement.

Le général Leith et le contre-amiral Durham jugèrent à propos, aussitôt la signature de la reddition, d'adresser au gouverneur Linois une proclamation pour les habitants dans laquelle il était dit que le gouvernement britannique accordait toute espèce d'appui à celui du roi et que des offres de services ayant été rejetés par les hommes qui ont trompé les habitants, ils sont venus avec des forces formidables pour mettre la Guadeloupe sous la protection de S. M. Britannique, et qu'ils n'en sont pas moins alliés du légitime gouvernement de France, et qu'en conséquence ils invitent les Français à se rallier autour d'eux.

En rendant compte de la situation, ils disent encore: « Bonaparte a été défait à Waterloo par « lord Welington et le prince Bluker dans une grande « bataille, le 18 juin, il a été forcé de fuir, et voyant « sa position désespérée il a abdiqué. Les alliés

« envahissent la France de toutes parts et seront
« bientôt maîtres d'imposer la paix.

« Les milices et les autres habitants en armes sous
« le pavillon tricolore déposeront les armes pour
« retourner chez eux. Tous ceux qui resteraient en
« armes seraient transportés hors de la colonie pour
« être emprisonnés. »

Les noirs armés pour la défense de l'île n'obéirent pas tous à la proclamation, et un grand nombre préférèrent se retirer dans les bois pour y vivre à leur fantaisie. Ils attaquaient les Anglais souvent avec succès et donnaient beaucoup de peine à ceux chargés de les poursuivre.

Un jour, les noirs firent une violente sortie des bois et tuèrent une vingtaine de soldats anglais du 6e régiment des Indes occidentales. Le colonel Brown se mit à leur poursuite avec une force considérable conduite par des colons. On finit par les joindre, les cerner et en en prendre 350 qui furent transportés hors de la colonie.

A sa rentrée en France, le contre-amiral Linois demanda au gouvernement à être traduit devant un conseil de guerre pour se justifier de la nécessité, dans laquelle il s'était trouvée, de suivre le mouvement imprimé par l'effet de la rentrée de Napoléon Ier à Paris. Un rapport ayant été fait au roi sur cette affaire, il fut décidé, par ordonnance, qu'un conseil de guerre serait formé pour examiner la conduite du contre-amiral Linois et celle du colonel Boyer de Peyreleau. Après plusieurs séances tenues par ce conseil, Linois fut acquitté des charges qui pesaient sur lui ; mais le colonel Boyer fut condamné à la peine de mort, laquelle fut commuée en vingt années de détention.

Ainsi finit ce drame curieux de la réaction, de l'effet produit sur les esprits par le retour de Napoléon à Paris en 1815. Ce retour étrange frappa les imaginations ici comme en France : au fond, c'était par amour du pays qu'il fut accueilli et par haine de l'étranger. On espérait que nos vaillants soldats reprendraient en Europe une revanche éclatante sur les alliés qui avaient osé souiller notre sol en 1814. Hélas ! il n'en fut rien, notre malheureux pays dut encore une fois expier la conduite impolitique du grand capitaine qui ne sut pas s'arrêter à l'apogée de sa puissance et conserver la grandeur de la France.

Par suite de l'état de guerre, les cultures ayant été négligées, il y eut de la misère et de la cherté dans les denrées alimentaires. Alors le général Leith, gouverneur, publie une proclamation annonçant que les vaisseaux anglais étaient autorisés à apporter en franchise des approvisionnements pendant trois mois à partir du 10 septembre 1815.

1816. La tranquillité était revenu dans l'île, les noirs avaient renoncé à la troubler par des attaques malheureuses contre les troupes anglaises. Le général Leith était gouverneur et avait fixé sa résidence à la Basse-Terre ; il était d'un caractère assez doux et se relâchait volontiers des rigueurs inutiles contre les habitants ; mais il n'aimait pas qu'on se récriât contre l'occupation anglaise. Dans cet ordre d'idées il n'y avait pas à reprendre, puisqu'il était dans son rôle de maître et que les colons n'étaient que ses serviteurs par le droit de conquête. On attendait avec impatience le jour où l'on serait débarrassé de ces étrangers incommodes dont l'occupation pesait fortement sur le pays par les dépenses et les fournitures qu'ils exigeaient.

On apprit enfin que le gouvernement français s'était occupé de la colonie, et que par ordonnance du 11 mai 1816, il avait nommé le comte de Lardenoy, gouverneur ; Foulon d'Ecotier, intendant ; le maréchal de camp Vatable, commandant en second, et enfin Roustagnenc, ordonnateur. De ces personnages, il n'y avait que le gouverneur qui ne connaissait pas le pays, les autres y avaient déjà été employés. Pour ne parler que du général Vatable, on doit se rappeler qu'il commandait l'année dernière le 62° de ligne en garnison à la Guadeloupe, et qu'il avait eu des démêlés avec l'adjudant général Boyer.

Le gouverneur de Lardenoy arriva en juillet pour prendre possession de son gouvernement et il fut convenu avec le général Leith que cette île serait remise au gouvernement du roi, le 25 du même mois. En effet, le général anglais fit pour ce jour là une proclamation aux habitants en termes très courtois, il disait qu'il ne voulait pas quitter le pays sans lui témoigner tout l'intérêt qu'il lui portait, et qu'il faisait des vœux pour sa prospérité et son bonheur.

Ce brave gouverneur avait tenu à se concilier l'esprit des colons pendant son séjour par une conduite juste et équitable, il était en outre bien aise de leur laisser un souvenir de sa sympathie ; était-ce calcul de sa part ou un effet naturel d'un loyal caractère ; c'est ce qu'on ne saurait dire, toujours est-il certain que l'on se quittait en bons termes.

A son tour, le nouveau gouverneur voulut parler aussi aux habitants, et par une proclamation, il s'efforce de leur faire voir les avantages du gouvernement du roi qui donnait la paix, la sécurité au lieu de la guerre et de ses inquiétudes. Il engage la population à se livrer aux travaux de culture du sol, au commerce qui donnent la prospérité ; puis changeant de langage, il ajoute que si son espoir était trompé, et que si des esprits turbulents, des factieux cherchaient à troubler le pays, il a les moyens nécessaires pour les empêcher d'exécuter leurs desseins et de les punir.

La tâche du nouveau gouverneur n'était pas facile à remplir au commencement, il fallait réorganiser tous les services : l'administration intérieure, la justice, les douanes, remettre en bon état les bâtiments civils et militaires, les fortifications et les routes. Il fallait aussi, dans l'intérêt des transactions commerciales, diminuer les impôts, celui des douanes surtout qui pesait lourdement sur les importations et les exportations. C'était donc un régime d'affaires qu'il fallait inaugurer. Et pour aider les colonies sous ce rapport, le ministre de la marine d'alors, M. Dubouchage, fit décider par les Chambres qu'un fonds de six millions serait affecté au service des colonies, lequel fonds viendrait en déduction des douanes, pour faciliter les transactions entre la France et les diverses colonies.

A propos de cette allocution faite par la Chambre des députés et malgré la mauvaise situation financière de la France qui venait de supporter une invasion et endurait la famine, quelques députés demandaient que le régime politique et administratif des colonies fut modifié dans un sens libéral. Il faut convenir que ce n'était guère prudent et utile; le moment était bien mal choisi pour cela. Il fallait d'abord songer à se relever des ruines et de la misère faites par un gouvernement qui n'avait pensé qu'à faire la guerre pendant tout le temps de sa durée, et dont les intérêts des peuples étaient le moindre de ses soucis. Il fallait penser aussi que les habitants des colonies avaient plus besoin de s'occuper de leurs intérêts matériels après l'occupation étrangère qui les avait ruinés, que de s'occuper de réformes politiques ; mais les utopistes sont de tous les temps !

1817. Une ordonnance du gouverneur de Lardenoy et de Foulon d'Ecotier, intendant, du 31 janvier, décide un point de droit important en faveur des personnes habitant la France ou les colonies, ayant des créances à recouvrer dans ce pays (1).

Les propriétaires de culture avaient presque tous été obligés d'abandonner leurs établissements pendant la Révolution par suite des effets de guerre, de révolte ou de politique. Il leur fut accordé à leur rentrée d'émigration en 1802 un sursis provisoire aux engagements qu'ils avaient contractés envers leurs créanciers avant les évènements de 1793. Ce sursis, prorogé plusieurs fois, ayant expiré en 1812, il fut rendu à cette époque une ordonnance qui modifiait l'exercice des droits des créanciers contre les débiteurs en les subordonnant à des voies de conciliation, et en même temps affranchissant en partie les produits provenant des sucres, des sirops, et du rhum des planteurs.

Cet état de chose ayant duré plus de quatre ans, et les débiteurs ayant eu le temps de prendre des mesures pour liquider leurs dettes, il a été néces-

---

(1) *Moniteur* du 16 avril 1817.

saire de rétablir le cours ordinaire de la justice, sans laquelle il ne peut y avoir ni confiance ni crédit entre les hommes.

En conséquence, l'ordonnance du 21 décembre 1802 et les articles additionnels du 13 novembre 1813, sont révoqués, et les droits des juges sont rétablis en ce qui concerne le code civil sur les paiements en général.

Cette mesure était juste au fond ; mais elle devait déplaire aux planteurs qui sont généralement gênés dans leurs affaires et grevés de dettes, qu'ils laissent accumuler sans chercher à les éteindre. Cela provenait aussi de la constitution particulière de la propriété. Une habitation se compose de bâtiments, de nègres logés dans des cases, de terres cultivées et de bois ; elle ne peut se partager entre les héritiers quand il y a succession, parce que cette habitation forme un tout ; il faut donc que l'un des héritiers se charge de l'exploiter et paie la part aux autres, ce qui est toujours très difficile ; c'est la cause de la masse des dettes à cette époque, dans nos deux colonies.

Le ministre de la marine prend le parti de modifier le système de gouvernement des colonies suivi depuis 1814, en supprimant les intendants, les conseils supérieurs et les sénéchaussées qui n'ont plus de rapport avec le genre de gouvernement de la métropole.

Il réunit dans les mains des gouverneurs les

pouvoirs civils et militaires. En conséquence, le gouverneur de Lardenoy prend le titre de gouverneur et d'administrateur pour le roi. Il est assisté dans sa tâche d'un conseil de gouvernement dont les membres sont choisis et renouvelés à son gré. Ce conseil n'a que la faculté d'émettre des avis, qui peuvent n'être pas suivis par le gouverneur ; mais, dans ce cas, sa responsabilité se trouve engagée vis-à-vis du gouvernement du roi.

Cette nouvelle organisation n'offre aucune garantie aux populations pour la gestion de leurs affaires, reposant simplement sur le caractère du gouverneur qui dispose de tout ; elle ne pouvait les intéresser que médiocrement.

Pendant la saison de l'hivernage, la fièvre jaune ayant reparue avec une assez grande force, attaque les gens du pays aussi bien que les européens, les médecins crurent lui reconnaître le caractère contagieux d'endémique qu'elle est ordinairement dans ces parages. On fit prendre dans les ports de France des précautions sanitaires contre les provenances de l'Amérique où elle existait. Il n'y avait pas que nos colonies qui en étaient infectées, elle avait paru aussi à Cuba, à la nouvelle Orléans et à Chalestown.

Jusqu'ici des doutes s'étaient élevés sur la propriété contagieuse de cette maladie, le ministre de la marine, M. Dubouchage, crut devoir, dans l'intérêt général, consulter la Faculté de médecine de Paris.

Un rapport étendu fut établi pour prouver que la fièvre jaune était endémique aux Antilles pendant la saison de l'hivernage et qu'elle pouvait dans certaines années pénétrer dans les navires du commerce à la manière des fièvres contagieuses et être importée en Europe ; que dans ce cas on doit regarder la contagion comme probable, et qu'il est utile de prendre des précautions pour garantir les ports de mer de ce fléau.

Moreau de Jonnès, raconte un fait remarquable à cet égard. L'équipage d'un bâtiment anglais, venant d'Europe et exempt de tout soupçon de maladie, fut pris par le brick français le *Palinure*, venant de la Martinique où existait la fièvre jaune. Le bâtiment anglais fut aussitôt infecté de cette maladie et bientôt sur 60 prisonniers Anglais 22 moururent ; la plupart avaient eu le vomissement noir, signe caractéristique de l'état le plus intense de la maladie, et qui, selon plusieurs observations, est l'époque de la contagion la plus critique.

Lorsque cette maladie devient épidémique dans les villes, l'inquiétude et l'épouvante se répandent dans la population ; les affaires courantes sont suspendues, chacun cherche à s'en garantir par la fuite en allant respirer un air plus salubre sur les hauteurs environnantes. Il ne reste plus alors que les fonctionnaires, les marins et le gros de la population sur qui elle sévit avec fureur ; c'est le moment critique pendant lequel elle fait le plus de ravages.

1821. On a expliqué, dans l'histoire de la Martinique et à la même date, les motifs de la création d'un comité consultatif pour chaque colonie, en vertu de l'ordonnance du 22 novembre 1849. Ce comité était destiné à remplir près des gouverneurs à peu près le même rôle que les conseils généraux près des préfets en France. La formation a lieu au moyen d'une liste triple présenté au roi qui choisit neuf membres dont les fonctions durent trois ans. Cette fois les personnes désignées par le chef de l'Etat furent MM. Merion, Le Brumont, Gondurée, Le Dentu, de Duberceau, D'Arboutier, Reizet, Lacroix et Bacquié.

D'après la même ordonnance, le département de la marine, sur la proposition du gouverneur, soumettait aussi à la nomination du roi, une liste de trois candidats pour choisir un député devant former le comité des colonies près le ministre. M. de Vaublanc, déjà ministre d'Etat, fut choisi par le roi. Cette fonction durait trois ans et donnait un traitement de 24,000 fr., pris sur les fonds de la colonie, avec résidence à Paris.

Depuis cinq ans que l'on jouissait de l'état de paix, on s'apercevait des avantages qu'elle donnait : les cultures, le commerce des denrées coloniales avaient progressé sensiblement. On voyait plus de navires dans les ports et particulièrement à la Pointe-à-Pitre, qui est celui où se font les affaires les plus considérables de la colonie.

Il manquait cependant une chose essentielle à cet état de prospérité, le numéraire pour les transactions était rare. Les pièces de monnaie étaient espagnoles : il y avait la gourde en argent valant un peu plus de cinq francs, le doublon d'or valant quatre-vingt huit francs ; la monnaie française de un franc, de deux francs et de cinq francs, n'était pas commune ; quant à la pièce de vingt francs c'était une fiction. Pour avoir de la menue monnaie en argent, on avait imaginé de diviser une gourde en quatre parties ; chaque partie, ayant une forme triangulaire, valait un quart de gourde, à peu près un franc vingt cinq centimes.

La comptabilité commerciale était tenue en livre, sous et derniers, c'était une valeur fictive comme la livre sterling, la livre coloniale valait soixante centimes.

1823. Cette année, le gouverneur, comte de Lardenoy, après un séjour qui datait de 1816, est remplacé par un officier général de la marine, le vice-amiral Jacob.

Au commencement de son gouvernement le comte de Lardenoy eut des difficultés à vaincre : d'abord la reprise de possession, l'apaisement des esprits divisés par la politique, la réorganisation des services de l'administration et relever la colonie de la ruine et de la misère par le travail. Il fit des efforts pour rétablir la confiance et le crédit qui n'existaient plus à son arrivée, et dont l'utilité était indispensable pour faciliter les transactions commerciales.

Cette tâche avait bien son mérite, et il sut l'accomplir avec fermeté et ménagement. A son départ, le pays était tranquille et prospère, et son successeur n'avait plus qu'à continuer à faire fonctionner le mécanisme gouvernemental.

L'amiral Jacob eut, dès le début de ses fonctions, à faire intervenir la justice contre des employés qui n'avaient pas craint d'engager l'honneur et l'équité de leur administration.

Cette affaire importante, pour la moralité publique, consistait dans des fraudes commises par des employés de la douane ; elle fut déférée au procureur général par le directeur de ce service.

La cour royale rendit un jugement, le 30 août 1823, contre 14 employés du port de la Pointe-à-Pitre qui abusaient de leurs positions pour soustraire des sommes assez importantes au Trésor public et aux particuliers au moyen de fausses déclarations dans les écritures.

Le scandale produit par les faits à charge, le nombre et la position des individus accusés, et l'importance du service, exigeaient un débat devant la justice d'où devait jaillir la lumière et la punition des coupables.

Plusieurs accusés furent acquittés et d'autres condamnés à des peines plus ou moins fortes. Un extrait du considérant de la Cour a été inséré dans le *Moniteur* de 1824 et donne des détails sur les acquittements et les condamnations.

1824. La guerre de 1823 entre la France et l'Espagne au sujet du roi Ferdinand VII, qui avait des démêlés avec son peuple, avait donné lieu à quelques précautions de défense exécutés par les troupes d'artillerie et du génie pour l'armement des forts et batteries; précautions forts inutiles du reste et qui ne servirent à rien; car les Espagnols étaient assez occupés de leurs affaires, et ils ne songeaient guère à venir attaquer nos îles.

Un changement de règne avait lieu cette année ; le roi Louis XVIII s'acheminait doucement vers la tombe où il descendait le 16 septembre 1824, en laissant la couronne à son frère le comte d'Artois qui devint Charles X.

Le vieux roi Louis XVIII eut des temps difficiles à traverser au commencement de son règne ; ce fut lui qui dotât la France d'une charte libérale, qu'il eut le courage de défendre envers et contre tous ; c'était en même temps un roi philosophe et bel esprit qui sut gouverner adroitement en louvoyant entre les partis.

Au point de vue de la colonie sa mort passa presque inaperçue à cause de la distance.

CHAPITRE XII.

1825. Modifications dans les attributions du gouvernement. — Ouragan du 26 août. — La Basse-Terre sous l'eau. — Des familles entières périssent ainsi que le préfet apostolique. — La campagne est dévastée. — 1826. Le contre-amiral des Rotours est nommé gouverneur. — Formation du conseil général. — Création d'une banque. — Mauvais état sanitaire. — 1827. Nouvelles ordonnances.]— 1830. Le général Vatable est nommé gouverneur. — Révolution de 1830. — Les gens de couleur sont assimilés aux blancs. — Le contre-amiral Arnous est nommé gouverneur. — 1831. Arrestation de 119 esclaves. — La situation intérieure est agitée. — 1832. Amélioration dans l'esprit des noirs. — 1833. Loi organique du 24 avril sur les pouvoirs. — L'Angleterre émancipe les noirs de ses colonies. — Affranchissements opérés à la Martinique et à la Guadeloupe. — Election du conseil colonial. — 1834. Ouverture du conseil colonial. — Assassinat du maître de port Vaille.

1825. Les idées libérales faisant des progrès en France et dans les colonies, il était juste et nécessaire de changer les institutions qui les régissaient. Le lecteur a pu voir déjà, dans l'histoire de la Martinique en 1825, en quoi consistaient ces changements. On se contentera donc de rappeler les principales dispositions.

Une ordonnance du 21 août 1825, avec un dispositif explicatif, décharge le gouverneur des détails d'administration qui sont confiés à trois chefs de service, savoir : un ordonnateur pour la guerre et la marine, un directeur de l'administration intérieure et un procureur général pour la justice ; le contrôleur est conservé pour vérifier les actes des trois autres chefs de service. Il est créé aussi un conseil privé pour éclairer le gouverneur dans ses décisions; puis un conseil général chargé de s'occuper des intérêts du pays et dont les membres sont nommés par le roi, sur la proposition des conseillers municipaux.

C'est ainsi que furent réglées les différentes parties du gouvernement. On y aperçoit deux éléments nouveaux, le conseil général et les conseillers municipaux; ces derniers étant aussi nommés par le roi, sur une liste de proposition, il en résulte que ce gouvernement dans son ensemble forme un cercle purement officiel.

La sollicitude du ministre de la marine, M. de Chabrol, s'étend plus loin encore, il fait rendre une ordonnance, le 31 octobre 1825, concernant les sommes prises sur les fonds coloniaux et versées au budget de la marine, qui les abandonne à l'avenir à la colonie, avec la condition de les employer à des dépenses intérieures.

La France devait bien cette marque de sympathie à ses établissements lointains qui avaient tant souffert par l'effet de la guerre étrangère et des bouleversements produits par les éléments; d'ailleurs, ils avaient besoin d'améliorer leurs ports, créer des routes et des chemins à l'intérieur, pour la circulation des produits du pays.

Mais bientôt la Guadeloupe fut singulièrement frappée par un de ces événements désastreux, particulier à la zone torride et si extraordinaire, que depuis soixante ans on n'en avait vu un pareil. En voici le récit.

Un ouragan indescriptible, tant il a été violent, et dont on ne peut avoir que de faibles exemples en Europe, s'est précipité sur la Guadeloupe et les îles voisines, le 26 août 1825.

Rien n'a pu résister à ces terribles convulsions de la nature ; les édifices les plus solides de la ville de la Basse-Terre ont été renversés et l'île entière a été ravagée.

La tourmente a duré depuis 9 heures jusqu'à 11 heures du matin. Le vent s'est établi entre le nord et le nord-ouest, puis après plusieurs évolutions il a passé au sud-est, soufflant toujours avec la même violence ; mais son intensité la plus grande a été de 10 à 11 heures, et sa plus grande force a duré 20 minutes. Le tonnerre agissait en même temps et les nuées ouvraient leurs cataractes pour inonder le pays. A l'instant de la plus grande convulsion atmosphérique, il y a eu un tremblement de terre qui a augmenté le désordre général (1).

Les pluies diluviennes, le débordement des rivières,

---

(1) Pendant l'ouragan, le thermomètre a marqué 22 à 23 degrés Réaumur et le baromètre 27 pouces 10 lignes à 26 pouces 5 lignes ; après l'ouragan, le baromètre est revenu à 28 pouces.

le gonflement énorme de la mer avaient élevé les eaux sur la ville de la Basse-Terre jusqu'à deux mètres de hauteur au-dessus des rues. Sur 900 maisons il n'en restait que dix debout; les autres ont été renversées de fond en comble; celles qui ont été épargnées sont toutes endommagées. Tous les édifices publics sont détruits ou ont souffert considérablement.

La rivière aux Herbes, en se gonflant, a emporté son pont, le corps de garde et les maisons attenantes.

Des familles entières ont péri sous les eaux ou sous les débris; le nombre des victimes s'élève à 160 personnes de toute couleur et de toute condition. Trois militaires ont péri dans le corps de garde du Champ-d'Arbaud. Chaque jour en enlevant des décombres on découvre de nouveaux cadavres. Le nombre des blessés a été très grand.

Dans cette catastrophe on a perdu le préfet apostolique, l'abbé Grafft, et Mme la Supérieure de Saint-Joseph.

Les négociants et les marchands ont éprouvé de grandes pertes. Dans le port, sur deux navires américains, l'un a péri et l'autre a disparu; le bâtiment l'*Impatient*, qui a pris le large en cherchant à se sauver, n'a pas reparu.

La campagne est dévastée surtout depuis la Capstère jusqu'à la Pointe-Noire; il n'est resté debout que des parties de maisons pour servir d'abri aux malheureux habitants. Des planteurs et bien des nègres ont péri et beaucoup ont été blessés. Le camp de Saint-Charles a été enlevé, les soldats sont sans abris.

La résidence du gouverneur au Matouba a été détruite ; c'est dans la cave de cette habitation que l'amiral Jacob et sa femme, avec les personnes attachées au gouvernement, ont trouvé un refuge.

Plusieurs ponts sont enlevés, et les rivières furieuses transportent d'énormes végétaux arrachés à de grandes distances. Des forêts solennelles, dont les arbres sont reliés par des lianes, ont été bouleversées et mutilées, pour avoir voulu résister à ses fureurs.

La ville de la Pointe-à-Pitre a été ménagée, mais Marie-Galande et les Saintes ont eu part au désastre.

Plusieurs îles ont eu à souffrir des atteintes de ce terrible ouragan : la Martinique, la Dominique, Ste-Lucie, St-Thomas, en un mot toutes les petites Antilles; à Porto-Rico, la ville de St-Jean a été bouleversée et l'île ravagée. Il a péri beaucoup d'animaux domestiques qu'on ne pouvait abriter, les hommes, les femmes et les enfants ayant beaucoup de peine à se garantir eux-mêmes d'une mort presque certaine.

Lorsqu'on a pu se reconnaître au milieu de ces ruines, chacun s'empressa naturellement à connaître le sort des parents, des amis, en cherchant de tous côtés ce qu'ils pouvaient être devenus ; mais dans quel état grand Dieu on se retrouvait ! Toutes les physionomies étaient bouleversées, les vêtements en désordre, mouillés, arrachés : on n'avait plus de maisons, plus d'abris pour les femmes et les enfants, tout cela avait disparu en peu d'instants, c'était une désolation générale !

Enfin les plus courageux commencèrent des baraques avec des débris pour se mettre à couvert contre la pluie, qui ne cessait de tomber ; et le lendemain on reçut des secours en vivres et argent de la Pointe-à-Pitre, qui avait moins souffert que la Basse-Terre.

Le gouverneur, l'amiral Jacob, s'empresse de prendre des mesures pour venir en aide aux besoins d'une population réduite aux abois, en rendant un arrêté ouvrant les ports à tous les bâtiments étrangers apportant des vivres, sans avoir à payer les droits d'ancrage et de douane.

Plusieur souscriptions furent ouvertes d'abord à la Pointe-à-Pitre et à la Martinique, qui avaient été moins éprouvées, et puis plus tard en France pour venir en aide à tant de victimes.

On le voit, le même malheur a frappé à la fois les villes et les campagnes, les palais et les maisons, les riches et les pauvres ; c'était une rude épreuve atteignant toute la population de l'île, pour la plupart dans la misère et le désespoir. Il fallait du temps, du courage et de la persévérance pour se relever d'une ruine aussi grande !

1826. Par ordonnance du roi Charles X, du 26 février 1826, le contre-amiral des Rotours est nommé gouverneur de la Guadeloupe en remplacement du contre-amiral Jacob, démissionnaire. Le sous-préfet Billecocq est nommé directeur de l'intérieur.

Le ministre de la marine, voulant encourager le progrès de l'agriculture, établit un prix d'encouragement, consistant en une médaille d'or qui est décernée cette année à M. Bruno-Mercier.

Par ordonnance du même roi Charles X, sont nommés membres du conseil général, le 28 décembre 1826, pour cinq ans : MM. de St-Fond, Paviot, de Lauréal, comte de Bouillé, de Sabrun, Caillau, Dubois, d'Estrelan de Fougère, Reizet, Ledentu, Deville et Partarieu.

Il est créé une banque sous la forme de société anonyme, les obligations, les droits et priviléges sont réglés par des statuts. M. Legrand, négociant, est nommé président de cette banque, dont l'utilité se faisait sentir depuis longtemps dans ce pays où l'argent est rare par moment.

La chaleur humide du climat, portée à l'excès, produit de dangereuses maladies sur les Européens peu ou point acclimatés, les créoles mêmes n'en sont pas exempts; mais ce sont surtout les militaires qui sont victimes de ce climat destructeur.

Ainsi, cette année, vers le mois de juillet et les suivants, la fièvre jaune, la gastro-entéro-céphalite se firent vivement sentir dans la garnison de la Basse-Terre, et d'après un rapport de M. le docteur Vatable, médecin du roi, il y eut dans le 51° régiment d'infanterie 644 hommes d'atteints, sur lesquels 197 succombèrent; c'était presque le tiers !

Toutes les classes d'habitants et les marins payèrent le tribut à ces terribles maladies, mais à un degré moindre.

Le régime alimentaire imposé aux soldats doit y être pour beaucoup ainsi que leur logement. Les soldats sont comme de grands enfants, il faut tout prévoir avec eux pour les préserver de maladies; malheureusement on ne s'en occupe qu'à l'hôpital et pas assez à la caserne.

1827. Pendant les deux années 1827 et 1828, le ministre de la marine introduit un ensemble d'ordonnances devant servir à une nouvelle organisation de gouvernement et d'administration :

1° Organisation nouvelle du gouvernement et formation d'un comité des colonies par ordonnance du 9 février 1827 ;

2° Mode de procéder en matière criminelle, du 4 juillet 1827 ;

3° Sévérité recommandée aux tribunaux contre

ceux se livrant à la traite des noirs, du 1ᵉʳ août 1827 ;

4° Formation de l'infanterie de marine pour le service des colonies, du 17 août 1828 ;

5° Nouvelle organisation judiciaire, du 24 septembre 1828 et introduction des cinq codes;

6° Etablissement de l'administration de l'enregistrement ;

7° Ordonnance sur le régime hypothécaire dans les deux colonies.

On ne pouvait qu'indiquer ici le titre des ordonnances rendues pour modifier le gouvernement et l'administration des deux colonies ; cette matière ayant été indiquée plus au long dans l'histoire de la Martinique aux mêmes années que ci-dessus, on y trouvera des observations utiles.

A présent citons des dispositions dont leur application au pays démontre l'intérêt qu'on lui porte.

Le ministre de la marine fait délivrer, en 1827, à titre d'encouragement, une médaille d'or à M. de la Clémandière, pour s'être distingué par d'heureux essais et des applications utiles en agriculture, puis par les soins donnés à son atelier de nègres, attestant son humanité.

On voit que le gouvernement de la métropole cherche à développer dans nos îles, par des moyens et des règlements utiles, le progrès en agriculture; qu'il étend en même temps une protection bienfaisante sur la race noire esclave dont il restreint le nombre à celui existant, par une surveillance active exercée sur les côtes. Par ce système, et la libération accordée chaque année à un nombre restreint de noirs, on peut arriver à une époque où l'esclavage aura entièrement disparu, sans que les intérêts particuliers aient été affectés. Tel est le problème que l'on s'était proposé et que l'on aurait dû suivre, mais que des événements imprévus ont fait abandonner.

1830. Par ordonnance du roi, du 31 janvier 1830, le contre-amiral des Rotours, gouverneur, est rappelé en France, et le général Vatable, commandant militaire à la Guadeloupe, est nommé gouverneur à sa place.

La conquête d'Alger par les Français, la déchéance de la famille régnante et l'avènement au trône de Louis-Philippe étaient des événements d'une trop grande portée pour ne pas impressionner des esprits aussi mobiles que ceux des habitants des îles. Les uns éprouvèrent des regrets par attachement à la famille du roi Charles X, qui représentait le principe de légitimité, les autres, et c'était le plus grand nombre, avaient l'espoir de voir naître des changements dans l'ordre politique et social où seraient représenté leurs idées.

Parmi ces derniers se trouvaient les gens de couleur, formant une classe nombreuse, qui voyaient enfin le moment arrivé où ils pourraient jouir d'une égalité sociale qu'ils souhaitaient depuis longtemps et qu'ils méritaient à tous égards.

Mais c'étaient surtout les esclaves qui attendaient de la révolution de 1830 les moyens d'arriver à la liberté. Ils se rappelaient que sous la République ils avaient joui un moment de la liberté de ne plus travailler, et ils pensaient qu'il était juste de les rendre libres, pour recommencer cette vie inutile. Cependant ce désir si naturel à cette race ne pouvait pas encore être satisfait, on ne pouvait que s'intéresser à leur situation morale et physique et remettre à un autre temps leur libération complète. En libérant cette classe d'hommes, il aurait fallu en prendre la charge; c'eut été un grand embarras pour le pays et les planteurs qui n'auraient plus eu de bras pour la culture. D'ailleurs, il fallait une transition pour passer d'un régime à un autre qui ménagerait les intérêts du maître et de l'esclave. Il fallait préparer ce dernier à se conduire en liberté, à gagner honnêtement son existence et celle de sa famille; car en agissant autrement, il se serait livré, par nature, au brigandage et aurait été une cause de ruine pour le pays.

La situation des esprits dans toutes les classes était donc tendue, vers la fin de l'année 1830. Heureusement que le nouveau gouverneur connaissait parfaitement le pays par le long séjour qu'il y avait déjà fait, et prenait des mesures pour calmer l'esprit des gens de couleur. Pour y parvenir il proclame leur affranchissement moral en ce qui touche leur situation comparée à celle des blancs. Désormais toute distinction blessante en parole ou autrement devait disparaître, et ils devaient être complètement assimilés aux blancs par l'autorité administrative et judiciaire. Et, pour mieux assurer l'exécution de ces dispositions, un arrêté, en date du 12 novembre, fut pris pour abolir les règlements locaux qui en avaient confirmé l'usage.

Par ce moyen, on rattachait à l'ordre public une classe nombreuse et influente qui formait la majorité de la milice, et pouvait rendre de grands services contre la classe noire en cas de désordre.

Le ministre de la marine sentant le besoin d'avoir des députés participant de l'esprit public, fait rendre une ordonnance, le 11 août 1830, par laquelle les députés et leurs suppléants cesseront leurs fonctions, et qu'à l'avenir ils seront nommés directement par le conseil général de leur île, au lieu de l'être par le roi.

1831. Le contre-amiral Arnous-Dessaulsay remplace le général Vatable comme gouverneur.

Il arrivait dans un moment difficile, la situation était périlleuse pour les blancs et les gens de couleur ; mais il sut fort heureusement concilier les hommes et les choses en faisant triompher l'ordre et la raison sans employer des moyens violents.

Les effets de la révolution de 1830 s'étaient fait sentir ici sur les esprits comme à la Martinique ; mais avec une sorte de modération facile à remarquer : les blancs et les gens de couleur sentirent tout de suite que pour avoir une position qui eût de l'influence, il fallait faire taire les antipathies qui existaient. En effet, comment une population relativement minime aurait-elle pu lutter contre une masse de 96,000 esclaves sans un accord convenable, capable de faire contre-poids à des hommes qui, en d'autres temps, avaient joui de la liberté. C'est grâce à cet accord et à l'intelligence de l'autorité qu'il faut attribuer le peu d'efforts que les noirs firent pour troubler l'ordre existant.

Il y eut bien quelques démonstrations partielles qui amenèrent l'arrestation de 119 esclaves à la Pointe-à-Pitre et dans les environs, mais il n'y a pas eu de révolte aussi étendue, et à main armée, comme à la Martinique ; et les noirs eux-mêmes comprirent aussi que le gouvernement, qui venait d'en libérer un certain nombre, était disposé à faire pour eux ce qui était possible dans l'intérêt de leur liberté ; et ils prirent le parti de se calmer et de cesser toute agitation qui ne pouvait que leur nuire.

Le gouvernement de la métropole était disposé de son côté, avec ses vues libérales et philanthropiques, à faire tout ce que la situation comportait ; mais dans la limite des moyens mis à sa disposition par

par les Chambres, car il lui était impossible de pouvoir donner tout d'un coup la liberté à tous les esclaves de nos colonies dont le nombre pouvait être estimé à 300 mille ! Comment l'Etat aurait-il pu payer des indemnités considérables en rentes ou en capital aux propriétaires d'esclaves avec les dépenses faites pour l'installation d'un nouveau gouvernement et la menace d'une guerre étrangère ! Il se contenta de faire des libérations suivant les ressources du Trésor, et montrer de la bonne volonté dans cette voie.

Au reste, il y eut des mouvements d'insurrection de la part des noirs dans toutes nos colonies à esclaves ; l'impression des événements de France s'était fait sentir vivement à Bourbon et à la Guyane.

On comprend que cet état de chose était fait pour porter préjudice aux affaires commerciales et à la culture intérieure ; et cette année fut une de celles où les importations et les exportations éprouvèrent une diminution des plus sensibles.

1832. A cette époque, la situation s'était améliorée dans les esprits, les partis sont moins excités et les noirs qui formaient le danger de la situation l'année dernière, sont relativement plus calmes. Les travaux des cultures sont repris avec une certaine activité, et tout le monde croit à un avenir meilleur.

Les affranchissements d'esclaves qui se font, le 1er mai, jour de la fête du roi, produisent de bons effets sur cette population avide de jouir du bien le plus précieux de l'existence : la liberté. Cette masse d'hommes primitifs et grossiers voit et comprend que l'Etat s'intéresse à son sort, et que c'est en lui que tous ces malheureux doivent mettre leur espérance pour obtenir un jour l'objet de leur plus grand désir.

Le gouvernement est pour eux une providence qui veille sur leur destinée en facilitant les concessions d'affranchissement ; ainsi, une ordonnance du 12 juillet 1832, détermine les règles à suivre pour des cas semblables par les personnes qui veulent user d'une généreuse initiative à l'égard de bons sujets. On peut regretter, dans ce cas, que les formalités à remplir soient longues et compliquées.

1833. Cette année, la tranquillité publique est respectée par la population esclave qui se résigne à attendre du temps et du gouvernement de la métropole une amélioration à son sort.

Pendant ce temps le département de la marine ne reste pas inactif, et il crée des lois et ordonnances pour régler la situation législative et les rapports des colonies avec la métropole.

La loi du 24 avril 1833 est surtout remarquable, parce qu'elle établit un régime nouveau en rapport avec ce qui a lieu en France ; elle sert à tracer la séparation des pouvoirs ; ainsi les lois sont faites par le pouvoir législatif de France, les ordonnances par le gouvernement, et tout ce qui ne se trouve pas compris dans dans ces deux cas est du ressort du gouverneur et du conseil colonial, sa composition et l'époque de ses réunions. L'élection des délégués, près le ministre de la marine, lui est attribuée, ainsi que la fixation de leur traitement. La partie importante de cette loi est la formation d'un corps d'électeurs et d'éligibles par le conseil colonial.

Le pouvoir législatif de France, en donnant ces garanties constitutionnelles, descend plus avant dans les couches sociales, en rendant le même jour une autre loi pour faire admettre sans distinction de couleur et d'origine à la jouissance des droits politiques, toute personne de condition libre, afin d'amener sur le terrain politique la fusion des classes divisées jusqu'alors par des préventions ayant leur origine dans l'esclavage.

On trouvera à la même année de 1833 de l'histoire de la Martinique l'exposé de plusieurs ordonnances se rapportant soit à la loi organique ci-dessus, soit à d'autres dispositions qui doivent régler l'action du gouvernement des deux colonies.

On voit aisément que le mouvement libéral est imprimé par le gouvernement qui appelle les habitants à nommer leurs députés au conseil colonial, et participer par ce moyen à la gestion de leurs affaires générales. En se montrant favorable aux classes éclairées, il n'oublie pas de montrer de l'intérêt à la classe la plus malheureuse en donnant aux colons l'exemple de concessions d'affranchissement d'esclaves.

D'ailleurs il ne pouvait guère faire autrement à cette époque d'amélioration sociale chez tous les peuples civilisés. L'Angleterre, par intérêt aussi bien que par humanité, donnait un grand exemple de philanthropie par la publication de l'acte d'émancipation des noirs esclaves à la date du 28 août 1833, malgré l'opposition des îles d'Amérique, et notamment de la Jamaïque qui lui en constestait le droit.

C'est ici le lieu de faire connaître la situation des affranchissements opérés en faveur des esclaves depuis 1830. Un document inséré au *Moniteur*, le 8 décembre, fournit à ce sujet de précieux renseignements sur les opérations accomplies dans nos deux îles.

Affranchissement opérés à la Guadeloupe depuis 1830 jusqu'au 12 juillet 1832, 3,077 individus. Affranchissements faits à la Martinique, 3,596 individus.

Comparativement à cette dernière île, on voit que les affranchissements de la Guadeloupe sont inférieurs ; on n'en connaît pas le motif.

Cependant la population esclave est plus nombreuse à la Guadeloupe qu'à la Martinique.

Les élections devaient avoir lieu bientôt pour satisfaire à l'ordonnance du 13 mai 1833. Le moment solennel approchait où pour la première fois depuis 1815 des hommes véritablement libres et indépendants allaient faire usage de leur volonté.

Les habitants étaient sincèrement attachés à la mère patrie, quoique divisés d'opinion sur différents points ; mais bien des esprits chagrins n'approuvaient pas ce qui allait se faire, et ne pouvaient apprécier le bien que produiraient les nouvelles institutions ; ils étaient toujours occupés à déverser leur bile sur les hommes qui entraient franchement dans le courant des idées nouvelles.

Beaucoup de planteurs, par conviction ou par intérêt, tenaient au système de l'esclavage, ils voyaient approcher le moment où les bras manqueraient à la culture des terres, et ne savaient comment on pourrait remplacer cette force vive si nécessaire au pays.

Le 23 novembre 1833, le contre-amiral Arnous adresse aux électeurs une proclamation dans laquelle il leur dit qu'ils ont rempli convenablement les formalités nécessaires à l'exercice de leurs fonctions électorales, conformément à la loi organique du 24 avril 1833.

A ce sujet, il dit encore : « Vous avez maintenant
« à fixer vos choix sur les hommes appelés à
« représenter le pays, au conseil colonial. C'est ici
« le moment de consulter vos consciences au nom
« de vos véritables intérêts. »

« Vos élus seront appelés à débattre et régler les
« recettes et dépenses de la colonie, à donner leur
« avis sur des projets de loi, à discuter des projets
« d'ordonnance dans les matières régies par l'autorité
« royale, enfin à délibérer sur les décrets coloniaux
« qui seront présentés à leur adoption par le
« gouvernement local. »

Le choix des membres du conseil colonial fut heureux, c'étaient des hommes connus par leur honorabilité et leur dévouement au pays.

1834. L'ouverture du conseil colonial se fit, le 6 janvier 1834, à la Basse-Terre, avec un cérémonial convenable. Une messe est célébrée par le préfet apostolique et dans toutes les paroisses de la colonie.

Une députation du conseil colonial va prendre le gouverneur Arnous pour le conduire à la salle du conseil. Là, après les formalités nécessaires, il prononce un discours d'ouverture, plein de vues sages et annonçant les principaux objets sur lesquels le conseil sera appelé à délibérer dans la cession.

Le conseil colonial commença ses travaux par la formation de son bureau, et le général Ambert fut nommé président ; puis il nomma les deux délégués près le ministre de la marine. Il s'occupe ensuite de rédiger un discours en forme d'adresse que le président, accompagné d'une députation, va présenter au gouverneur.

Dans cette adresse, on expose les doléances du pays qui regarde comme un tort la suppression de la prime sur les sucres et le maintien des droits élevés sur cette même denrée, lesquels s'opposent à la consommation en Europe ; ces causes favorisant les sucres étrangers, en imprimant un mouvement de baisse aux sucres de nos colonies.

Il en résulte alors une gêne et un malaise funestes aux planteurs ; dans ces état de choses, le moment n'est pas éloigné où les dépenses d'une habitation absorberont le revenu.

Cependant on doit considérer que la question des finances est intimement liée au bonheur des individus comme à celui des peuples ; dans la prospérité elles assurent la tranquillité, encouragent le travail, les transactions et augmentent la richesse publique.

Le gouverneur, auquel le conseil adresse ces plaintes légitimes, partage le désir de les faire cesser le plus tôt possible, en les transmettant au gouvernement du roi ; il promit son concours dans ce sens.

Cette organisation législative était donc une bonne chose en théorie comme en pratique, puisque désormais la colonie pouvait faire entendre ses doléances à la France entière. Cet avantage était déjà un commencement de soulagement à ses souffrances, le reste était une affaire de patience.

Tout marchait paisiblement et régulièrement dans ce pays, lorsque l'opinion publique fut frappée de surprise par un meurtre épouvantable commis par deux étrangers sur la personne d'un maître de port nommé Vaille de la Pointe-à-Pitre.

Dans ce pays, où la chaleur du jour est très forte, on aime à se livrer au plaisir de la pêche soit en rivière, soit à la mer. Vaille voulant se donner ce plaisir, embarque avec lui les nommés Mariane, italien, et Francisco de Paulo, portugais, le 11 juin à 9 heures du soir. Le lendemain ces deux derniers reviennent seuls, et se rendent au domicile de Vaille où ils ordonnent à la servante de préparer à souper pour eux et pour son maître resté à l'île à Cochon.

Pendant l'absence de la servante, ils forcent les malles de Vaille, enlèvent bijoux et argenterie et une somme de 12,000 à 15,000 fr. ; ils s'emparent aussi des papiers et de la commission de maître de port.

Ces scélérats, aussi prudents qu'adroits, s'étaient assurés un passage sur la goëlette le *Condor*, qui partait le lendemain pour l'île de St-Thomas. Et par une sorte de fatalité, on ne s'inquiéta de la disparition du maître de port que lorsque les deux assassins étaient déjà loin. C'est seulement le 14 juin que le cadavre de ce malheureux a été retrouvé près du morne à Savon où il a été entraîné par le courant. Son corps était criblé de coups de poignard ; après sa mort, Vaille a été précipité à la mer une corde au cou à laquelle pendait des pierres.

Le gouvernement s'est ému de ce meurtre horrible

et dépêcha une goëlette de guerre pour atteindre les assassins, s'il était possible, et leur faire subir un châtiment exemplaire. Mais le *Condor* avait trop d'avance pour que la goëlette de guerre put arriver en même temps à l'île Saint-Thomas qui appartient aux Danois. Les assassins eurent donc le temps de prendre leurs précautions pour disparaître.

CHAPITRE XIII.

1835. Plusieurs ordonnances d'intérêt public. — 1836. Esclaves affranchis à cette époque. — Session du conseil colonial. — De la question de rachat des esclaves. — Désertion des noirs dans les îles anglaises. — 1837. M. Jubelin, commissaire de la marine, est nommé gouverneur. — Le contre-amiral Arnous reçoit des adresses d'adieu. — Session du conseil colonial. — Erruption de cendre de la souffrière. — 1838. Démonstration contre l'île d'Haïti. — Idée de la République haïtienne. — Incendie du Grand-Bourg. — Session du conseil colonial. — Ordonnances sur la navigation et sur les entrepôts à établir. — Ravages de la fièvre jaune. — 1839. Médaille accordée à la sœur Eulalie pour son dévouement pendant l'épidémie. — Naufrage du Brick le *Duc D'yorck*. — Tremblement de terre du 11 janvier à la Martinique. — Duel entre deux jeunes gens. — Recensement de la population. — Les affranchissements rendus plus difficiles. — Plaintes des planteurs sur les droits des sucres. — Cruauté d'un maître envers son esclave. — Session du conseil colonial.

1835. A l'occasion de la fête du roi Louis-Philippe Ier, des commutations de peines furent demandées et obtenues du gouvernement de la métropole en faveur d'individus libres ou esclaves (1).

Il parut une ordonnance du roi, le 22 juin 1835, qui déclare applicable aux colonies de la Martinique et de la Guadeloupe la loi du 28 avril 1832, contenant des modifications au code d'instruction criminelle et au code pénal.

(1) *Moniteur* de 1825, page 1537.

Une autre ordonnance du 10 octobre 1835, affranchit de tous droits de douane les sucres exportés des îles de la Martinique et de la Guadeloupe.

Cette question importante des sucres avait été soulevée par les conseils coloniaux des deux colonies, lors de l'ouverture de la législature de 1834.

A ce sujet, ces conseils faisaient une demande pressante au gouvernement de la métropole pour la suppression de la taxe de un pour cent à la sortie de cette denrée, qui venait de perdre une prime de sortie assez forte.

A son arrivée dans les ports français le sucre colonial se trouvait en présence de deux rivaux : le sucre étranger et le sucre de betterave dont la production devenait importante et qui ne payait pas encore de taxe.

Mais, comme d'un autre côté la nécessité de pourvoir aux dépenses intérieures exigeait que le Trésor colonial trouvât une compensation, il fut résolu, sur la demande des conseils coloniaux, que l'impôt des sucres serait remplacé par une augmentation des droits d'entrée qui atteindraient les produits de la métropole importés dans les deux colonies.

Cette taxe avait l'avantage d'atteindre toutes les classes de consommateurs, puisque c'est de France, à très peu d'exceptions près, que les Antilles reçoivent toutes les marchandises qu'elles consomment.

Il était dit que ce droit ne pourrait s'élever à plus

de 3 pour cent de la valeur et ne tomberait, pour aucune partie, sur les producteurs français ; ces derniers, investis du monopole, restant toujours maîtres des prix. C'était la conséquence naturelle du système commercial en vigueur à cette époque.

Après tout, le sucre colonial rapportait des droits de douane assez forts à leur arrivée aux ports français, en payant 45 fr. par 100 kilog. ; et d'après les états de douane, les deux colonies en exportaient en France pour 40 millions de francs.

Maintenant on abandonne une question d'économie sociale pour passer à une autre aussi intéressante, concernant l'humanité.

1836. D'après une note insérée au *Moniteur*, le 25 février 1836, le nombre des affranchissements accordés dans nos colonies à esclaves depuis 1830, s'élevait à 27,110 individus dont la répartition était ainsi faite, savoir :

Martinique.	16,341
Guadeloupe	7,642
Guyane française.	1,162
Bourbon	1,965

27,110

Une mesure qui était tout à fait dans l'esprit du temps, était celle concernant les habitants des colonies qui désiraient amener en France un esclave de l'un ou l'autre sexe ; dans ce cas, l'habitant était tenu de faire préalablement la déclaration d'affranchissement indiqué dans l'ordonnance du 12 juillet 1832.

La réunion du conseil colonial était une mesure intéressante qui faisait connaître la situation du pays, les projets du gouvernement et les demandes du conseil.

Voici l'analyse du discours du gouverneur pour la cession de 1836 :

Les nouvelles institutions se sont graduellement développées et ont porté leurs fruits ; les décrets faits dans la précédente cession ont été approuvés par le gouvernement de la métropole. Quant à l'organisation municipal, c'est un travail retardé pour être comparé à celui des autre colonies.

Il sera présenté au conseil les projets de finances avec d'autres ayant pour but des mesures administratives, et celui du rachat des esclaves par affranchissement. Les méditations du conseil devront se porter sur une affaire des plus importantes, celle du rachat en général des esclaves. Pour nous éclairer à ce sujet, le chef de la magistrature a vu les pays qui nous entourent pour y recueillir les renseignements nécessaires et apprécier les difficultés à vaincre et assurer à tous : ordre, sécurité et travail.

Les intérêts moraux et matériels n'ont pas été troublés malgré les circonstances difficiles qu'on a eu à traverser.

Les finances s'améliorent et la caisse de réserve

s'augmente. Cette prospérité permettra au conseil de porter ses idées sur des améliorations nécessaires.

L'harmonie a toujours régné entre l'administration et la population, qui est tranquille et industrieuse.

On voit dans cette session surgir cette redoutable question du rachat des esclaves ; à partir de ce jour, les planteurs sont livrés à l'inquiétude pour l'avenir de leurs travaux agricoles, qui seraient certainement compromis si on libérait en masse la classe noire ; mais on comptait avec raison sur la sagesse du gouvernement de la métropole qui saurait prendre des mesures progressives convenables, l'avenir des pays à esclaves exigeait une grande prudence à cet égard.

En effet, l'Angleterre venait de proclamer la liberté des noirs esclaves dans ses possessions d'Amérique ; elle y avait consacré 500 millions de francs pour racheter deux millions d'esclaves qu'elle arrachait à la servitude. Pour en faire des hommes libres, elle exigeait un apprentissage de cinq ans, afin de les habituer à vivre honnêtement en travaillant. Ici se présente naturellement une objection, que devait-on faire du noir qui au bout de cinq ans était incapable de pourvoir à son existence par son travail ? C'est ce qu'on ne dit pas.

Les amis des noirs poussaient, en France, la Chambre des députés et le gouvernement à imiter l'Angleterre dans ce grand acte d'un peuple généreux ; mais on ne voulait pas suivre la même marche en voulant arriver au même but : on voulait affranchir les noirs progressivement en tenant compte des aptitudes individuelles pour la liberté, et tenir en même temps compte des intérêts des maîtres qu'on semblait oublier en Angleterre ; car la répartition de 500 millions ne donnait que 250 fr. par tête, ce qui ne formait qu'une indemnité relative.

Les négrophiles ne se rendaient nullement compte du problème compliqué de la situation du maître et des travailleurs sur une habitation que des lois et la nature du climat avaient naturellement établie. La population noire était nécessaire à l'époque de la fondation des colonies pour défricher les bois, les forêts de ces pays sauvages, sous un climat de feu, où le blanc est exposé à toutes sortes de maladies qui n'attaque pas l'homme noir, né dans un pays brûlé par le soleil. Qu'on veuille bien se persuader que les Européens habitués aux plus rudes travaux n'eussent pas pu continuer longtemps les premiers travaux de défrichement. On l'a vu du reste au commencement de la colonisation de la Guadeloupe : des engagés d'Europe, pour un temps déterminé, venaient périr de maladie et de misère par l'effet de cette température qui énerve et débilite pour produire l'anémie ou la fièvre.

On le voit, une population noire habituée à ce

climat était indispensable à la culture des terres, sans cela point de colonies. Il fallait nécessairement la tenir dans une dépendance de servitude en lui accordant ce qui était nécessaire à la vie matérielle et lui donner des garanties contre la brutalité des maîtres peu scrupuleux, et c'est à quoi des règlements avaient pourvus. On cite peu de cas où les maîtres se seraient livrés à des sévices immérités. Ils sont généralement justes et équitables envers les hommes qui sont attachés à l'habitation. Il n'en est pas de même des serviteurs à l'égard du maître. On a vu souvent des conspirations, des incendies et des assassinats, sans motifs déterminés que la haine du noir contre le blanc.

Maintenant les blancs créoles peuvent-ils faire le métier de planteurs de canne, sarcler, récolter et travailler au moulin pour faire du sucre. On ne le pense pas. Il faudra donc faire venir les travailleurs libres d'autres pays par immigration, ce ne sera pas facile et en tous cas très coûteux.

En adoptant la libération des noirs progressivement, c'est user d'un bon système. Il faut laisser aux Anglais leur manière de faire qui exige un apprentissage de cinq ans. Cette nation à d'autres intérêts qui entrent dans son calcul ; que lui importe quelques colonies aux Antilles, n'a-t-elle pas 180 millions d'Indiens qui produisent les denrées coloniales à bas prix ! Voilà ce qu'on ignore généralement, et ce que l'on devrait savoir avant de trancher une question aussi importante que celle de la libération.

Depuis 1830 les affranchissements avaient marché lentement, on était arrivé au nombre de 28,000 individus sur 300 mille esclaves que contenaient nos possessions ; l'on voit que ce n'était pas la dixième partie de la totalité.

Le retentissement donné par les autorités anglaises dans leurs îles, à la liberté accordée à tous les esclaves qui y aborderaient, détermina un certain nombre de noirs de nos deux îles, de la Martinique et de la Guadeloupe, à déserter leurs ateliers, pour se rendre à la Dominique et à Sainte-Lucie où ils expéraient trouver bon accueil en arrivant ; mais les pauvres diables étaient bientôt détrompés ; car on les obligeait à servir dans la milice et à gagner leur existence comme ils pourraient, les autorités anglaises ne voulant pas s'en occuper. Un certain nombre d'entre eux se dégoutèrent tellement de la vie misérable qu'ils menaient, qu'ils rentrèrent clandestinement chez leurs anciens maîtres où ils furent reçus sans être exposés à des punitions (1).

1837. M. Jubelin, commissaire-général de la marine, ancien gouverneur du Sénégal et de la Guyane française, est nommé gouverneur de la

---

(1) Voir l'histoire de la Martinique, même année, pour plus de détail.

Guadeloupe, par ordonnance du roi en date du 22 mars 1837.

Les habitants de la Guadeloupe et dépendances ayant appris le remplacement du gouverneur Arnous, s'empressèrent de lui faire parvenir des adresses de remercîments et d'adieux. En partant on lui rendait justice pour avoir montré une conduite ferme et modérée. Il sut rétablir l'ordre troublé par la révolution de 1830, réorgarniser la milice sur un pied respectable et restaurer des finances délabrées.

De nombreux travaux ont été entrepris : des routes ouvertes, des ponts jetés sur des rivières, des ports améliorés, et cependant on a pu former une caisse de réserve pour les mauvais jours.

Le gouverneur Jubelin était déjà connu à la Guadeloupe où il avait été ordonnateur pendant un certains temps ; il connaissait bien le pays et les habitants, et l'on avait bon espoir dans ses lumières pour la conduite des affaires.

Il ouvrit la session du conseil colonial, le 15 juin 1836, par un discours plein de modération et de bonnes intentions. Le conseil colonial s'est constitué deux jours après en nommant le général Ambert, président, M. Truchimbert, vice-président, MM. Bérard et Nadaud Des Ilets, secrétaires, et M. Bonnet, questeur.

En réponse au discours du gouverneur, le conseil promet ses sympathies pour sa personne et son concours pour les affaires. Il expose ensuite que le budget des recettes pour 1838 pourraitbien n'être pas comme celui de 1837 à cause de la réduction de la récolte, occasionnée par une grande sécheresse. Il réclame une loi municipale, toujours retardée, et les moyens de pouvoir donner de l'instruction à une population qui languit dans l'ignorance, ne sachant rien de ses droits ni de ses devoirs. Il demande la création d'un entrepôt dans les Antilles pour favoriser nos relations avec les Etats-unis.

Le conseil demande encore qu'une loi vienne dégrever d'une portion les droits qui pèsent sur les sucres ; c'est une question vitale pour le pays, aussi le conseil insiste-t-il sur cette grave affaire.

Un événement assez remarquable avait frappé l'esprit des habitants et mérite d'être rapporté ici. La souffrière, montagne ordinairement tranquille, s'est mise, au mois de février, à jeter des vapeurs et des cendres, de manière à en couvrir les quartiers du Matouba, de St-Louis et des environs de la ville de la Basse-terre.

Quelques observateurs cherchèrent vainement à gravir au sommet de la montagne ; suffoqués par la vapeur sulfureuse, ils ont dû renoncer à leur entreprise.

De l'erruption de la souffrière, on va passer à un autre ordre d'idées concernant notre ancienne colonie de St-Domingue qui rappelle les horreurs commises par une race sauvage sur les blancs. Cette grande et magnifique île a été colonisée par la France sous Colbert ; cette terre est donc française ; elle appartient à notre patrie au même titre que nos autres colonies. Comment se fait-il donc que nous ne soyons pas rentrés dans nos droits ? que nous ayons abandonné cette possession à des gens indignes et incapables ? et que, sauf le premier empire, aucun des gouvernements qui lui ont succédé n'ait fait un effort pour reprendre ce qui nous appartient ?

Après la révolution de juillet, le gouvernement de Haïti cherchait à dissimuler ses engagements avec la France, il ne voulait plus se rappeler les obligations qu'il avait contractées avec nous, en laissant des annuités en arrière pour l'indemnité due aux anciens colons de St-Domingue. Les bonnes raisons, l'équité et le droit n'avaient pu déterminer le gouvernement haïtien à remplir son devoir ; il fallut avoir recours à la force.

Une division de navires de guerre fut réunie à la Martinique sous les ordres du contre-amiral de La Bretonnière, et chargée d'appuyer les réclamations de deux commissaires du gouvernement, MM. le comte Las-Cazes et Baudin, contre-amiral. Après quelques jours passés à la Martinique, la division vint mouiller à la Pointe-à-Pitre où des préparatifs avaient été faits pour la réception des commissaires et des officiers de la division.

La négociation dont étaient chargés nos deux envoyés n'était pas une négociation ordinaire. Le peuple haïtien ne se piquant pas d'une grande délicatesse à l'égard des étrangers, et il ne faut pas perdre de vue de quels éléments il se compose : on sait que les blancs sont proscrits de cet Edoraldo, qui n'est habité que par des mulâtres et des noirs, incapables de se gouverner raisonnablement, de travailler à la prospérité de leur pays qui tombe en décadence moralement et matériellement.

A la tête de cette république était le président Boyer, qui a su prendre et garder le pouvoir ; il a réuni sous son autorité les deux parties de St-Domingue ; au-dessous, il existe une administration moins éclairée et recevant de lui l'impulsion nécessaire pour gouverner.

Mais en arrière de cette administration, il y avait la masse du peuple d'Haïti, naguère population esclave, avec ses préjugés, son ignorance et ses présomptions qui lui font détester les blancs et même les mulâtres.

Cependant les commissaires de la France furent accueillis convenablement, on obtint du gouvernement haïtien 60 millions payables en 30 ans et un million d'arriéré qui fut embarqué à bord de la frégate la *Néréide*, puis l'établissement à Paris d'une caisse spéciale pour le service régulier de la dette.

Ainsi, la mauvaise volonté du peuple et du gouvernement haïtien fut vaincue par une simple démonstration d'une division navale et l'envoi de deux commissaires spéciaux.

Si le gouvernement français avait eu plus de fixité, son droit et son devoir étaient de rentrer en possession de cette grande et belle colonie où rien ne progresse, où tout est en ruine entre des mains inhabiles. Que dirait-on de l'Angleterre si elle abandonnait ses colonies qui font sa force et sa richesses ? On répondrait que c'est un gouvernement sans dignité et sans principes. Elle a prouvé par la guerre des Ets-Unis qu'elle ne cédait qu'à la force de trois puissances réuniés pour la combattre ; nous n'avons pas à craindre une semblable éventualité pour entrer dans notre droit. St-Domingue nous appartient ; l'honneur et l'intérêt de la France exigent que nous rentrions dans notre possession. Notre commerce est-il si florissant ? notre marine et nos ports sont-ils donc si prospèrent ? pour abandonner un si beau pays à des gens sans foi et sans dignité, et qui se moquent des Français et de la France.

Au mois de mai un sinistre regrettable est venu frapper Marie-Galande. On comprend facilement que dans un climat aussi brûlant que celui de la zone torride, lorsque le feu s'empare de lieux habités, il doit y causer de grands dommages. C'est ce qui est arrivé, le 16 mai, au Grand-Bourg, chef-lieu de

Marie-Galande ; un incendie a consumé en entier cette petite ville.

Le majeure partie des habitants n'avaient d'autre d'autre fortune que les maisons qu'ils occupaient, d'autres ressources que le commerce auquel ils se livraient.

Les souscriptions furent ouvertes dans les deux colonies et en France pour venir au secours de ces infortunés. Le roi Louis-Philippe envoya une somme de 1000 francs.

La session du conseil colonial se fit le 14 juin 1838, le gouverneur, M. Jubelin, y prononça un discours dont voici quelques extraits :

« Le désastre de Marie-Galande a remué profondément toutes les sympathies. L'administration aurait manqué aux sentiments qui ont éclatés de toutes parts, si elle avait hésité à pourvoir aux premiers besoins d'une population dénuée de ressources et d'asiles.

« Vous avez à compléter la révision des codes par l'examen des modifications qu'il convient d'apporter pour le commerce, dont l'application aux colonies est devenu un besoin.

« Le dernier conseil s'est séparé sans avoir pu s'occuper ni du projet d'ordonnance de l'instruction publique, ni du projet de décret qui doit fixer la législation des chemins, ce qui paralyse l'action de l'administration pour les travaux qui restent à faire.

« Le projet des dépenses de 1839 vous sera soumis. Dans l'état des choses, j'ai dû borner au stricte nécessaire les demandes de fonds pour les travaux publics.

« Dans le budget des recettes se trouve compris l'impôt personnel et la réduction des droits de greffe.

« Les circonstances sont graves, mais elles ne sont pas au-dessus de votre courage, ni de votre dévouement. La défense des colonies n'est plus isolée. Autour de leurs droits si clairs, de leurs intérêts si nationaux, sont venus se grouper les droits et les intérêts de la navigation, du commerce et des ports. »

Après cette formalité d'ouverture, le conseil colonial a procédé à la formation de son bureau en nommant pour président M. Ledentu, vice-président, Faujas de Saint-Pond ; pour secrétaires, MM. de Bérard et Nadau-Des-llets, et Bonnet, questeur.

M. de Jabrun, délégué près le ministre de la marine, est continué dans ses fonctions pour soutenir les intérêts de la colonie.

Le gouvernement voulant déterminer les droits de navigation à percevoir dans les deux colonies, et établir un tarif uniforme, en attendant qu'il puisse être pourvu législativement et selon la loi, concernant le régime colonial, rendit une ordonnance, le

4 août 1838, à ce sujet ; elle se composait d'un seul article auquel était annexé un tarif.

Une autre ordonnance du 31 août 1838 fut rendue sur les entrepôts réels à établir à la Martinique et à la Guadeloupe, en exécution de la loi du 12 juillet 1837 ; elle indiquait qu'il serait pourvu au personnel dès que les magasins nécessaires seraient affectés à ce service. Dans l'intérêt du commerce, il était à désirer que les bâtiments devant servir à cette destination fussent construits le plus tôt possible.

Après s'être occupé de législation et d'administration, on va aborder un autre ordre d'idées en rendant compte d'une situation exceptionnelle relative à la santé publique.

Dans le mois d'octobre la fièvre jaune, qui avait disparue de nos Antilles depuis 1825, est revenue désoler la Basse-Terre et la Pointe-à-Pitre, en atteignant indistinctement les créoles et les Européens.

La garnison et la magistrature ont fait de grandes pertes : parmi ces derniers on cite le procureur du roi, deux conseillers et un greffier.

La cour d'assises, qui devait s'ouvrir à la Pointe-à-Pitre, le 28 octobre, a été prorogée au 25 décembre par mesure sanitaire. La plupart des services ont été suspendus, jusqu'à ce que l'intensité de la maladie ait cessé.

L'influence de ce terrible mal était si grande que la partie active des habitants cessant leurs affaires, fermant les boutiques, les magasins, les ateliers, cherchaient un refuge dans les lieux élevés où l'air circule plus librement. Il faut avoir assisté de visu à ce fléau pour en apprécier les effets. On a vu des maisons privées de ses habitants par la mort, des navires privés de leurs matelots, et la terreur peinte sur presque toutes les figures ; mais c'étaient surtout les militaires qui étaient victimes du terrible vomito-negro, la proportion de la mortalité était bien plus grande pour eux que pour les autres classes de la société.

1839. Pendant la durée de l'épidémie dont la violence avait épouvanté la population au point de faire cesser les affaires courantes, des personnes se conduisirent avec sang-froid et courage. On cite la conduite d'une pauvre et faible sœur, nommée Mlle Eulalie Bonneau, qui, atteinte elle-même par le fléau, alla passer sa convalescence aux Saintes. La maladie vint à sévir après son arrivée à l'hôpital où elle se trouvait ; les autres sœurs moururent ou bien furent obligées de s'éloigner pour se soigner ; restée seule, elle prit la résolution de se dévouer au soulagement des marins et des soldats malades, elle réussit à en sauver d'une mort certaine par l'effet de son généreux dévouement.

Le gouverneur, informé de cette belle conduite, s'est empressé de demander une récompense honorifique pour la sœur Eulalie au ministre de la marine, qui s'empressa de faire parvenir une médaille d'or, par décision du 18 janvier 1839.

Un autre événement où l'humanité joue encore un rôle, eut lieu sur les côtes de la Guadeloupe, à Sainte-Rose.

Le brick le *Duc D'Yorck*, parti d'Antigoa pour transporter des troupes anglaises à la Barbade, appartenant au 14° régiment de ligne, a naufragé dans la nuit du 14 au 15 décembre 1838, sur les récifs qui bordent la côte de Ste-Rose. On s'empressa de porter secours aux malheureux naufragés. M. de St-Simon, commandant la goëlette de l'Etat *la Mutine*, s'est porté du Port-Louis sur les lieux du sinistre. Grâce à cette promptitude de secours, personne n'a péri, quoique la mer fut très-dangereuse. Le brick anglais a été entièrement perdu par l'effet de la mer et par le choc contre les récifs de la côte.

Les naufragés ont reçu l'hospitalité des habitants de Ste-Rose, qui ont rivalisé de dévouement et d'humanité. Le gouverneur, M. Jubelin, a donné ensuite l'ordre au brick de guerre l'*Inconstant*, mouillé à la Pointe-à-Pitre, de recueillir les naufragés pour les transporter à Antigoa.

Le gouverneur de cette île et le colonel anglais ont ensuite adressé des lettres témoignant leur reconnaissance au gouverneur de la Guadeloupe.

Dans le mois de janvier, la température est ordinairement douce et la vie facile pour tous les habitants, les vents du nord-est sont constants et modèrent la chaleur du jour. Ce n'est pas l'époque où la nature se dérange de ses habitudes tranquilles, elle se réserve ordinairement pour la saison de l'hivernage. Cependant, le 11 janvier, on ressent à la Guadeloupe un tremblement de terre qui ne cause aucun mal ; puis quelques jours après on apprend qu'un affreux désastre est venu frapper la Martinique ; le tremblement de terre du 11 janvier a renversé la ville de Fort-de-France et endommagé celle de Saint-Pierre, les campagnes elles-mêmes ont eu une partie de leurs établissements renversés.

Les avis officiels portent que 250 personnes ont péri à Fort-de-France ; que les blessés sont encore en plus grand nombre ; que des ambulances provisoires ont été établies pour suppléer à l'hôpital détruit ; qu'enfin la population campe sur les places, manquant d'abri et de pain.

Cet événement excite parmi la population la plus vive sollicitude pour les habitants de la Martinique, et malgré la misère des temps qui pèse sur les diverses colonies, la Guadeloupe est fidèle en cette circonstance à ses habitudes de sympathie dû au malheur d'une sœur.

Une souscription est aussitôt ouverte dans toutes les communes sur l'avis de M. Jubelin, gouverneur, des vivres et d'autres objets sont réunis pour être expédiés aux victimes d'un aussi grand désastre ; l'intérêt moral qui lie les deux pays pénètre les cœurs d'un généreux élan ; l'émulation porte à réunir tout ce qui peut être utile à une population frappée si inopinément.

Les créoles ont une indépendance d'esprit et de caractère qui les porte à l'habitude de ne rien supporter d'autrui, habitués qu'ils sont de faire leurs volontés de bonne heure. Ils sont d'une nature très susceptible et poussent le point d'honneur jusqu'à la dernière limite. Alors il leur arrive souvent des querelles et des affaires pour des causes qui n'en valent pas la peine.

Un duel eut lieu entre deux jeunes gens, Ernest Lafage et Emile Dagomel, en présence de deux témoins ; il en est résulté que ce dernier a été blessé par son adversaire.

Le procureur-général ayant eu connaissance de ce duel, ordonne des poursuites par les tribunaux ; et on alla jusqu'à la Cour royale, qui, dans son audience du 23 janvier 1839, termine son jugement par un considérant qui conclut que les faits imputés à Ernest Lafage et Emile Dugomel, n'étant pas prévu par la loi, ne constitue ni crime ni délit, et qu'il n'y a pas lieu de suivre contre eux.

C'était une décision contraire à ce qui se pratique en France par les tribunaux ; mais ici les juges ont sans doute senti le besoin de faire la part des mœurs du pays, en renvoyant simplement les deux parties.

Par une ordonnance du roi, du 11 juin 1839, il est prescrit un recensement général de la population libre et esclave. Il sera établi des registres contenant la matricule individuelle de tous les esclaves recensés dans la commune au moyen desquels on puisse suivre et constater les mutations dans cette population. Par suite de cette mesure, il sera facile de constater la naissance, le mariage et le décès d'un esclave. Il faut bien le dire, cette classe est si ignorante qu'aucun nègre ne connaît son âge ; si on l'interroge à ce sujet, il répond : « moi pas savoir, moi né du temps du gouverneur Victor Hugues, du temps qu'on a planté tel cocotier. » On n'obtient rien de précis de leur part ; ils ont l'indifférence d'un enfant.

Une autre ordonnance du roi, du même jour, modifie les ordonnances sur les affranchissements du 1er mars 1831 et du 12 juillet 1832, sous l'empire desquelles il avait été opéré 34,000 affranchissements d'individus ; mais des abus s'étant produits dans la moralité des affranchis jetés dans la société, cette ordonnance a pour but d'y remédier en rendant les conditions d'affranchissements plus difficiles. On voulait avec raison ne laisser jouir de la liberté que ceux qui la méritaient par leur bonne conduite et leur aptitude au travail.

On sait, par ce qui a été dit précédemment, que les deux colonies se trouvaient dans une situation grave : la production du sucre, qui est le produit principal, n'avait plus l'écoulement nécessaire dans les ports de France. Plusieurs causes arrêtaient les transactions sur ce produit : 1° la suppression de la prime sur les sucres raffinés ; 2° la fabrication du sucre de betterave en France ; 3° la diminution des droits sur le sucre étranger, et 4° l'énorme taxe de 49 fr. 50 par 100 kilog. sur les sucres des colonies.

La Martinique et la Guadeloupe avaient fait entendre des plaintes à ce sujet par les conseils coloniaux, et celui de la Martinique avait fait parvenir une adresse au roi pour obtenir un dégrèvement de 20 fr. par 100 kil., et le droit d'exporter 30,000 barriques à l'étranger.

Le gouvernement de la métropole ne s'était pas pressé de répondre à de pareilles demandes, malgré la misère des colonies. Cependant le tremblement de terre de la Martinique venait d'accroître encore cette misère dans une grande proportion ; et c'est alors que les deux gouverneurs prirent le parti d'autoriser l'exportation des sucres à l'étranger par tous les pavillons. Mais cette autorisation fut de courte durée ; car une ordonnance du roi, du 9 juillet 1839, révoque l'arrêté des gouverneurs. Heureusement que du mois de mai au mois de juillet les planteurs et les négociants eurent le temps de vendre leur sucre à l'étranger, et qu'il ne restait presque rien après l'autorisation retirée. N'est-il pas fâcheux de voir qu'il a fallu une circonstance extraordinaire pour que les planteurs eussent pu écouler leurs produits au déhors.

Un procès criminel a occupé la cour d'assises de Basse-Terre au mois d'août et a produit une impression pénible sur les esprits à cause de la cruauté d'un maître envers son esclave.

Le sieur Noël était accusé d'avoir infligé à un de ses esclaves des châtiments excessifs qui auraient causé sa mort ; une telle violence méritait un châtiment.

Les défenseurs du sieur Noël crurent, dans l'intérêt de leur client, invoquer les droits absolus du maître sur l'esclave et influencèrent de cette manière le jury qui condamna l'accusé simplement à l'amende. Mais les lois coloniales réprouvent de semblables doctrines ; le président des assises aussi bien que le ministèrent public les repoussèrent avec énergie. Dans cette cause si grave aux yeux de la justice et de l'humanité, rien n'avait été négligé par l'autorité publique pour que force restât à la loi. Il ne restait plus au ministère public que le moyen d'un pourvoi en cassation contre le jugement du sieur Noël, qui blessait la morale publique, et ce pourvoi fut invoqué par le procureur du roi.

Le gouverneur, M. Jubelin, ouvre la session du conseil colonial à la Basse-Terre, le 4 novembre 1839. On rappelle, ici, les principaux passages de son discours qui se rapportent à la situation générale du pays.

« Messieurs, l'empressement que j'ai mis à vous convoquer aussitôt que l'ordonnance de dégrèvement m'est parvenu, vous explique suffisamment les motifs qui m'ont fait différer la réunion annuelle du conseil colonial. La prévoyance d'un événement décisif ne pouvait rester étrangère à la direction des affaires du pays, et l'administration, témoin de la détresse qu'elle ne pouvait plus secourir, éprouvait elle-même le besoin d'être relevé de son propre découragement.

« Quoique je n'aie à vous faire aucune communication, cette session ne laissera pas d'être laborieuse et féconde en résultats utiles.

« Le budget des recettes et celui des dépenses vous sont présentés.

« Plusieurs décrets d'intérêt local et secondaires vous seront également présentés, d'autres vous seront reproduits.

« Messieurs, cette session s'ouvre sous des auspices plus favorables que les précédentes. L'ordonnance de dégrèvement, en relevant le prix de vos denrées de l'avilissement où il était tombé, est venu soulager les souffrances de la culture, et ranimer les transactions commerciales, qui trouveront un aliment nouveau dans l'établissement des entrepôts déjà formés à la Pointe-à-Pitre et en voie de l'être à la Basse-Terre. La cause des colonies s'est grandement améliorée, et ses progrès nous inspireront d'autant plus de confiance que vous les devez surtout aux sentiments de votre importance désormais bien compris. Une nouvelle épreuve attend la question des sucres ; mais plus que jamais vous devez compter sur la persévérance et sur la fermeté d'un pouvoir à qui n'a pas manqué le courage de ses convictions.

« Plus que jamais vous devez compter aussi sur le concours et l'appui des grands intérêts métropolitains dont la cause se confond avec la vôtre. »

Certainement, le gouverneur était plein de bon vouloir, personne ne pouvait en douter ; mais le dégrèvement en question n'était qu'un adoucissement à la situation, car il était du devoir du gouvernement de faire mieux que cela. Le dégrèvement était de 13 fr. 20 par cent kilogrammes ; les sucres des deux colonies payaient 49 fr. 50 d'imposition, il faut ajouter à ce chiffre 15 fr. de transport, ce qui fait 74 fr. 50 pour cent kilogrammes rendus dans un port de France. Les deux colonies avaient demandé un dégrèvement de 20 fr., il aurait fallu approcher de ce chiffre, attendu que le sucre de betterave ne payait que 25 fr. de taxe pour la même quantité et que le sucre étranger était admis en concurrence dans nos ports avec une surtaxe insuffisante ; et cela pour garantir notre production, qui formait la principale ressource du pays, c'était vraiment dérisoire !

Assurément, on avait bien de la peine à faire entendre raison au gouvernement et aux Chambres de l'époque, pour les décider à venir en aide à des pays exposés par l'effet de leur situation sous les tropiques à des calamités inconnues à l'Europe. Il faut au colon des prix rémunérateurs pour la prospérité du commerce, de la marine, des ports, et que la consommation puisse se généraliser. Si les impôts sont trop lourds, la consommation du sucre devient alors une affaire de luxe qui n'entrera pas dans les habitudes : le fisc et tout le monde y perd. Voilà le résultat des gros impôts mis inconsidérément sur les objets de consommation. C'est de l'économie politique au premier chef et à la portée de tout le monde, la réfutation en est impossible.

CHAPITRE XIV.

1840. Désertion d'esclaves. — 1ʳᵉ session du conseil colonial. — Crainte de guerre en Europe. — 2ᵉ session du conseil colonial. — 1841. Le capitaine de vaisseau Gourbeyre est nommé gouverneur. — Adieux du contre-amiral Jubelin. — Session du Conseil colonial. — 1842. Situation critique des colonies à sucre. — 1843. Tremblement de terre du 8 février. — La ville de la Pointe-à-Pitre est détruite. — Secours envoyés de la Martinique et de France. — Session du conseil colonial. — 1844. Nouvelle loi sur les sucres.

1840. La situation du pays était agitée par l'effet de l'affranchissement des esclaves des îles anglaises d'où partaient des excitations nuisibles aux intérêts des planteurs. Un certain nombre d'esclaves avaient quitté leurs ateliers pour passer à la Dominique, située à 8 lieues de la Guadeloupe; d'autres se rendaient sur les habitations, pour entraîner leurs camarades au marronnage. Il suffisait pour cela de quelques mauvaises têtes s'inspirant du mal pour déranger les hommes faibles. Cependant les affranchissements qui avaient lieu auraient dû leur faire prendre patience, mais ils trouvaient sans doute que le système employé offrait trop de lenteur à leur impatience.

Il ne faut pas oublier que le caractère des nègres les porte à rester inerte, à ne rien faire, ou bien de vaguer à leur fantaisie et de ne produire que juste ce qui leur est nécessaire pour vivre. C'est à ce genre de vie qu'ils aspirent, en grande partie, et l'on comprend l'utilité de n'accorder la liberté qu'à ceux qui peuvent par leur activité morale et physique se rendre dignes de vivre dans une société libre.

Dans cette situation, le gouverneur était obligé de veiller à la sécurité publique en combinant un service de surveillance qui était fait par la milice, la gendarmerie et les soldats de la garnison. Mais d'autres intérêts devaient être portés devant le conseil colonial convoqué en session ordinaire à la Basse-Terre.

M. Jublin, gouverneur, en ouvrant cette session a prononcé un discours dont voici les points les plus importants :

« Messieurs, l'époque de votre session est arrivée, cependant j'aurais désiré attendre pour vous convoquer le moment où je me serais vu en mesure de porter à votre connaissance le résultat définitif des discussions ouvertes devant les Chambres sur l'un de vos plus grands intérêts. Mais l'hivernage approche à grands pas et retarder la réunion du conseil, c'était exposer le budget à ne pas recevoir la sanction de S. M.

« Ce que nous savons dès à présent de la marche de ces discussions est de nature à relever nos espérances ; si justice entière ne doit pas nous être rendue encore cette fois, un pas immense aura été fait. Le sucre indigène (1) n'élève plus la prétention d'exclure vos produits des marchés de la patrie commune ; malgré les efforts de ses nombreux et habiles partisans, la loi va consacrer en grande partie les bienfaits de l'ordonnance de dégrèvement. Mais les choses n'en resteront pas là, croyez-le bien ; au point où en est arrivé le débat, tout a été dit en faveur de la production rivale. Toutes les ressources de sa défense ont été accumulées, épuisées, elle n'a pu prévaloir contre les intérêts de la marine, de l'industrie, du commerce et du Trésor. Honneur à ceux qui ont embrassé la noble mission d'éclairer l'esprit public sur ces grands intérêts dont le triomphe encore momentanément suspendu ne peut manquer d'être complet dans un avenir très rapproché !

« Cette session ne vous tiendra pas bien longtemps éloignés de vos foyers. Le budget de l'année prochaine et quelques décrets d'intérêt local vous seront seuls présentés. »

Quelques jours après l'ouverture de cette session, elle fut ajournée, par le motif que le gouvernement aurait plus tard des communications importantes à faire au Conseil.

A cette époque il existait des craintes de guerre en Europe. Une coalition menaçait de se former contre nous, au sujet de la guerre d'Egypte contre

(1) Le sucre de betterave de France.

la Turquie. La France voulant soutenir la politique du vice-roi d'Egypte contre son suzerain, l'Angleterre, au contraire, s'était prononcée pour la Turquie, elle avait entraîné dans sa politique les autres cabinets de l'Europe qui faisaient mine de vouloir pousser les choses jusqu'aux limites extrêmes.

La seconde session du conseil colonial a été ouverte, le 5 novembre 1840, par le gouverneur Jubelin, qui fait un long discours dont on donne une analyse.

La gravité et l'importance des affaires à communiquer expliquent suffisamment les motifs de dissolution du dernier conseil; seulement il était regrettable de renvoyer à une autre époque le vote du budget de 1841.

Le conseil colonial devra prendre à sa charge l'entretien des routes et faire les fonds nécessaires. On devra examiner le compte des recettes et dépenses pour l'exercice de 1839.

Un service de police de terre et de mer a été organisé pour la tranquillité, et empêcher les noirs de quitter leurs ateliers. Il sera nécessaire de compléter le service de la poste aux lettres dans toutes les communes.

Le gouvernement a décidé que le temps était venu d'entreprendre les réformes des institutions qui nous régissent actuellement, et il ne reste plus désormais que le choix du système le plus propre à l'accomplissement de cette grande mesure pour réorganiser sans détruire : voilà la tâche que le gouvernement s'est imposé. Il sait combien il importe au succès de son entreprise d'obtenir et conserver le concours des colons, que l'on vous demande aujourd'hui pour l'éclairer dans sa marche en déposant dans vos délibérations le tribut de vos lumières, votre expérience des hommes et des choses.

« L'Etat actuel de l'Europe a mis le gouvernement dans le cas de pourvoir à la défense des colonies. Des mesures efficaces ont été prises pour mettre entre les mains de l'autorité les moyens d'assurer la tranquillité intérieure. »

La situation des colons se trouve embarrassée par l'incertitude d'un avenir peu rassurant : d'un côté, la libération des noirs, de l'autre, la perspective d'une guerre maritime avec l'Angleterre. En vérité cette situation n'était rien moins qu'attrayante. Bouleverser la société coloniale dans ce moment pour satisfaire de vaines théories d'humanité en faveur d'une classe d'individus si peu méritants, c'était compromettre le pays qui avait montré un grand attachement à la France, dans des circonstances critiques ; qu'on trouve donc dans le sein de la patrie un département, une province même qui ait su faire autant de sacrifices pendant la période héroïque de la première Révolution ?

1841. M. le contre-amiral Jublin, après un séjour

de plus de quatre ans, avait demandé à être remplacé; M. le capitaine de vaisseau Gourbeyre, gouverneur de la Guyane française, est nommé pour lui succéder.

Le nouveau gouverneur arrive à la Basse-Terre, le 15 juin 1841, à bord de la *Triomphante*, les navires et une batterie de la rade lui rendent les honneurs. A son débarquement, il est conduit en cortége au champ d'Arbaud, où la milice et les troupes de la garnison étaient réunies. M. Jubelin, après s'être placé au centre, a fait reconnaitre M. Goubeyre comme gouverneur de la Guadeloupe et de ses dépendances.

Avant son départ pour la France, M. le contre-amiral Jubelin jugea convenable de faire ses adieux aux habitants, par une proclamation dans laquelle il témoigne les sentiments qu'il éprouve pour eux, et il promet que son éloignement ne refroidira ni ses vœux ni son zèle pour la prospérité de la colonie.

Les autorités et les habitants notables lui adressèrent à leur tour l'expression de leurs sentiments de regrets occasionnés par son départ.

Après ces échanges de politesses vint le tour des affaires : la session du nouveau conseil colonial est ouverte, le 1ᵉʳ juillet 1841, par le contre-amiral Gourbeyre, gouverneur, qui prononce un discours dans lequel il expose les affaires de la colonie qui seront le sujet des délibérations du conseil colonial, et appelle son attention sur quelques nouveaux points ; par exemple, sur la nouvelle loi financière, du 25 juin 1841, qui dispose que les recettes et dépenses font partie des recettes et dépenses de l'État, et par ce motif font partie de la comptabilité générale du royaume ; et sur un projet de décret qui a pour but de donner une organisation réglementaire au service de la poste aux lettres. Il appelle aussi l'attention du conseil colonial sur l'acte important relatif à la nomination des deux délégués de la colonie, près le ministre de la marine, à Paris.

Le conseil colonial rédigea une réponse au discours du gouverneur, et qui mérite une place entière ici, comme exprimant les idées de l'époque sur le peu de stabilité des mesures prises par le gouvernement de la métropole à l'égard des colonies. Voici ce discours :

« Monsieur le gouverneur, de nos jours le pouvoir est environné de tant de difficultés que ceux que leur mérite et la confiance du roi y appellent ont droit à notre reconnaissance autant qu'à notre respect. Puisse notre concours vous en faciliter l'exercice !

« En reportant notre pensée sur l'administration qui vient de finir, vous nous fournissez l'occasion de manifester les sentiments de la colonie à l'égard de votre honorable prédécesseur. Des vertus privées et publiques qui inspirent l'attachement et l'estime, l'économie dans les finances, l'ordre et la célérité dans l'expédition des affaires, une mesure hardie qui nous a sauvés ou qui du moins a reculé notre ruine, voilà ce qui explique les regrets laissés parmi nous ; nous avons quelquefois différé d'opinion sur des questions de la plus haute importance, mais ses intentions étaient pures.

« Nous retrouvons en vous, Monsieur le gouverneur, les garanties que peuvent offrir la loyauté de caractère, les lumières de l'expérience. Avant de prendre part à l'administration des colonies, vous nous étiez signalé parmi leurs défenseurs en traitant une des questions qui les intéressent le plus. Vous avez combattu avec nous et pour nous. Notre concours ne sera que la continuation d'une ancienne alliance.

« Le projet de loi dont vous nous entretenez, n'est pas seulement un changement dans notre système financier, c'est l'abrogation de la loi du 24 avril 1833, la suppression des conseils coloniaux. Nous n'avons pas été consulté ; cela se conçoit : on ne consulte pas ceux que l'on voue à la destruction !

« Ce projet sera-t-il consacré par le pouvoir législatif de la métropole ? Est-ce pour la dernière fois que la colonie fait entendre sa voix par l'organe de ses mandataires ? Payer et se taire, est-ce là le sort que lui réserve la France constitutionnelle ?

« Depuis longtemps le sort des colonies, Monsieur

le gouverneur, est d'être livré au doute et à l'incertitude : lois civiles, tarifications des sucres, état social, constitution politique, tout est à l'état de problème ; et cependant les premières bases de la prospérité d'un pays sont la sécurité et la confiance. Sans ces éléments, quels succès peuvent obtenir nos efforts et les vôtres ?

« Quoi qu'il en soit, nous remplirons nos devoirs jusqu'au bout, et vous pouvez compter que nous examinerons avec attention les budgets des services et les divers projets de décrets qui nous seront présentés.

« L'élection des délégués, nous le pensons comme vous, est un acte important, solennel, sur lequel la patrie à les yeux ouverts. La sagesse de vos paroles est comprise, et notre patriotisme, auquel on ne s'adresse jamais en vain, répondra à votre appel. Les vrais interprètes de nos besoins, ceux qui comprennent le mieux l'intérêt colonial, sont en effet les hommes du pays, et c'est surtout parmi eux que nos suffrages iront chercher nos représentants près du gouvernement du roi. »

Le gouverneur, Gourbeyre, répondit à cette adresse, ce qui suit :

« Messieurs, je ne partage point les craintes du conseil relativement aux modifications proposées dans notre système financier ; je ne puis reconnaître une pensée de destruction dans les motifs qui ont donné naissance à ce projet. Tel n'est pas le but, telle n'est pas la conséquence de la loi nouvelle.

« J'ai foi dans l'avenir, parce que la métropole ne renoncera jamais aux relations utiles qu'elle entretien avec ses colonies. J'ai foi dans l'avenir, parce que votre cause se lie étroitement aux plus chers intérêts de la France, parce que la fortune coloniale ne peut être mise en péril sans dommage pour la richesse nationale, sans préjudice à notre puissance maritime.

« Je remercie le conseil colonial des sentiments qu'il m'exprime. Je serai heureux si mon administration, comme celle qui l'a précédée, répond aux espérances des braves habitants de la Guadeloupe. »

1842. La situation des colonies à esclaves devenait de jour en jour plus critique, et l'on n'avait pas l'air de s'en apercevoir en France ni au ministère de la marine et des colonies, où l'on hésitait d'aborder franchement la question économique concernant l'égalité de l'impôt des sucres des deux provenances pour sauver les colonies d'une ruine totale. On ne savait pas non plus se prononcer définitivement pour un système d'affranchissement d'esclaves; les colons étaient tenus de la sorte dans un état de doute fort préjudiciable à leur influence morale et à leurs intérêts; cette question était suspendue sur leurs têtes comme une autre épée de Damoclès. Que veut-on ? Le gouvernement craignait d'être désagréable à tout le monde, il n'était pas libre de ses mouvements : les députés, la presse et une partie du public criaient contre lui, comme si un gouvernement issu de l'opinion publique n'avait pas le droit de vivre sans être obligé de défendre chaque jour son existence contre les partis. Dans cette position difficile il lui fallait céder bien des choses qui, lui ôtant ses moyens d'action, l'empêchaient de faire le bien ; car au point de vue colonial, les ministres voyaient bien que nous n'avions pas le même intérêt que les Anglais à proclamer l'abolition immédiat de l'esclavage. Nous n'avions pas comme eux les grandes Indes avec 180 millions d'individus travaillant à bas prix pour produire des denrées coloniales. Ce n'était certes pas par philanthropie qu'ils étaient amis des noirs des Antilles, mais bien par un profond calcul mercantile ; ce qu'il y avait de fâcheux, c'est que beaucoup de gens ne paraissaient pas s'en apercevoir en France. Oh, l'ignorance ! C'est une plaie sociale !

En ce qui regarde la liberté des esclaves, ce qu'il y avait de plus simple à faire, c'était le rachat des enfants à partir d'un certain âge, où ils pouvaient être formés à une vie nouvelle, les instruire et les mettre en apprentissage où ils prendraient le goût du travail ; ensuite les nègres intelligents, bons sujets, ayant de la famille et y étant attachés ; mais quant à la masse inerte et sauvage, elle devait terminer sa carrière dans la position où elle se trouvait en usant envers elle de procédés humains, comme cela a lieu aujourd'hui.

En France on faisait grand bruit au sujet de cette question : beaucoup de gens en parlaient comme des aveugles parlent des couleurs, parce qu'ils s'en rapportaient plus à leurs sentiments qu'à la raison. Ils s'en allaient criant que l'esclavage devait disparaître entièrement dans un pays libre, sans tenir compte des difficultés économiques, et sans s'apercevoir qu'ils avaient autour d'eux des masses de nègres blancs travaillant deux fois plus pour gagner leur pain quotidien ! Est-ce que les usines, les fabriques, le sol n'exigent pas des travailleurs qui dépendent d'un maître qu'on enrichit ! Est-ce que tous les hommes ne sont pas esclaves de leurs besoins, et par conséquent du travail qui est une loi de nature !.....

1843. Un grand désastre, comme il s'en présente trop souvent dans ces pays à bouleversements terrestres, a frappé la Guadeloupe entière, le 8 février 1843.

La ville de la Pointe-à-Pitre, surprise à 10 heures 35 minutes du matin, par un affreux tremblement de terre, a été renversée de fond en comble. Tout à été jeté bas : les monuments, palais, maisons, cases à nègres, rien n'est resté debout ! Le tremblement de terre a duré 70 secondes en plusieurs oscillations qui produisaient des effets de destruction. Le malheur a voulu qu'après la chute des maisons, le feu vint ravager les débris sous lesquels étaient ensevelis des habitants qu'on se hâtait de secourir comme on pouvait, craignant de les voir périr par l'horrible supplice du feu ; mais, malgré tout, il est resté un grand nombre de victimes sous les décombres, d'où on a pu sortir plus de 1,500 blessés !

Des malheureux, ne pouvant se dégager des ruines sous lesquelles ils étaient ensevelis, voyaient toute chance de salut s'enfuir, le feu venait achever l'œuvre de destruction ! Des jeunes filles, des femmes, des vieillards à moitié enterrés par des blocs de muraille, demandaient en vain des secours qu'il était impossible de leur porter, le feu s'avançait en vagues furieuses et finissait par les engloutir ! Quel affreux spectacle !

La violence de l'incendie était devenue si grande, qu'elle forçait à s'éloigner ceux dont le courage et le dévouement aurait pu être d'une grande utilité, en préservant des infortunés d'une mort horrible !

L'église s'est écroulée, seule, la façade est restée debout avec son cadran marquant 10 heures 35 minutes, cette heure fatale à une population entière, cette heure de l'éternité et de l'anéantissement d'une grande ville !... Le silence de la mort avait succédé aux bruits tumultueux de la vie. Le pauvre, le riche, l'homme libre, l'esclave étaient couchés dans la même tombe, et les reflets rougeâtres de l'incendie éclairaient ces vastes funérailles!

Voilà donc les débris d'une triste population: riche hier, aujourd'hui sans pain, sans logement, heureusement que le roi et la France ont de bons sentiments, et qu'ils auront le cœur touché en apprenant tant d'infortune; ils viendront au secours des victimes d'un si grand désastre immérité qui a frappé de stupeur tous les habitants de la colonie.

Le gouverneur, M. Gourbeyre, est accouru de la Basse-Terre pour tendre les mains à ces malheureux, leur donner des secours et de bonnes paroles de consolation; le maire de la ville, M. Champy, a été aussi admirable de courage et de dévouement; mais que dire du contre-amiral Demoges, dont la destinée semble être de secourir les grandes infortunes, puisqu'il était gouverneur de la Martinique, il y a quatre ans, lors du tremblement de terre de Fort-de-France. Il est accouru ici avec sa division navale pour porter secours aussi, sachant bien qu'en pareille circonstance il faut se dévouer à l'humanité, et remplir dignement ce devoir.

A la Basse-Terre, plusieurs maisons ont été endommagées, elles ont été fortement ébranlées par les secousses violentes; il faudra les démolir pour éviter des accidents.

Tous les quartiers de la colonie ont souffert: la ville du Moule est détruite, on déplore la mort de

30 habitants ; les bourgs de St-François, Ste-Anne, Ste-Rose, le Port-Louis, le Petit-Bourg, l'Anse-Bertrand ont été renversés ; il y a dans tous ces lieux des morts et des blessés.

La plus grande partie des usines sont détruites et le sol en général a été tellement bouleversé que l'on craint de perdre la récolte.

A la Pointe-à-Pitre, tous les navires de guerre et de la marine marchande envoyaient leurs marins avec des outils pour aider les soldats de la garnison à déblayer les ruines et chercher les personnes enfouies sous les décombres des maisons. Pendant trois jours on a retiré des malheureux morts ou vivants ; mais hélas ! beaucoup y sont demeurés pour toujours. Déjà les exhalaisons pestilentielles sont devenues si fortes que l'on est obligé de faire usage de vinaigre pour respirer.

Tous les navires en rade sont encombrés d'habitants qui y sont allés chercher un refuge contre la faim, la peste et le dénûment. Ces infortunés se lamentent dans l'ignorance de que sont devenus leurs parents. Les capitaines ont délivré toutes leurs provisions à tous ceux qui sont venus demander l'hospitalité à bord des navires.

Les blessés et les mutilés sont embarqués pour être transportés à l'hôpital de la Basse-Terre : on estime le nombre des blessés à 1,500 personnes, et le nombre des morts à 3,000. Des tentes ont été dressées sur les quais avec des voiles de navires pour abriter la population à laquelle on délivre des rations de biscuit en petite quantité.

Maintenant la famine est là menaçante, il faut de prompts secours pour la conjurer, et montrer de l'intérêt à une population à laquelle tout manque. Déjà la Martinique, cette sœur bien-aimée au cœur tendre et compatissant, s'est souvenue de notre sollicitude pour elle à l'époque de son malheur de 1839. Elle nous envoie des secours de toute nature par les soins de MM. Montès, Ruez et Beissac qui viennent à bord de la *Doris*, capitaine de Barmont ; le navire à vapeur le *Gomer* vient également apporter des vivres, de l'argent et des bois de construction.

Le gouverneur, de Gourbeyre, rend un arrêté pour ouvrir la colonie à l'introduction des comestibles de toute espèce et des matériaux de construction ; il mettait la ville de la Pointe-à-Pitre en état de siège dans la crainte que les noirs ne désirent profiter de l'occasion pour se livrer au pillage des lieux abandonnés.

Les oscillations continuaient à se faire sentir de temps en temps ; alors la peur reprenait, les pleurs les gémissements redoublaient, les femmes et les enfants effrayés couraient de tous cotés éperdus ; ce trouble moral était fait pour attendrir les cœurs les plus durs.

Le maire de la ville, M. Champy, publie une proclamation à ses administrés, le 12 avril, pour leur recommander d'avoir du courage et de la confiance dans les bontés du roi, de son gouvernement et de la France entière.

Le navire à vapeur le *Gomer* avait apporté rapidement en France des nouvelles de la Guadeloupe qui furent connues à Paris, le 8 mars, juste un mois après la catastrophe. Aussitôt qu'elles furent répandues par les journaux, l'on s'est occupé immédiatement des moyens à employer pour venir au secours de nos infortunés compatriotes.

Le *Moniteur* du 11 mars, en annonçant la triste nouvelle, fait connaître que le gouvernement du roi n'hésite pas à déclarer que dans cette triste circonstance, il sait qu'il a des devoirs à remplir. En conséquence, il fait donner des ordres à Brest, à Toulon et à Rochefort pour envoyer de l'argent, des médicaments et un million de rations par des navires de guerre, qui devront partir immédiatement le chargement fait. Puis dans sa sollicitude pour les victimes d'un si grand désastre, l'amiral Roussin, ministre de la marine, présente à la Chambre des députés, un projet de crédit extraordinaire de deux millions cinq cent mille francs. La Chambre des députés prend acte de la proposition du ministre pour être votée à bref délai.

En même temps, un comité se forme pour recueillir et centraliser les souscriptions qui seront faites à Paris et dans les départements.

Le ministre de la marine et des colonies est nommé président d'honneur de ce comité.

Le vice-amiral Makau, président.

Sont nommés membres du comité :

MM. le baron Ch. Dupin, président du comité des colonies ; le vice-amiral Arnous, ancien gouverneur de la Guadeloupe ; Jubelin, commissaire général de la marine, ancien gouverneur ; Lebobe, Mauguin et Janvier, députés ; Aube, président de la chambre de commerce ; Cottier, régent de la banque de France ; Desmiral, Dechazelle, délégués de la Guadeloupe ; François Delessert, négociant.

Marbeau, trésorier général des invalides, trésorier du comité ; Leguel, sous-commissaire de marine, secrétaire.

La formation importante de ce comité fut d'un bon exemple pour Paris et les départements où il s'en forma un grand nombre. La garde nationale de Paris, les journaux, les banquiers, le public en général de Paris et de la province, souscrivirent avec empressement en faveur des victimes.

Le roi et la famille royale souscrivirent pour 55,000 fr. La Chambre de pairs et celle des députés ouvrirent aussi des souscriptions.

Le comité central de souscription fit partir, le 29 mars, par le *Gomer*, une somme de 310 mille fr. qui fut bientôt suivie d'une autre de 200 mille francs par un navire de l'État. Le ministre de la marine et des colonies ne restait pas inactif, car le 1er avril il envoie à la Guadeloupe deux navires du commerce, le *Rhône* et l'*Ouistiti*, portant des vivres et des approvisionnements de toutes espèces.

Pendant que l'on prenait en France des mesures commandées par la philanthropie, à la Pointe-à-Pitre on continuait le déblaiement des rues et la construction de baraques en bois pour loger les malades, les habitants et les soldats. Les habitants, revenus de leur stupeur et du découragement, s'étaient mis à travailler avec ardeur pour se caser le moins mal possible dans ce chaos général ; malheureusement ils étaient troublés dans leurs travaux par des secousses qui se renouvelaient de temps en temps, et faisaient craindre pour leur sécurité.

Ainsi en France, à la Martinique et partout, le gouvernement, les corps de l'Etat, les populations, l'armée, et particulièrement la marine, ont déployé le plus empressé dévouement de zèle et d'humanité pour conserver la vie et diminuer les souffrances des victimes du tremblement de terre du 8 février 1843.

La session du conseil colonial est ouverte par le contre-amiral Gourbeyre, le 1er juillet 1843, à la Basse-Terre.

Il commence par dire qu'il partage les douleurs

éprouvées par la colonie, et il expose la situation difficile dans laquelle elle se trouve par suite du tremblement de terre qui a couvert de ruines les villes et les campagnes. Il semble qu'un siècle se soit écoulé sur les débris qu'on aura beaucoup de peines à relever. Ensuite le gouverneur propose les moyens nécessaires pour atténuer autant que possible la misère de la population, qui se conduit avec énergie et résignation.

Il saisit cette occasion pour remercier la France, le roi, le gouvernement, les Chambres et tous ceux au cœur généreux, qui par leur concours ont apporté du soulagement dans cette situation.

En réponse à ce discours, le conseil colonial rédige une adresse qui est présentée au gouverneur, le 3 juillet 1845, et dont voici l'analyse :

Quelque rapprochée qu'eût été la réunion du conseil colonial du désastre, il se serait empressé d'apporter son concours et son expérience.

Les campagnes sont couvertes de ruines, les villes et les bourgs sont détruits ; la Pointe-à-Pitre est un terrain à déblayer, une ville à refaire par l'effet d'un double fléau.

Quel que soit le courage des habitants, si la colonie continuait à être abandonnée à ses seules forces, être grevée des mêmes charges, elle ne pourrait se relever de ses ruines. Lui procurer des ressources, en régler sagement l'emploi, c'est ce qu'elle attendait de l'administration et du conseil colonial. Et voilà qu'un nouveau malheur vient s'ajouter aux autres par le vote de la Chambre des députés sur les sucres. Ce que l'on demandait, c'était le retour au pacte primitif, l'égalité des droits et des conditions. La Chambre ne nous accorde que l'égalité des droits, et cette justice incomplète est ajournée à cinq ans.

Notre agonie ne saurait se prolonger si longtemps, tout espoir s'éteindrait, les décombres continueraient à couvrir nos villes et nos bourgs.

On ne se fait pas idée en France de notre situation, les plus indifférents, s'ils en avaient le spectacle devant les yeux, reconnaîtraient que si la métropole veut sauver sa colonie, il faut qu'elle se décide à la secourir.

Un moyen se présente, et qui a déjà été employé par le gouvernement : c'est un dégrèvement. A cette condition nous pouvons conserver l'espoir de ne pas succomber dans une lutte qui va se prolonger plus acharnée que jamais.

Mettez au pied de notre auguste monarque, la respectueuse expression de notre reconnaissance. Les illustrations de la France, les plus humbles citoyens ont déployé des sentiments qui honorent notre grande nation, et nous rendent plus fiers que jamais de lui appartenir.

La Martinique, notre généreuse sœur, s'est émue

comme si elle avait été frappée du même coup ; ses dons ont allégé nos misères, sa douleur a soulagé la nôtre. C'est d'elle, c'est de son digne chef que sont venus les premiers secours.

La population de la Pointe-à-Pitre n'oubliera jamais le jour où l'honorable amiral de Moges, commandant la station des Antilles, est venu mouiller devant ses ruines lui apportant un secours si prompt et si nécessaire, lui inspirant la confiance par sa présence, le courage par le concours de la brillante et valeureuse jeunesse de sa flotte.

Dans notre élan de reconnaissance, nous remercions au nom de la Guadeloupe, les âmes généreuses de tous les pays qui ont offert un si beau spectacle au monde par leur conduite pleine de générosité et d'humanité.

Telles sont les paroles touchantes au moyen desquelles la colonie exposait ses souffrances, son espoir et ses remerciments pour les secours que tous les cœurs généreux lui avaient apportés.

Pendant la saison de l'hivernage, qui dure du moins de juillet au mois d'octobre, il n'avait guère été possible d'exécuter des travaux de reconstruction. Ceux de la ville de la Pointe-à-Pitre marchaient lentement ; on manquait d'ouvriers et de matériaux. Dans les campagnes, les travaux des usines étaient de même peu avancés ; quant à la récolte de la canne à sucre, il ne fallait guère y compter, à cause du terrain bouleversé par les tremblements de terre.

Après avoir compris qu'il était impossible aux colonies à sucre de supporter leurs charges dans l'état où elles se trouvaient, surtout à la Guadeloupe, désirant arriver à légalité des droits, le gouvernement s'est décidé à présenter une nouvelle loi sur les sucres dans le mois de mai à la Chambre des députés. Mais cette Chambre, tout on reconnaissant que la première place était due aux sucres des colonies sur les marchés français, avait cependant laissé envahir ce marché par le sucre indigène, auquel on avait donné des encouragements dans la culture ; et elle décidait, par la loi de juillet, que pendant cinq ans, le sucre indigène paierait des droits différentiels, à raison de cinq francs par an pour arriver à l'égalité de l'impôt.

Le ministre de la marine et des colonies s'est toujours montré le défenseur des colonies dans la discussion de cette loi ; mais malheureusement sans obtenir de succès ; des députés ont également cherché à éclairer la Chambre sans y réussir. La commission et le rapporteur étaient opposés à toute amélioration immédiate, malgré l'état de misère et de gêne de ces pays ; c'était peu digne.

CHAPITRE XV.

1844. Session du conseil colonial. — L'infortune de la Guadeloupe lui attire les sympathies des îles espagnoles, de Bourbon et surtout de la France. — Reconstruction de la Pointe-à-Pitre. — Ouragan dans les Antilles, le 4 novembre. — 1845. Mort du contre-amiral Gourbeyre. — Le commandant militaire Varlet le remplace. — Session du conseil colonial. — Le capitaine de vaisseau Layrle est nommé gouverneur. — Plusieurs lois et une ordonnance sur les colonies. — 1846. 1re session du conseil colonial. — 2e session du même conseil. — Augmentation du nombre de juges de paix. — 1847. Session du conseil colonial. — Plaintes de ce conseil au gouverneur.

1844. La session du conseil colonial où le gouverneur expose la situation du pays est ouverte par le contre-amiral Gourbeyre, le 10 juin 1844. Un discours est prononcé par lui, dont voici les principaux passages :

« Messieurs, notre infortune inspire toujours le même intérêt, partout elle rencontre les mêmes sympathies. Ainsi, les habitants de Puerto-Rico et de Cuba, bien que tardivement instruits de nos malheurs, nous ont offert leur assistance, et ils l'ont fait largement et libéralement, avec cette générosité qui caractérise la noble nation espagnole.

« Ainsi, nos dignes frères de l'île Bourbon, pour vous secourir, n'ont point hésité à puiser dans leur caisse de réserve. Ils ont partagés avec vous ce Trésor de sécurité pour l'avenir ; ils n'auraient pas fait davantage pour leurs concitoyens frappés du même fléau.

« En France, les dons de charité publique ont depuis longtemps surpassé nos espérances, et cependant le comité central chargé de les recueillir voit encore chaque jour accroître ses recettes.

« Nos cœurs garderont le souvenir de ces hommes généreux devenus nos bienfaiteurs.

« Aujourd'hui un nouveau secours nous est annoncé, le ministre de la marine, en mettant sous les yeux du roi le tableau de notre situation financière, a signalé l'insuffisance de nos recettes, et S. M. a décidé que le Trésor public, dans cette circonstance, nous viendrait encore en aide. La subvention qui nous est annoncée sera continuée, je l'espère, jusqu'au moment où nos efforts réunis à ceux de l'administration seront parvenus à combler le déficit actuellement existant. »

Voici la réponse du conseil colonial dont on cite les principaux passages :

« Nous vous remercions, Monsieur le gouverneur, de nous avoir fourni une nouvelle occasion de manifester nos sentiments. Il est doux d'avoir à les étendre sur les nobles colons de Cuba et de Puerto-Rico et sur nos dignes frères de Bourbon, qui se sont confondus dans une sainte confraternité pour soulager nos désastres.

« La France, nous le proclamons avec orgueil, est toujours inépuisable dans sa charité.

« Le souvenir de tant de bienfaits restera impérissable dans nos cœurs.

« Le courage avec lequel nous avons supporté nos malheurs ; nos efforts persévérants pour relever nos maisons, nos usines ; nos sacrifices pour développer l'industrie ; notre constance à réclamer des droits imprescriptibles devaient nous mériter les sympathies du gouvernement du roi, non-seulement pour nos intérêts matériels, mais encore pour nos intérêts moraux.

« Car nous aussi, Monsieur le gouverneur, nous avons le sentiment de notre dignité ; Français comme nos frères de la métropole, nous voulons jouir de tous les droits attachés à notre nationalité ; nous voulons les transmettre à nos enfants comme nous les avons reçus : tel sera le but constant de nos efforts.

« Aussi, qu'elle qu'ait été l'émotion produite par le nouveau projet de loi qui affecte à la fois nos fortunes et nos droits, nous ne désespérons pas de l'avenir (1).

Nous avons confiance dans la charte qui protége la propriété et les droits inaliénables qui appartiennent

(1) Allusion au projet de loi sur le régime de l'esclavage.

à tous les Français. Nous avons confiance dans ces Chambres, gardienne de notre droit constitutionnel ; nous avons confiance dans le gouvernement du roi, qui ne demande qu'à être éclairé pour revenir d'une erreur funeste.

« C'est donc avec la gravité que commande les circonstances que nous examinerons la position nouvelle du pays pour en faire connaître les vœux et les plaintes. »

Après avoir exposé ces discours, dont les conséquences sont faciles à tirer pour le lecteur, il reste à parler de plusieurs faits concernant le pays.

Un incendie assez considérable s'est déclaré à la Basse-Terre, le 26 août, et venait conpliquer encore l'état de choses dans un moment où l'on cherchait à réparer les maux causés par le tremblement de terre du 8 février.

Malgré cette complication imprévue, la réédification de la Pointe-à-Pitre marche aussi rapidement que possible. Le 4 septembre, le nombre des maisons reconstruites était de 429, dont l'importance variait de 6,000 à 15,000 fr. Il y avait en outre 173 maisons en construction, et qui probablement devaient être achevées vers la fin de l'année. On aura donc à cette époque 602 maisons neuves, formant à peu près les deux tiers de celles qui ont été détruites.

Dans ce climat des tropiques, on s'attend à des ouragans ou des tremblements de terre pendant la saison de l'hivernage, mais depuis quelques années ces bouleversement ont lieu en toutes saisons. Ainsi, le 4 novembre, une violente tourmente s'est jetée sur les Antilles, et a frappé particulièrement Puerto-Rico, Saint-Domingue, la Jamaïque, les îles Bahama et Cuba. La belle ville de la Havane a été ravagée affreusement par l'ouragan. L'œuvre de destruction a commencé à une heure du matin : des maisons, des murs se sont écroulés, des arbres ont été arrachés, et des victimes ont été enterrées sous les ruines.

Ce ne fut que dans la soirée du 5, que les habitants purent sortir de leurs refuges et que l'on put juger de l'étendue des dégâts causés par la tourmente. La Havane avait l'air d'avoir soutenu un siège et l'on estimait qu'il avait péri 70 personnes. Une souscription a été ouverte pour secourir les habitants de cette ville. On n'oubliait pas qu'ils s'étaient montrés généreux pour la Guadeloupe, lors du tremblement de terre de 1843, et les colons souscrivaient largement pour témoigner leur sympathie et leur reconnaissance.

1845. Quand des événements malheureux se répandent sur des contrées, il semble qu'il n'y a pas de limites où ils doivent s'arrêter ; ainsi un triste événement est venu encore frapper les habitants de la Guadeloupe. Le contre-amiral Gourbeyre, gouverneur, ayant été fortement attaqué de la fièvre muqueuse, est mort, le 7 juin, de cette maladie qui n'a duré que 11 jours.

Il est tombé malade à son retour d'une tournée de la Grande-Terre ; la maladie a tout de suite pris une très-grande gravité, et malgré les soins des docteurs Cornuel et Dutrouleau, de sa femme et de sa famille, il a été emporté en peu de jours.

Aussitôt que cette perte fut connue, le deuil devint général dans la colonie. Le contre-amiral Laplace, commandant la station, le commandant militaire et des députations des villes et campagnes assistèrent aux funérailles avec la population entière de la Basse-Terre. Des discours furent prononcés par le général Rostolan, son hôte et son ami, le procureur général Bernard et les maires des villes de la Basse-Terre et de la Pointe-à-Pitre.

Dans ses fonctions de gouverneur, Gourbeyre eut à traverser des situations très critiques : le tremblement de terre de 1843 qui détruisit plusieurs localités, ruina les plantations, la loi sur les sucres qui augmentait encore la misère des populations, l'excitation des noirs qui voulaient la liberté, furent autant de causes graves dans lesquelles son caractère ferme et bienveillant trouva à s'exercer en faisant entrevoir un avenir meilleur aux hommes qu'il gouvernait.

Les conseils municipaux de la Basse-Terre et de la Pointe-à-Pitre voulant rendre un juste hommage à la mémoire de Gourbeyre, décidèrent qu'une demande d'autorisation serait faite pour attacher son nom à une place de chaque ville, avec un monument destiné à perpétuer son souvenir dans le pays.

Le commandant militaire Varlet, après lui avoir fait rendre les honneurs, prit ensuite en main le gouvernement de la colonie, en prévenant les habitants par une proclamation.

1845. Le colonel Varlet, gouverneur par intérim, ouvre la session du conseil colonial, le 9 octobre 1845, par un discours où il expose la situation du pays et dont voici l'analyse :

Il commence par regretter la mort du contre-amiral Gourbeyre, il se félicite de la satisfaction qu'il éprouve de se trouver au sein de la représentation coloniale, et il assure que la sollicitude du gouvernement du roi pour la prospérité de la colonie ne manquera pas.

Ensuite il annonce que la tranquillité continue à exister, les différentes classes de la société sentant qu'elles sont protégées avec fermeté. Il expose que la loi du 18 juillet 1845, sur le régime des esclaves, étant promulguée, le conseil colonial est appelé à concourir aux mesures d'exécution les plus importantes de la loi.

Dans le budget de 1846, l'administration a dû se borner à la demande de fonds les plus indispensables pour les travaux publics dans le but d'achever les travaux commencés ; mais le budget des recettes est loin de représenter celui des dépenses, et pour arriver à se balancer, il sera demandé une subvention au gouvernement de la métropole, qui est toujours empressé de secourir ses colonies dans la misère.

Pendant ce temps, le gouvernement du roi nomme le capitaine de vaisseau Layrle, gouverneur de la Guyane française, gouverneur de la Guadeloupe et de ses dépendances, par ordonnance du 24 août 1845.

Il arrive à la Basse-Terre dans les premiers jours du mois d'octobre, et reçoit le gouvernement du colonel Varlet.

Il paraît à cette époque plusieurs lois et ordonnances qui tendaient à des modifications sur la situation des propriétaires et des esclaves ; sur l'introduction de cultivateurs européens et les conditions de rachat des esclaves.

1846. M. le capitaine de vaisseau Layrle, gouverneur, ouvre la session coloniale dans le mois de mai 1846. Il y prononce un discours intéressant sur la situation de la colonie, qui est en pleine transition d'un régime à un autre. Voici quelques passages de ce discours :

« Dans la tournée que j'ai faite, j'ai vu de beaux quartiers, de belles cultures ; j'ai vu aussi une belle et riche cité, qui, sortant de ses ruines, est aujourd'hui en voie de construction très-avancée. Mais la principale récolte, contrariée cette année par un état atmosphérique peu habituel, sera retardée et restera, je le crains, au-dessous des récoltes ordinaires, malgré les progrès qu'a fait l'industrie sucrière.

« J'ai été heureux de me convaincre de l'attitude soumise et paisible des ateliers, et de la continuation de leur travail soutenu. Nulle part je n'ai eu des plaintes à recueillir. A aucune époque la colonie n'a joui d'une tranquillité plus parfaite. C'est là un fait digne de remarque, après les appréhensions qu'avait fait naître le changement notable que les nouvelles institutions ont apporté dans le régime de l'esclavage. Mais dans ce résultat, il est juste de faire la part de chacun : à ce titre je m'empresse de reconnaître que les maîtres contribuent particulièrement à conserver entre eux et leurs ateliers cette confiance, sans laquelle le travail aurait indubitablement à souffrir.

« Le nombre des rachats amiables l'emporte de beaucoup sur celui des rachats forcés ; et les habitants, secondés par l'administration, y donnent leur concours. Ce rachat amiable, il faut le reconnaître, est le moyen le plus puissant d'initier avec succès l'esclave au travail libre, d'éviter un antagonisme toujours préjudiciable, et de conserver à la grande propriété des bras d'élite.

« Le budget des recettes et dépenses locales pour 1846 vous sera soumis de nouveau. Le département de la marine n'ayant pu continuer la subvention métropolitaine au chiffre sur lequel l'administration et le conseil colonial avaient compté, vous avez à rechercher sur quels services devront porter les diminutions à opérer dans les dépenses, et si le moment n'est pas venu d'établir certains impôts au taux où ils étaient précédemment. »

La situation sur les ateliers des usines était bien changée, elle ne ressemblait guère à celle des années précédentes, puisque, en vertu de la loi du 18 juillet 1845, le maître n'avait que le droit au travail de son esclave qui pouvait posséder et se racheter, si telle était sa volonté. La police et la discipline ne s'exerçait de la part du maître que pour les fautes légères; les fortes punitions étaient subies dans des ateliers particuliers, et sur l'ordre d'un inspecteur.

Une session extraordinaire fut reconnue nécessaire, et le conseil colonial dut se réunir de nouveau, le 17 août 1846, pour prendre connaissance de divers décrets d'urgence, établis d'après la loi du 18 juillet 1845, et donnant un surcroît de dépenses pour la colonie. Les conseillers coloniaux étaient peu satisfaits des nouvelles charges qu'on leur demandait, par suite du mauvais état des cultures occasionné par une mauvaise température. Tous les sacrifices venaient de leur part dans cette transformation du régime colonial concernant la production, il aurait été de toute justice que la métropole qui les ordonnait prit part à la dépense qui résultait de la transformation.

1846. Par l'effet des dispositions générales prises par le département de la marine, on était arrivé à mécontenter à peu près toutes les classes de la société : le désordre moral uni à l'inquiétude régnaient dans les esprits. On a déjà vu les plaintes du conseil colonial de la Martinique ; on va voir maintenant celles de cette île.

Le conseil colonial réuni en session, le 28 octobre 1846, adresse au gouverneur Layrle un discours dans lequel il dit que la loi du 18 juillet 1845, en faisant une position nouvelle, en créant des droits nouveaux à côté de principes qui avaient fait la force et la prospérité des colonies pendant deux siècles, la métropole avait contracté l'obligation d'assurer le maintien de l'ordre et la continuation du travail ; mais que leur attente avait été trompée par les ordonnances qui complétaient la loi, dans lesquelles on cherche vainement les garanties d'ordre, de travail et de sécurité.

La faculté du rachat des esclaves imposait à l'affranchi un engagement de travail de cinq ans, et l'on avait ouvert pour l'exécution de cette mesure un crédit de 400 mille francs, destiné à la formation d'ateliers de travail et de discipline. Mais ces prescriptions ont été méconnues, les engagements n'ont pas eu lieu sérieusement, et au lieu d'arriver à la création du travail libre et à la répression du vagabondage, on n'a fait qu'augmenter cette dernière plaie.

Le conseil colonial se plaint encore de l'inobservation des heures de travail des esclaves, et que le pays n'a pas tardé à ressentir le triste effet de cet état de choses par des symptômes de désordres étouffés par les maîtres et le concours de l'autorité, et qu'il a fallu faire réprimer des actes de vengeance par les tribunaux.

La législation a voulu sans doute améliorer le sort de l'esclave sans anéantir l'autorité du maître; se montrer bienveillante envers l'un sans être injuste envers l'autre; elle a voulu enfin allier le progrès réclamé par les idées modernes aux garanties attachées à l'ordre établi.

Le conseil colonial dit encore : qu'il ne laissera pas éclater des regrets stériles sur le passe; mais qu'il ne serait pas digne de son mandat, s'il ne s'empressait de signaler et de combattre des actes et des mesures qui sont subversifs de l'ordre et du travail.

Le gouverneur voyait bien que ce qu'il venait d'entendre était l'expression de la vérité, et sa réponse se borne à dire que le département de la marine se préoccupe de la création d'ateliers de travail et des moyens de contraindre les affranchis à contracter des engagements de cinq ans ; et que les inconvénients qui existent ne peuvent tarder à disparaître en présence de la volonté du gouvernement de la métropole de faire exécuter sérieusement la loi du 18 juillet 1845.

Pour étendre la surveillance et l'exécution des mesures prises, une ordonnance du 26 septembre 1846, porta le nombre des juges de paix de six à dix ; ils étaient tous appelés à concourir aux tournées et aux inspections prescrites pour le patronage des esclaves ; il fallait maintenir la discipline dans les ateliers, punir les récalcitrants, les paresseux, la mauvaise volonté. Tout cela prouve que les rapports du maître et du noir n'étaient pas toujours agréables.

1847. L'ouverture de la session du conseil colonial est faite par M. le capitaine de vaisseau Layrle, le 17 juin 1847. Il prononce un discours dont on donne l'analyse.

La session a été avancée cette année pour ne pas retarder les travaux agricoles, qui auront de l'importance, par leur abondance, et compenseront la perte de la récolte de l'année dernière. Le bienfait d'une heureuse récolte donne l'espoir que le travail ne sera pas interrompu et que la population y contribuera de bonne volonté dans la mesure de ses forces. Seulement il est à regretter que les navires nationaux, par leur absence des ports de la colonie, ne puissent pas enlever immédiatement les produits.

Le budget des recettes et dépenses de services local contiendra divers projets de décrets dans lesquels figure la subvention accordée à la colonie et qui ne sera appliquée qu'aux travaux. Dans ces travaux, se trouve en première ligne la réédification de quatre des principales églises détruites par le tremblement de terre.

L'établissement d'ateliers de discipline pour les esclaves exige des agrandissements dans les geoles ; c'est un moyen d'ordre des plus puissants. Le gouverneur espère que le concours du conseil ne manquera pas aux mesures proposées dans l'intérêt général.

Le conseil colonial vota tardivement une adresse au gouverneur, car elle porte la date du 1er juillet 1847 ; ce retard avait sa raison d'être dans les attaques faites à la tribune des députés par des orateurs auxquels le conseil colonial voulait répondre. Voici au surplus cette adresse : « Monsieur le gouverneur, Les colonies sont fatalement destinées à subir le contre-coup qui pèse sur la France (1). Elles ne se plaindraient pas de souffrir avec leur mère patrie, si elle leur offrait à son tour la compensation des jours prospères, si elle leur accordait surtout la plus légitime de toutes, celle de ses affections ; il n'en est pas ainsi..... C'est par l'injustice qu'elle répond à leur abnégation.

(1) La France éprouvait une crise alimentaire par manque de grains.

« La Guadeloupe avait pensé qu'il appartenait à son chef de repousser, le premier, l'outrage fait à la colonie ; son espérance a été déçue..... En l'absence d'un témoignage qui n'a pas manqué à une colonie voisine, il est de notre devoir de faire entendre le cri de l'indignation qui s'exhale de tous les cœurs (1).

« Quand les sociétés se révolutionnent, l'antagonisme crée la lutte et amène l'invective : c'est la passion de l'homme contre l'homme ! Mais lorsqu'une puissante métropole veut transformer de faibles colonies, il n'y a pas de lutte..... Pourquoi l'affront ? Pourquoi donc au sein d'une Chambre législative, ces paroles qui sont des offenses, ces accusations qui sont des mensonges ? Quoi, rien de sacré aux colonies de ce qui est sacré partout ailleurs : la moralité publique, le caractère du prêtre, la conscience du magistrat, l'honneur de l'administration !... Une cause qui accuse tout, n'est-elle pas une cause suspecte !

« Ah ! M. le gouverneur, la révolte de la conscience outragée est une prière au ciel ! La Guadeloupe proteste contre de pareilles indignités ; elle proteste contre les délits fabuleux qu'un orateur a été coupable de produire sans en contrôler la source ; elle proteste contre cette facilité à les admettre ; elle

(1) En effet, le gouverneur de la Martinique, dans une session, avait repoussé justement des accusations absurdes produites à la Chambre des députés par des utopistes.

proteste contre le silence de ceux qui, connaissant les colonies, devaient empêcher qu'on ne trompât la Chambre; ils eussent dû repousser cette monstrueuse solidarité dans laquelle on enveloppait toute la société coloniale en lui imposant la souillure de quelques crimes isolés. C'est de leur bouche que devaient sortir ces nobles paroles qui sont venues nous consoler :

« Non ! le sentiment du devoir, comme le sentiment
« de l'humanité, ne sont point de ceux que l'on
« perd en traversant les mers, ou dont on soit privé
« en naissant sur le sol des colonies. »

« Une grande vérité dominait tout, avait tout dominé depuis le rapport de 1839 : consacré par l'exemple de l'Angleterre, proclamé par les ministres, par les commissions, par les Chambres et par la presse, l'indemnité était restée un principe, et c'était sur ce principe que tôt ou tard les colonies devaient sceller leur pacte avec la métropole..... et voilà que l'on conteste l'indemnité ? Il est des mains pour lesquelles tout est chicane, sous lesquelles la propriété publique pourrait bien s'évanouir dans les subtilités d'une abstraction.....

« Placée sous l'égide de la foi nationale, la propriété coloniale, comme la propriété française, est et ne se discute pas. La présenter comme pouvant être la matière d'une conciliation, c'est presque déjà en faire une spoliation.

« Atteints par tant d'injustices et d'humiliation,

les colons résidant en France ont protesté contre elles par la demande de la représentation au sein des Chambres, le conseil est prêt à se joindre à cette initiative, alors même qu'elle devrait s'étendre à des mesures radicales destinées à rapprocher du droit commun de la France, le régime exceptionnel des colonies.

« Les colons n'ont pas défendu l'esclavage par un sentiment d'égoïsme, ce qu'ils ont défendu, c'est le droit en même temps que l'obligation du travail; c'est le bien-être d'une population qui est encore sous sa garde et qu'ils veulent protéger contre les luttes de la misère et les angoisses de la faim.

« La liberté avec le respect des droits acquis, avec l'ordre, le travail, l'aisance, la liberté sans le prolétariat, voilà ce que veulent, voilà ce que demandent les colons. Ils repoussent une législation inquisitoriale, oppressive et avilissante pour le maître, partiale et désarmée à l'égard de l'esclave, sans garantie contre des influences qui n'hésitent pas à faire de la liberté une prime à la délation, au faux témoignage ou un blâme des arrêts de la justice.

Les colons en appellent aux Chambres et au roi. Ils espèrent qu'un règne qui a fondé tant de prospérité ne voudra pas laisser après lui une ruine et une malédiction. »

Après ce discours éloquent et énergique, le gouverneur répond qu'il n'avait pas jugé convenable de faire aucune allusion aux discours prononcés dans l'une des Chambres législatives, parce qu'un fonctionnaire n'a pas à s'occuper dans ses actes officiels des opinions émises au sein des grands pouvoirs de l'Etat, mais que vis-à-vis du département de la marine, il se ferait un devoir de ne pas laisser fausser l'opinion sur le compte de la société coloniale.

Cette argumentation était faible en face de ce qui se passait à la Chambre des députés où l'on voulait méconnaître le droit à l'indemnité relative au rachat des noirs. Dans ce cas, cela devenait une spoliation barbare, indigne; comme si les planteurs avaient créé l'esclavage de par leur autorité. Et voilà comme on égare les esprits en leur présentant des principes faux pour des vérités.

L'esclave sur une habitation de planteur avait été élevé et nourri par le maître, les lois consacraient la propriété de l'homme issu dans cette condition comme la propriété territoriale ; aucun pouvoir ne pouvait donc changer cette situation garantie par le bon sens d'abord et les besoins du travail ensuite. En s'emparant de la terre ou de l'homme, l'Etat doit une indemnité : c'est logique. Mais tout cela devait bientôt finir, et l'on verra par quels moyens le gouvernement de France est arrivé à donner la liberté au noir.

CHAPITRE XVI.

1848. Session extraordinaire du conseil colonial. — Le gouvernement du roi Louis-Philippe est renversé par le parti républicain. — Commission chargée de préparer l'émancipation des noirs. — Le vieux général Ambert excite les habitants à reconnaître le nouveau gouvernement. — Manifestation de jeunes gens. — Troubles à la Pointe-à-Pitre. — Le citoyen Gatine est nommé commissaire général. — On préfère le travail salarié à l'association. — Indemnité due aux colons. — Déclaration du conseil privé sur la situation. — Craintes pour les élections. — Périnon, Schœlcher et Ch. Dain sont élus députés. — Tournée dans l'île du commissaire général. — Rapport à ce sujet. — Le colonel Fiéron est nommé gouverneur. — Sa proclamation. — 1849. Formation du gouvernement républicain en France. — Le contre-amiral Bruat est nommé gouverneur général des Antilles, et le capitaine de vaisseau Fabre remplace le colonel Fiéron. — De l'indemnité due aux propriétaires d'esclaves. — Budget colonial. — Election de deux députés. — Troubles et incendies à ce sujet. — Le gouverneur général se rend sur les lieux. — Schœlcher et Périnon sont élus députés.

1848. Une session oxtraordinaire du conseil coloniale est prescrite par le gouverneur, M. Layrle, pour le 20 janvier 1848.

Il expose dans son discours d'ouverture, l'objet de cette réunion, qui est motivée par le renvoi d'un projet de décret, non approuvé par le ministre de la marine, sur l'application d'une disposition de la loi du 18 juillet 1845, et il profite de cette réunion pour se plaindre de la non exécution de l'ordonnance sur l'instruction élémentaire des jeunes esclaves.

Le conseil colonial répond par une adresse au gouverneur, le 5 février, qu'il n'a pas à s'occuper d'affaires urgentes ou importantes pour le pays, et que la réunion pouvait être renvoyée à une époque plus opportune.

Il fait observer que pour ses actes, il est entré dans une voie qui lui a attiré la sympathie et l'appui d'hommes honorables de la métropole, qui s'occupent de la solution difficile du problème de l'organisation du travail des noirs avec les idées modernes.

Il repousse l'accusation faite au pays de ne pas observer l'ordonnance sur l'instruction élémentaire des jeunes esclaves ; et il repousse aussi l'atteinte portée à la propriété coloniale, qui est la brèche faite au principe de l'indemnité inséparable de l'expropriation.

Le conseil colonial représente que le pays est dans une situation déplorable à cause de la crise financière qui a traversé l'Europe pour venir s'appesantir sur les colonies; et qu'à l'abondance de l'année dernière va succéder une année stérile, à une époque où l'on aurait besoin de grandes ressources pour sortir de l'état de misère qui dure depuis le tremblement de terre de 1843.

Et qu'enfin, au moment où la colonie se trouve frappée de tant de coups, elle a la douleur de voir que l'industrie rivale qui fait, dans la métropole, une si cruelle concurrence à ses produits, grandit et s'étend tous les jours à l'abri d'une position exceptionnelle et privilégiée (1).

A toutes ces plaintes, exposant les misères de l'époque, il était dans la destinée du pays d'en voir surgir bien d'autres par l'effet d'un gouvernement faible et sans prévoyance, essayant de lutter contre un parti hostile et peu dangereux, sans avoir la volonté d'en triompher.

Le gouvernement du roi Louis-Philippe est renversé, le 24 février, par le parti républicain, étonné de son triomphe, et quelques individus sans mandat osent s'emparer du pouvoir pour nommer un gouvernement provisoire composé de Dupont (de l'Eure), Lamartine, Crémieux, Arago, Ledru-Rollin, Garnier-Pagès et Marie.

Le gouvernement républicain est proclamé sur tous les points de la France et le pays entier se trouve livré entre les mains de quelques hommes, qui ne pensaient pas à être appelés à une pareille fortune politique.

Le gouvernement provisoire rend un décret, le 4 mars, dans lequel il déclare que nulle terre française ne peut porter des esclaves, et institue une commission pour préparer l'acte d'émancipation des esclaves dans les colonies françaises. Cette commission est composée des citoyens Schœlcher, président, Mestro, Périnon, Gastine et Gaumont.

(1) La culture de 1 betterave était protégée par une prime.

Le même jour, le ministre de la marine et des colonies, Arago, écrit une lettre circulaire aux gouverneurs des colonies pour leur faire connaître l'existence de cette commission et qu'il prépare un acte d'émancipation en faveur des esclaves.

L'île Bourbon reprend son nom de Réunion, et Fort-Royal de la Martinique celui de Fort-de-France.

Le gouvernement de la république est reconnu dans l'île, le 27 mars. Le maire de la Basse-Terre réunit les citoyens à l'hôtel-de-ville pour leur lire une déclaration dans laquelle il dit : que la royauté a été abolie et la république proclamée à Paris. Une Assemblée nationale donnera bientôt à la France une constitution qui consacrera les grands principes de nos révolution antérieures.

Après cette manifestation, le maire donne l'ordre d'arborer les couleurs nationales qui ont été saluées par d'immenses acclamations et l'artillerie du fort Richepanse.

Le brave et vénérable général Ambert, président du conseil colonial, qui jouit d'une estime méritée parmi les habitants, fit répandre des proclamations ; et le peuple était avide d'écouter une voix qui fut toujours fidèle à la défense de ses droits. Il lui recommande de donner son adhésion au nouveau gouvernement, et que dans peu de temps l'esclavage aura disparu du sol pour faire place à une puissante organisation du travail; que tous les droits, tous les intérêts seraient garantis et respectés.

Cette manifestation eut lieu aux cris mille fois répétés de vive la république, en se répandant dans tous les quartiers de la ville ; puis les habitants rentrèrent dans le calme, l'ordre et le travail, pleins de confiance dans l'avenir du nouveau régime.

La commission chargée de l'abolition de l'esclavage, et présidée par M. Schœlcher, se mit à l'œuvre pour traiter cette question épineuse qui embrassait la transformation de la société coloniale que l'on faisait rentrer dans le droit commun par l'abandon du monopol colonial. On touchait à la propriété, à l'organisation politique, et l'on mettait les colonies au pouvoir de commissaires généraux.

En résumé, c'était une nouvelle organisation sociale et économique que contenait ce rapport dont l'ensemble et les détails sont exposés clairement. Il est suivi d'une série de décrets et d'instructions qui sont tous exécutoires dans les colonies et portent l'approbation du gouvernement provisoire (1).

Le décret instituant la commission précitée, fut publié partout ; le plus grand nombre l'acceptait avec joie, les autres avec résignation. Le gouverneur ajouta que la liberté serait accordée après la récolte pendante; et, jusque-là, il les invitait à attendre

(1) On trouvera à ce sujet un passage étendu sur cette question dans l'histoire de la Martinique à la même année 1848.

avec calme et patience ce grand acte de libération.

On pouvait penser que ce qui s'était passé dans les îles anglaises, le 1ᵉʳ août 1838, jour de la liberté générale, se reproduirait dans les Antilles françaises, c'est-à-dire qu'il y aurait de la joie, de l'émotion parmi les nouveaux libres ; mais qu'il n'y aurait point de désordre grave et que le premier moment passé chacun sentirait le besoin de reprendre ses habitudes d'ordre et de travail.

Il n'en fut point ainsi, des troubles eurent lieu à la Pointe-à-Pitre et aux environs dans le courant du mois d'avril : deux agents de police furent blessés, et l'un le fut si cruellement qu'il mourut des suites de ses blessures. Cependant on parvint à rétablir l'ordre partout, et à faire reprendre le travail interrompu par les noirs ; pour eux, la liberté c'était le droit de faire le bien et le mal.

Le maintien de l'industrie sucrière dépendra aussi, après la libération, des mesures qui seront adoptées par la métropole en vue de protéger la production coloniale. Il restera à la France de décider si ses colonies doivent succomber sous les charges du travail libre.

A l'époque où l'on était arrivé, le nègre n'accepterait rien d'obligatoire, le travail devait être constitué librement, entre les planteurs et les ouvriers. Ce sera une affaire de convention amiable où l'autorité ne peut intervenir sans nuire aux deux parties.

Il faut le dire : les nègres de ce pays n'étaient guère préparés pour la liberté, mais tout s'arrangerait si la production était encouragée par des tarifs rémunérateurs ; dans le cas contraire, si le travail manquait on ne pouvait prévoir que des désordres.

Des arrêtés du ministre de la marine et des colonies, en date des 27 avril et 3 mai, nomment commissaires généraux de la république : à la Guadeloupe, le citoyen Gatine, avocat ; à la Martinique, le citoyen Périnon.

Le commissaire général, Gatine, arriva à la Guadeloupe dans les premiers jours de juin et trouva la colonie tranquille. A cette époque les transactions entre propriétaires et travailleurs s'effectuent assez bien ; mais, contrairement à ce qui se passait à la Martinique, il se fait peu d'associations. Le salaire est préféré à cause de ses résultats immédiats. L'esprit des ateliers est excellent : le nouveau libre n'est pas ennemi du travail comme l'ont toujours soutenu les détracteurs des noirs. Il travaille même avec ardeur, surtout à son jardin, pour faire argent de ses produits qu'il porte au marché ; cependant il y a moins d'activité sur les habitations dont il ne comprend pas encore les avantages.

Mais voici le revers de la médaille : la situation financière et commerciale est déplorable, et si le gouvernement ne paie pas l'indemnité pour aider les propriétaires dans leurs travaux, l'œuvre commencée pourrait bien échouer. C'est pour venir au secours des colons que le gouvernement de la République fit présenter par le ministre de la marine et des colonies, Verninac, un projet de loi à l'Assemblée constituante, le 23 août, portant règlement de l'indemnité montant à 90 millions, payables en dix annuités. En soumettant ce projet de loi à l'Assemblée au moment ou le Trésor public était accablé de charges, on faisait preuve de justice et d'équité envers les colonies (1).

Vers ce temps, un article inséré dans le journal des *Débats*, le 15 juillet, sur la position malheureuse des colonies, donna lieu à une réunion du conseil privé, le 12 août, pour faire une déclaration conçue en ces termes :

« Sans doute l'émancipation, sans indemnité préalable, en comblant les uns de bonheur, a été pour les autres une source de vives souffrances ; mais il n'est pas vrai que les anciens esclaves ne reconnaissent aucune autorité ; il n'est pas vrai que nous soyons exposés à la famine ; il n'est pas vrai surtout que les blancs soient menacés d'extermination. Le travail a diminué, beaucoup diminué ; mais déjà, pourtant, de très bons résultats sont obtenus, la

---

(1) La somme de 90 millions, répartie sur 300 mille esclaves des colonies de Bourbon, de la Guyane, de la Martinique et de la Guadeloupe, donnait 300 francs par tête; l'Angleterre avait donné 250 francs.

récolte pendante est presque achevée, et nous avons confiance que le travail reprendra pleinement quand l'on aura dégrevé les sucres, et lorsque, en payant une juste indemnité, la France aura donné aux ancien maitres le moyen de supporter le fardeau de l'association ou du salariat.

« C'est là tout ce que demande la colonie.

« Ce qu'elle ne veut pas, ce qu'elle repousserait avec unanimité, avec indignation, ce que le conseil privé ne saurait combattre avec trop de force, c'est tout projet, toute proposition qui porterait atteinte à la liberté.

« Décrétée par la République, spontanément proclamée à la Guadeloupe, l'émancipation générale est irrévocablement acquise.

« Jamais les anciens esclaves, jamais les anciens maîtres n'accepteraient un retour au système de l'émancipation graduelle.

« Ont signé les membres du conseil privé : Gatine, commissaire général ; Guillet, ordonnateur ; Liginères, directeur ; Bayle-Mouillar, procureur général, etc., etc. »

Les élections des représentants à l'Assemblée nationale devaient se faire au commencement du mois d'août, conformément aux instructions de la métropole. Mais il était difficile de croire que l'on obtiendrait de la régularité et de la tranquillité d'une population dont la masse était ignorante, ayant des passions et des préjugés contre ses anciens maîtres.

Aussi était-ce un moment de crainte et de danger à passer, que l'application du principe du vote universel dans de pareilles circonstances.

Les candidats qui étaient les plus recommandés par le pouvoir se trouvaient être ceux qui plaisaient le plus aux nouveaux libres par les services qu'ils avaient rendus à leur cause : Périnon, commissaire général de la Martinique, Schœlcher, connu par ses écrits abolitionniste, sous-secrétaire d'Etat de la marine, et Charles Dain, qui avait embrassé le parti des noirs. Tous trois furent acclamés par de fortes majorités. Les suppléants qui vinrent ensuite étaient Louisy-Mathieu et Wallon.

Une lutte très vive eut lieu entre les partis qui se disputaient les suffrages, les anciens créoles et les affranchis. Des protestations furent rédigées par les vaincus.

D'un autre côté, le procureur général crut devoir intervenir en dressant un rapport judiciaire sur l'ensemble des faits pour faire connaître la vérité au ministre de la marine et à l'Assemblée nationale.

Dans ces opérations électorales, quatre communes n'ont pu voter : à la Déniade et à l'Anse-Bertrand, un ouragan terrible a renversé les habitations et détruits les chemins dans la nuit précédant le jour de l'élection ; les citoyens furent retenus chez eux par cet événement.

Dans les communes de Grand-Bourg, et du Vieux-Port les élections furent interrompues par des tumultes. Les anciens colons et les affranchis en vinrent aux mains par suite de dissentiments regrettables.

Par l'effet de ces circonstances dans les quatre communes, les élections ont perdu 1950 votes. Néanmoins l'Assemblée nationale prononça l'admission des élus de la Guadeloupe dans sa séance du 20 octobre 1848.

La commissaire général Gatine, voulant se renseigner exactement sur les effets de l'émancipation, entreprend une tournée dans les lieux où le travail exige la plus grande quantité de bras, et en dressa un rapport, à la date du 8 octobre 1848, qu'il envoya au ministre de la marine. On en donne un extrait qui ne peut manquer d'intéresser le lecteur.

Il a vu que les populations étaient moins agitées qu'auparavant, que les maîtres et les ouvriers commençaient à s'entendre pour les travaux. On peut signaler une reprise dans les exploitations de la Grande-Terre et de Marie-Galande, centres principaux de la culture de la canne à sucre.

Dans cette dernière localité, sur 100 habitations sucrières, il en est un certain nombre qui obtiennent autant de travail que sous l'esclavage, avec la même discipline.

Cependant l'irrégularité est le fait dominant : l'ouvrier libre se pliant difficilement à des obligations régulières, l'exactitude aux heure de travail et l'apport des herbes rencontrent des résistances qu'il faut combattre, même chez ceux qui ne refusent pas de travailler. Sur un certain nombre d'habitations, il y a interruption complète des ateliers ; ce sont celles dont les propriétaires grevés de dettes sont tombés dans le découragement, celles qui ont été données en anti-chrèse à des créanciers placés souvent eux-mêmes dans l'impuissance de subvenir aux frais d'exploitation. Le chômage, là où il existe, est toujours déterminé par des causes spéciales. Ce bilan du travail est à peu près le même partout, et fait apprécier la situation générale de toute la colonie.

On peut dire que la question de l'émancipation est résolue et qu'elle n'a pas anéanti le travail ni la production du sucre ; mais il faudra encore du temps, de l'argent et une surveillance incessante de la part de l'administration pour la maintenir dans une bonne voie.

Quelques jours après cette tournée effectuée par le commissaire général, le colonel Fiéron arrive à la Basse-Terre en qualité de gouverneur pour le remplacer ; il entre en fonctions, le 12 octobre, et publie une proclamation qui fait connaître ses vues aux habitants.

On donne ici les principaux passages de cette pièce pour que le lecteur en juge l'esprit et les tendances.

« En me rendant dans cette colonie, j'ai contracté des devoirs envers la mère-patrie et le ministre de la marine dont la constante sollicitude veille sur vous. J'ai la ferme intention de les remplir et j'ai l'espoir que vous me prêterez votre concours.

« Les institutions de la France reposent désormais sur un principe sacré : liberté, égalité et fraternité.

« Les colonies, filles de la France, ne pourraient avoir un principe différent.

« Chacun de vous l'a bien compris, sans doute, en saluant la République nouvelle de ses vives acclamations.

« Impartiale justice, respect à tous les intérêts, protection aux personnes et à la propriété, union parmi toutes les classes de citoyens, organisation du travail, maintien de l'ordre dans la liberté.

« Tel est le programme.

« Si grande que soit la tâche imposée, mon courage et mon dévouement n'y feront pas défaut ; et lorsque le but sera atteint, lorsque la colonie régénérée reprendra son rang parmi les plus belles possessions des Antilles ; lorsque mieux éclairé sur ses véritables intérêts, chacun aura bien compris que le travail et l'union font la base et la force des sociétés ; lorsque le commerce viendra nous porter en retour de vos riches récoltes les produits de l'industrie et du sol de la métropole, alors la transition sociale qui s'opère aura porté ses fruits, nous partagerons la gloire du succès, et nous saluerons avec un nouvel orgueil le drapeau de la France, qui, dans un sublime élan de sa puissance nationale, a donné à tous la liberté. »

On s'abstient de reproduire la suite de cette proclamation, qui est continuée sur le ton de la recommandation faite à tous les habitants d'être unis, de se livrer au travail et de respecter les lois. On peut dire hardiment que les phrases ne font pas le bonheur des hommes, mais bien l'ordre et le travail, et il était difficile d'amener les noirs à pratiquer ces deux principes.

L'Assemblée constituante avait terminé une constitution pour la France qui établissait la République démocratique une et indivisible, s'appuyant sur les principes de la liberté, de l'égalité et de la fraternité ; elle créait un pouvoir législatif composé d'une Assemblée unique et un pouvoir exécutif à la tête duquel était placé un président élu pour 4 ans. C'était un système de gouvernement qui n'avait rien d'analogue en Europe ni aux Etats-Unis.

La Constituante avait formé un gouverneur régulier offrant des garanties de stabilité et de tranquillité intérieure avec lesquel la liberté et le progrès pouvaient s'exercer librement. Aussi ce système fut-il bien accueilli partout, ainsi que l'élection de Louis-Napoléon Bonaparte à la présidence du pouvoir exécutif, qui se fit avec ordre et dignité. Le général Cavaignac, devant cette manifestation éclatante, quitte le pouvoir exécutif, dont il est le chef, pour rentrer dans la vie privée à la manière antique, c'est-à-dire simplement.

Ces changements produisirent de bons effets à la Guadeloupe, où des démonstrations de satisfaction eurent lieu de toutes parts. On espérait que les affaires pendantes relatives au paiement de l'indemnité des noirs affranchis pourraient s'achever et que les transactions commerciales reprendraient de l'activité.

Le séjour du colonel Fiéron, comme gouverneur, ne fut pas de longue durée. Une nouvelle organisation dans les commandements des Antilles fut adoptée. Un arrêté du Président de la République, du 12 mars 1849, décide que le contre-amiral Bruat sera nommé gouverneur général des Antilles françaises, et que le gouverneur de la Guadeloupe exercera, sous cette direction supérieure, les pouvoirs et attributions déterminées par la législation coloniale. Et, par ce même arrêté, M. Fabre, capitaine de vaisseau, est désigné pour remplacer le colonel Fiéron.

L'Assemblée nationale s'était enfin occupée de

l'indemnité à accorder aux propriétaires dépossédés de leurs esclaves. Par la loi du 30 avril 1849, il est accordé une somme de dix millions de rente cinq pour cent, en exécution des décrets du gouvernement provisoire des 4 mars et 29 avril 1848. La répartition était ainsi faite : pour la Martinique, 1,507,885^f,80 ; pour la Guadeloupe, 1,947,164^f,85. Il était également accordé une indemnité de six millions à payer en numéraires et dans la même proportion.

A cette même époque, on discutait le budget du ministre de la marine et des colonies présenté par M. de Tracy, chargé de ce département. Le rapporteur de la commission était M. Périnon, ancien gouverneur de la Martinique. On demandait l'admission des colonies au droit commun, comme cela avait été arrêté en principe par le gouvernement provisoire, surtout l'application de la loi de conscription pour faire servir en France les jeunes gens de ces pays, qui en prendraient les mœurs et les usages. Cela pouvait s'appliquer aux jeunes gens blancs, mais c'était inadmissible pour les mulâtres et les noirs ; en France, ces hommes auraient souillé la race blanche en produisant des gens de couleur.

En même temps, on a agité la question de savoir si un gouverneur devait avoir le droit de faire embarquer pour la France des fonctionnaires par mesure disciplinaire, ainsi que cela était arrivé plusieurs fois. Il fut décidé que ces pouvoirs n'étaient pas admissibles, et qu'ils étaient contraires à la justice. Mais il est cependant des cas particuliers où le gouverneur doit maintenir son pouvoir et sa dignité. Un employé de l'Etat peut chercher à déverser le mépris sur sa personne, manquer d'égard et de considération ; alors que faire si ce gouverneur ne peut sévir ?

Le ministre de la marine prend l'engagement, devant l'Assemblée nationale, d'avoir égard à ces observations et d'en tenir compte lors de la révision de la législation coloniale.

Le budget du service colonial pour 1849, se montant à 7,685,200 fr., a été voté sans opposition.

La population de la Guadeloupe était tranquille à la fin de mars, le travail s'organisait assez lentement à la campagne, ce qui provenait de la répugnance des nouveaux libres à cultiver la canne à sucre, et de la difficulté que les habitants éprouvaient pour payer régulièrement ceux qui sont employés à la journée. Il était donc à désirer que l'indemnité promise aux propriétaires ne tardât pas à leur être payée pour qu'ils pussent solder régulièrement la journée des travailleurs.

Ce temps de calme ne devait pas tarder à être agité par les élections de deux représentants à l'Assemblée nationale, et devant avoir lieu les 24 et 25 juin, conformément à la nouvelle loi électorale.

MM. Schœlcher et Périnon, qui avaient été élus

l'année dernière, se présentaient de nouveau devant leurs électeurs, près desquels ils jouissaient d'une grande influence. Ils avaient pour concurrents MM. Bissette et Richard, le premier venait d'être nommé représentant à la Martinique, et il est difficile de comprendre pourquoi il ambitionnait une seconde nomination ici ; il eut été plus convenable de sa part d'être modeste pour éviter les troubles que sa présence a fait naître.

Il y eut nécessairement de la part des concurrents des écrits pour informer les habitants de leurs professions de foi, et chaque parti dénigrait l'autre pour des motifs intéressés.

Le gouvernement prit parti pour Bissette, qui se mit à parcourir l'île avec une escorte de gendarmerie et faire de la propagande électorale ; mais les nouveaux libres n'en voulaient à aucun prix et repoussaient ses discours par des huées, leurs votes étaient acquis d'avance aux deux représentants opposés.

A la Grande-Terre, dans les quartiers de Ste-Rose, de Port-Louis, du Lamantin et du Moule, ce malheureux candidat fut repoussé dans sa tournée, et l'objet de deux attaques par des cultivateurs. On avait fait croire à cette masse ignorante qu'il était l'ennemi des noirs et voulait les voir redevenir esclaves, ce qui était faux.

Le gouverneur, M. Fabre, fut obligé de se rendre sur les lieux pour apaiser les esprit par des paroles fermes et conciliantes, et fit arrrêter 17 individus auteurs de ces désordres.

L'agitation se prononça bien autrement encore à Marie-Galande. C'est à la mairie de Grand-Bourg-Campagne que fut le point de départ des troubles de cette petite île.

Le dimanche, 24 juin, jour de l'ouverture du scrutin, tout se passa tranquillement. Le lendemain la plupart des électeurs, qui avaient voté la veille, se rendirent de nouveau à la réunion électorale. Ceux qui n'avaient pas encore voté déclarèrent qu'ils ne déposeraient leurs bulletins dans l'urne qu'à l'arrivée de leur chef, nommé Germain. A son arrivée il parcourt les groupes d'électeurs déchirant les bulle- qui ne lui convenaient pas et en délivrait d'autres. Sur la dénonciation de ces manœuvres le maire ordonne l'arrestation de cet individu.

Les hommes de couleur, furieux, demandent avec menaces qu'on délivre le prisonnier, l'autorité refuse et le fait conduire au Grand-Bourg sous escorte de de la gendarmerie, qui fut obligée de charger pour se livrer passage. Une heure après ces scènes, la mairie était entourée par la foule, armée de lances et de coutelas, proférant des paroles menaçantes et résistant aux sommations (1).

Le maire n'ayant à sa disposition qu'une trentaine

(1) Les lances étaient des perches pointues à une extrémité, le coutelas se porte habituellement par les travailleurs des champs.

d'hommes, et craignant pour sa famille, prit la résolution de se rendre au Grand-Bourg pour la mettre à l'abri de ces furieux, il la fit placer sur des charrettes rassemblées à la hâte, et il partit entouré de ses conseillers. Il fallait se faire jour en traversant une foule compacte et furieuse ; le capitaine de milice essaya la persuasion : « Mes amis, retirez-vous, donnez passage à ces femmes et à ces enfants qui ont peur ! » Des cris féroces répondirent à son exhortation et une grêle de projectiles de toutes sortes assaillit le détachement. Dans cette position délicate et critique, le capitaine commanda feu à sa troupe, et trois insurgés tombent sur le sol, les autres effrayés par la décharge se dispersent vivement dans toutes les directions.

Le malheureux cortège put se mettre en route et atteindre le morne Tartanson où il fut attaqué de nouveau avec des pierres et des coups de feu par 7 à 800 individus ; obligé de s'arrêter pour repousser cette attaque, il fut chargé en queue par ceux qui suivaient. Le maire, à bout de modération et de moyens, fit les sommations légales pour disperser ces hommes égarés par la colère, ils n'obéirent point ; alors une charge à la baïonnette déblaya la route une seconde fois, la marche ne fut plus interrompue jusqu'à la ville.

Le commandant de Marie-Galande, informé de ce qui se passait, avait fait descendre les marins du brick de l'Etat le *Cigne*, et pris des dispositions pour défendre le Grand-Bourg. Les révoltés voyant qu'ils ne pourraient entrer en ville se répandirent dans la campagne pour se livrer à l'incendie, au pillage et à la dévastation.

Le résultat de ces agressions a été que la troupe a eu dans ses rangs plusieurs blessés; que les hommes de couleur eurent plusieurs morts et des blessés, et que trois d'entre eux, qui voulaient les détourner de cette horrible conduite, furent assassinés comme étant des traîtres.

Le premier acte d'incendie se passa à Grand-Bourg-Campagne ; la mairie fut réduite en cendres, tout fut brûlé : bâtiments, mobiliers et archives. La nuit du 25 au 26 juin fut éclairée par la lueur de plusieurs habitations auxquelles on avait mis le feu. Il a été constaté qu'il y a eu pillage de onze habitations; dans cinq autres, il y a eu dévastation. Enfin dix-neuf habitations ont été livrées aux flammes avec leurs dépendances, telles que moulins à sucre et cases à bagasse. Malheureusement ces hommes égarés par une rage folle se ruèrent sur les champs de cannes, qui brûlent si facilement, et en détruisirent de grandes surfaces.

Voilà les effets déplorables produits par des excitations anarchiques, du soulèvement des passions mauvaises. Ces actes étaient concertés dans le but coupable d'intimider les gens paisibles, les propriétaires ; et c'étaient des fanatiques d'égalité sociale impossible qui poussaient une population encore abrutie à de pareils crimes. On se servait des noms de MM. Schœlcher et Périnon, en disant aux noirs de voter pour eux s'ils voulaient rester libres, et qu'au contraire ils redeviendraient esclaves en votant pour d'autres candidats. On allait même jusqu'à leur promettre de l'argent et des terres.

Un parti, quelles que soient ses opinions, est bien coupable d'employer de semblables moyens. Pour de bonnes élections, il faut qu'il y ait liberté entière, liberté d'esprit et liberté de situation, tandis qu'ici c'était des scènes de sauvages.

Le gouverneur général Bruat accourt de la Martinique sur le vapeur l'*Élan,* se rend d'abord à la Pointe-à-Pitre, et de là à Marie-Galande avec le gouverneur Fabre et le procureur général ; ils étaient accompagnés d'un renfort de troupe venant de Fort-de-France. La présence des autorités eut une influence morale sur les habitants, les bons se rassurèrent et les mauvais tremblèrent à leur tour.

La direction donnée aux forces en imposa aux brigands, les incendies cessèrent et le désordre général eut enfin un terme. La justice fut immédiatement saisie de cette affaire pour rechercher et arrêter les auteurs des crimes commis. Il y eut dans cette grave affaire 67 accusés, l'information fut poursuivie à Marie-Galande, par le parquet de la Basse-Terre, sous la direction d'un conseiller.

Il a été fâcheux que les élections de la Martinique et de la Guadeloupe n'eussent pas été faites en même temps, et que le voyage de Bissette soit venu compliquer cette situation ; mais on ne peut dire cependant qu'il a été le provocateur moral des désordres matériels survenus sur plusieurs points de l'île.

Le gouverneur général, avant de partir, fit publier, le 27 juin, une proclamation dans laquelle il reproche aux révoltés la dévastation, l'incendie et l'assassinat au lieu d'une lutte paisible devant s'accomplir sous la protection des lois.

Le résultat des élections fut favorable à MM. Schœlcher et Périnon, qui étaient restés à Paris pendant les opérations ; cet éloignement n'empêcha pas leur influence d'agiter ces populations et de leur procurer une belle majorité ; car sur 18,438 électeurs, Schœlcher eut 14,098 votes et Périnon 14,093. Leurs deux concurrents, Bissette et Richard, n'obtinrent qu'une faible minorité, le premier 4,220 votes et le second 4,214. Mais il y eut dix-sept protestations contre ces élections qui furent envoyées à l'Assemblée nationale, où un rapport long et détaillé fut fait par une commission qui proposa l'annulation, laquelle a été prononcée, le 18 octobre 1849.

La récolte de cette année, qui a été plantée sous le régime de l'esclavage, peut faire juger de l'intensité de la crise, elle était descendue à une production de 17 millions de kilogrammes. L'année précédente la récolte avait donné 20 millions de kilogrammes.

Comme résultat, tous ces actes relatifs aux élections étaient faciles à prévoir par les éléments mis en jeu : comment, en accorde le droit de souveraineté à des hommes dégradés par l'esclavage, des hommes sans jugement ni conscience ? Il faut vraiment que les auteurs de ce système égalitaire ait été poussé par la fantaisie de l'émancipation de 1794 qui nous fit perdre St-Domingue, l'une des plus riches colonies d'Amérique, et qui nous fera perdre la Martinique et la Guadeloupe, si on n'y prend garde.

En principe, les changements radicaux ne produisent que de mauvais effets, parce qu'ils changent l'esprit des populations, qui finissent par souffrir matériellement des événements qui surviennent ; la preuve en est dans les crises terribles subies en 1793, 1830, 1848, et dans celle de 1870 qui dure encore. Sans doute une société ne peut rester immuable, elle a besoin de se modifier, de réformer ce qui n'est plus en harmonie avec le temps présent ; mais il faut éviter de bouleverser les institutions de parti pris et de trouver mauvais ce qui est bon.

CHAPITRE XVII.

1850. Occupations des noirs libres. — Tournée du gouverneur pour étudier la situation. — Démonstration en faveur de 67 accusés. — Les trois journaux de la colonie excitent au désordre. — Incendie à la Pointe-à-Pitre. — Le gouverneur Fiéron se rend dans cette ville. — Il fait appel à la conciliation. — Un journaliste refuse d'entrer dans cette voie. — 1851. La question des sucres et des banques à l'Assemblée nationale. — Loi organique du 30 juin sur les attributions des diverses autorités — Le capitaine de vaisseau Aubry-Bailleul est nommé gouverneur. — Appréciation sur les effets de la libération des noirs. — 1852. Coups d'Etat du 2 décembre. — Décret du 13 février sur l'immigration. — La presse est réglementée de nouveau. — Ouragan du 22 septembre. — Les ouvriers noirs sont tenus d'avoir des livrets. — La fièvre jaune. — De la récolte.

1850. Au commencement de l'année on remarque que le nombre des plantations augmente chaque jour ; on espère que la récolte sera égale au moins à celle d'une année sous l'esclavage.

L'activité des noirs s'était d'abord portée vers la culture des vivres, cela devait être : devenus libres, ils donnèrent à ces travaux tout le temps consacré à la culture de la canne. D'ailleurs, les maîtres étaient incapables de rémunérer leurs services, tandis que la petite culture leur assurait des bénéfices immédiats. Mais l'abondance des vivres en fit baisser les prix, et ne permit plus de tirer un bon parti de cette industrie sans débouché ; et aujourd'hui les affranchis reviennent à la grande culture qui peut seule assurer leur bien-être par une rétribution suffisante.

A la suite d'une tournée faite par le colonel Fiéron, gouverneur, il rend compte, le 24 janvier, que les anciens cultivateurs sont presque tous rentrés sur leurs habitations qu'ils avaient abandonnées au moment de l'émancipation, il en résulte qu'ils sont aujourd'hui dans des rapports convenables avec les propriétaires.

On cultive soit avec le système de l'association, soit sous le régime du salariat. On cherche à initier les noirs au mode de colonage partiaire qui laisse l'homme plus libre dans ses travaux, et lui donne en même temps la perspective d'une rémunération plus satisfaisante. Ils se livrent à ce genre de travail volontiers et sont fiers de montrer la beauté de leurs produits. Cela prouve leur attachement au sol et l'union entre le maître et le cultivateur qui sont des garanties d'ordre et de moralité !

Il y avait avant l'émancipation 20,971 travailleurs, le nombre est aujourd'hui de 19,465, ce qui fait une diminution de 1,506.

Le gouvernement a de son côté compris qu'il importait d'améliorer la fabrication du sucre, et d'expérimenter les précédés préconisés par plusieurs personnes. Les perfectionnements industriels serviront à compenser les pertes de bras qui fonctionnaient sous l'esclavage. Tout ce qui abrège le travail mérite une attention particulière de la part des hommes ; car on peut utiliser autrement la différence de force avec avantage.

Dans ce pays, où les esprits s'agitent et s'irritent aussi facilement que les eaux de la mer, où la haine les exaspère et les égare, il est difficile de faire de la conciliation entre les hommes qui ont une couleur de peau différente. Les dernières élections avaient divisé profondément les gens de couleur et les blancs. Ces deux castes s'étudiaient, s'observaient, comme des ennemis irréconciliables, prêts à en venir aux mains.

On se souvient que les accusés de Marie-Galande avaient été amenés à la Basse-Terre pour être jugés au nombre de 67, qui se composaient en grande parti de noirs.

Pendant le procès, ceux qui étaient de leur parti crurent devoir influencer les autorités par des démonstrations hostiles ; des groupes d'individus se portèrent la nuit à l'hôtel du gouvernement, devant la demeure du président de la cour et devant le quartier de la gendarmerie en cherchant à intimider la population tranquille.

Le colonel Fiéron, gouverneur, prévient les habitants par une proclamation, du 7 avril, de cesser ces réunions clandestines dont le but était connu et qui jetaient l'inquiétude dans la ville. Puis il fit dissoudre plusieurs conseils municipaux, notamment celui de la ville à l'esprit peu conciliant ; ils furent remplacés par des commissions municipales composées de quatre membres, dont deux étaient pris dans la classe dite de couleur.

Ces mesures permirent au procès en question de s'achever sans que la tranquillité fut troublée davantage.

Le procureur général prononça un réquisitoire ferme et digne dans cette grave affaire, dont les paroles produisirent une sensation profonde sur les gens du pays.

Mais la tranquillité ne pouvait continuer à exister longtemps avec une presse extrêmement ardente dans ses attaques, ayant une grande influence sur des têtes promptes à se volcaniser, et dans lesquelles le manque d'instruction ne permettait pas d'estimer à leur juste valeur les regrets d'un régime passé ou les espérances chimériques de l'avenir. Les trois journaux du pays, rendus brusquement à la liberté, au lieu de prêcher la concorde entre les partis, servaient leurs passions en se livrant à des écarts regrettables.

La situation troublée dans laquelle on vivait depuis quelque temps, avait fait naître du mécontentement chez des gens qui préféraient la ruine et le désordre que l'abandon de leurs sentiments hostiles, en voici la preuve.

Le dimanche 12 mai, à 7 heures 1/2 du soir, un violent incendie éclate à la Pointe-à-Pitre dans le quartier de la nouvelle ville ; le feu s'est rapidement propagé et a consumé 60 maisons.

A la première nouvelle de ce sinistre, le gouverneur accourt de la Basse-Terre pour se rendre compte de la situation. Des mesures furent immédiatement prises pour venir au secours des malheureux sans asile et sans pain. Puis, par une proclamation, il informe les habitants qu'il est au milieu d'eux, le cœur profondément ému à la vue d'un si grand malheur et de leur courage pour le conjurer.

Dans la nuit du 18 au 19 mai, un second incendie commence précisément au point où finissait le premier ; il fut moins désastreux, parce que les secours furent plus prompts et le temps plus calme. Cinq grandes maisons furent brûlées, une malheureuse femme noire, de 75 ans, y trouva la mort. D'autres tentatives eurent encore lieu, mais heureusement sans succès.

L'enquête faite à ce sujet a constaté qu'il y avait 70 maisons détruites par les flammes et pour 1,500,000 francs de pertes en immeubles, meubles et marchandises.

Le conseil municipal, le maire et les habitants n'hésitaient pas à attribuer ces désastres à la malveillance, et ils demandaient un prompt remède à l'affreuse situation dans laquelle ils se trouvaient.

Le gouverneur prit un arrêté par lequel la ville de la Pointe-à-Pitre et son arrondissement étaient mis en état de siège.

En même temps, il crut devoir suspendre la publication des trois journaux de la colonie, en ce qui concernait les articles politiques, sans distinction d'opinion ou de couleur, et il fit interné l'un des rédacteurs à l'île Saint-Martin, comme étant un agitateur dangereux.

Toutes ces mesures d'ordre et de sécurité furent approuvées par le gouverneur général résidant à la Martinique, attendu qu'il y avait péril imminent en même temps que sinistre réalisé.

Cette situation exceptionnelle était nécessaire pour rassurer les populations contre la malveillance des gens qui ne reculent pas devant le crime pour satisfaire leur haine; c'était la conspiration du feu, de la barbarie contre la civilisation.

L'Assemblée nationale, dans sa séance du 12 juillet 1850, flétri la conduite de ses conspirateurs d'un nouveau genre, en adoptant un projet de loi présenté par le gouvernement, et par lequel l'état de siège est appliqué à l'île entière.

Au mois de juillet, on se ressentait encore des agitations passées ; les travaux reprenaient difficilement leur activité, et les affaires commerciales étaient entièrement nulles. Le gouverneur, justement alarmé des troubles incessants qui paralysaient toutes les affaires coloniales, se rend à la Pointe-à-Pitre, le 8 août, si riche et si active autrefois, et aujourd'hui si triste et si abandonnée, pour tâcher de rétablir l'ordre et la confiance.

A son arrivée, il fit une proclamation ayant pour but de rassurer les esprits et leur faire un appel sur le terrain de la concorde et de la conciliation. Puis, continuant ses répressions contre les combats singuliers qui étaient devenus nombreux, il fit mettre en surveillance dans deux parties de l'île opposées, les deux derniers adversaires d'un duel.

Ensuite, voulant mettre en pratique ce qu'il prêchait de cœur, il fit venir les rédacteurs des trois journaux de la ville pour les engager à rentrer dans un mode de discussion plus modéré. Ceux qui dirigeaient l'*Avenir* et le *Progrès* consentirent volontiers à cette proposition ; mais celui qui était à la tête du *Commercial* déclara vouloir persister dans ses attaques contre la classe de couleur. Il était fâcheux de voir un journaliste persévérer dans une ligne de conduite blâmable, et pouvant entretenir l'agitation morale dans une population qui prend au sérieux des articles de journaux.

Cependant vers la fin du mois d'octobre la tranquillité et l'ordre étaient rétablis. Après l'orage, le calme était revenu ; la houle populaire, agitée par les passions de la haine et de la vengeance, s'était apaisée. Le travail était aussi actif qu'il était permis de le désirer. L'état de siège a été le moyen efficace de ramener au devoir et à la raison une population égarée, et il fallait reconnaître que le pouvoir ne s'en était servi qu'avec modération. Les agitateurs seuls étaient surveillés dans leurs œuvres, et les cultivateurs, rendus à eux-mêmes, à leurs travaux et à leurs familles, rentraient dans la jouissance du bien-être que le travail assure (1).

Pour consolider la situation, une loi sur la presse avait été votée par l'Assemblée nationale, elle mettait dans les mains des tribunaux les moyens nécessaires pour raffermir l'ordre ébranlé par des prédications dangereuses.

Il y a eu cette année des questions importantes traitées à l'Assemblée nationale et par le pouvoir exécutif concernant les colonies. Au premier rang, il faut placer celle des sucres qui fut vivement discutée par les partisans de la production indigène et par ceux de la production coloniale : Schœlcher, Périnon et Joannet, payèrent bravement de leurs personnes à la tribune pour soutenir, par la parole, les intérêts coloniaux.

Jusqu'ici on avait imposé les sucres suivant une estimation de qualité un peu arbitraire, il fut décidé que ce serait la richesse saccharine (2), contenue

---

(1) L'état de crise a eu une grande influence sur la récolte du sucre qui est tombée à 13,000,000 de kilog.

(2) *Saccharum*, qui contient du sucre, plante saccharine.

dans chaque espèce, qui servirait à l'avenir de base pour déterminer le droit à payer, et une échelle graduée était imaginée pour en apprécier la valeur. Ainsi le sucre indigène était coté 95 degrés, le sucre colonial et le sucre étranger étaient cotés 90 degrés.

Les droits à acquitter étaient ainsi fixés :

« Pour 100 kilogrammes de sucre pur, 50 francs.

« Le sucre colonial acquittera pendant quatre ans, à partir de la promulgation de la loi, 6 fr. de moins par 100 kilogrammes que le sucre indigène.

« Le sucre étranger acquittera 11 francs de plus par 100 kilogrammes que le sucre indigène. »

Après cette importante loi, l'Assemblée nationale s'est occupée des banques coloniales pour remanier leur organisation et augmenter leur capital, en autorisant la création de billets au porteur. Il leur fut donné encore d'autres avantages devant favoriser les opérations financières avec le commerce et l'agriculture.

Pour satisfaire à la constitution de 1848, une loi organique pour les colonies était nécessaire, elle fut vôtée dans cette session et promulguée le 30 juin 1851.

Elle contenait ce qui convenait aux attributions du pouvoir de la métropole, dans la formation des lois; elle assurait aux gouverneurs des pouvoirs étendus, aux communes une organisation municipale ; un conseil général était formé dans chaque colonie pour traiter des intérêts généraux et particuliers ; elle réglait les dépenses générales et particulières de chaque colonie.

Telle est en substance cette loi qui règle la marche du gouvernement et de l'administration sous la République. On fait la remarque qu'elle ressemble à l'ordonnance de 1825 par la création d'un conseil général, d'un conseil privé et de conseils municipaux ; mais la base en est bien plus libérale, puisque l'élection y joue un certain rôle, ce qui n'avait pas lieu avec l'ordonnance de 1825.

Le brave colonel Fiéron avait été gouverneur une première fois en 1848, c'est-à-dire dans un moment fort difficile, et une seconde fois en 1849, plus difficile encore ; car la Guadeloupe était à cette époque bouleversée par les menées démagogiques, les ravages du feu, du pillage, et, par suite, le vagabondage et la misère. Cependant la population égarée revenait peu à peu à de meilleurs sentiments, grâce à la sagesse et à la fermeté de ce gouverneur, qui eut à lutter pendant trois années contre le désordre moral et matériel.

Le ministre de la marine jugea utile de le remplacer, et par un décret du Président de la République, en date du 15 septembre 1851, M. Aubry-Bailleul, capitaine de vaisseau, est nommé gouverneur de la Guadeloupe.

L'expérience de l'émancipation a été ruineuse

pour les îles anglaises comme pour les nôtres ; elles sont tombées à un degré plus ou moins grand de misère, excepté la Barbade, qui se trouve dans des conditions excellentes de culture. Mais les autres îles Anglaises se débattent dans des difficultés produites par le manque de bras ; elles sont forcées de tirer de l'Inde et des côtes d'Afrique des travailleurs qui coûtent 17 livres par tête, soit 425 francs pour le passage, tous frais compris. On espère par ce moyen exciter l'émulation des noirs qui ont toujours préféré vivre à leur guise dans les bois que de travailler. On voit de tous côtés des habitations abandonnées par leurs propriétaires et envahies par une végétation parasite, le salaire y est monté à un prix exagéré d'une gourde par jour.

Ici, on est revenu à des idées plus raisonnables, le travail s'est réveillé un peu partout, et a repris cette année dans une progression ascendante (1); mais le plus grand fléau du propriétaire et du travailleur, c'est l'amour de celui-ci pour le vagabondage qui le conduit à la misère, à la maladie et à la mort, en privant celui-là des bras nécessaires à son exploitation.

Le salaire journalier du travailleur noir a prévalu, il est en général de un franc par jour, indépendamment du droit à l'habitation et à la jouissance

(1) La reprise du travail a donné pour 1851 plus de 20,000,000 de kilog. de sucre.

d'un jardin qu'il cultive à son gré et dont il vend le produit. La journée du contre-maître de 2 fr. 50. Après ce système de culture vient celui du colonage partiaire, qui est moins profitable aux deux parties. Le propriétaire fournit la terre, le noir la cultive et livre la canne, puis le produit brut se partage par tiers, c'est-à-dire que le travailleur reçoit un tiers du poids et les deux autres sont pour le planteur. Cette manière d'exploiter les terres est ruineuse. Le travailleur négligeant ne livre que des produits mal cultivés, un roseau sec et rabougri ; et lorsqu'on le porte à l'usine pour le passer au cylindre, il rend moins de parties sucrées.

Le clergé de chacune de nos colonies avait pour chef spirituel un préfet apostolique ; sur la demande du gouvernement français, le pape a érigé en siéges épiscopaux les villes de la Basse-Terre et de Fort-de-France, en leur assignant à chacune pour circonscription diocésaine l'île dont ces villes sont le chef-lieux. A la Guadeloupe c'est monseigneur Lacarrière qui est nommé à la dignité d'Evêque.

1852. La république existait depuis moins de quatre ans et l'on paraissait être en France déjà fatigué de ce système de gouvernement, qui en vaut cependant bien un autre quand il est dans des mains honnêtes. Le pouvoir législatif semblait se défier du prince Président qui était chargé du pouvoir exécutif ; l'un suspectait l'autre dans les actes et les intentions. Il aurait fallu une entente continuelle entre les partis ; mais, par malheur, les partis sont plus entêtés que raisonnables, chacun cherche à triompher sur ses adversaires.

Le prince Président entendait bien se placer au-dessus d'eux quand l'occasion s'en présenterait ; car, par caractère et par tradition, il n'était rien moins que républicain, il se regardait comme étant l'héritier de Napoléon Ier par l'effet de sa naissance et du pouvoir que le suffrage universel lui avait donné. Et le 2 décembre vit changer l'ordre politique par un coup d'Etat. L'Assemblée nationale est dissoute, l'état de siège est décrété dans une partie de la France et un appel est fait au peuple pour approuver cette nouvelle forme de gouvernement. Le prince Président est réélu pour dix ans, un Sénat et un corps législatif sont institués.

Dans les colonies, ces changements sont bien accueillis par les habitants. On a l'espoir de voir revenir la paix et le travail féconder l'île ; aussi les adhésions au nouvel ordre de choses arrivent de tous côtés pour accepter les changements politiques qui venaient de s'accomplir en France.

L'Etat voulant faire appel aux travailleurs du dehors pour établir une concurrence utile à la main-d'œuvre agricole, et contribuer à réhabiliter le travail de la terre trop méprisé par les nouveaux affranchis, au point de préférer la culture du jardin, la pêche ou le vagabondage, fait préparer par le conseil colonial et le conseil d'Etat, un décret, à la date du 13 février 1852, sur l'immigration, qui jusqu'à ce jour était restée presque nulle.

Les fonds de la métropole et ceux du service colonial devaient concourir aux dépenses des immigrants et à leur rapatriement. L'engagement devait être au moins d'un an. Des dispositions de police et de sûreté étaient déterminées contre ceux qui contreviendraient au bon ordre, au travail et qui manqueraient aux conventions passées entre propriétaires et travailleurs.

La presse coloniale est réglementée de nouveau par le décret du 20 février 1852. On rapporte ici l'article principal concernant la surveillance à exercer par les gouverneurs :

« Le gouverneur surveille l'usage de la presse, commissionne l'imprimeur, donne l'autorisation de publier les journaux, et les révoque en cas d'abus.

« Aucun écrit autre que les jugements, arrêts et actes publiés par l'autorité de justice ne peut être imprimé sans sa permission. »

Un autre décret, du 27 mars 1852, vient compléter celui des immigrations, relaté plus haut, en déterminant les règles suivant lesquelles auront lieu pour les immigrants, les engagements, le transport, la nourriture à bord des bâtiments, le séjour dans les colonies et le rapatriement (1).

On était en plein hivernage, époque où la nature est troublée par les tempêtes, la violence des vents sur terre et sur mer. Un ouragan éclate dans la région de la Guadeloupe et tombe principalement sur la ville de la Pointe-à-Pitre et ses environs, le 22 septembre. Il commence vers 10 heures du matin et s'acharne sur cette malheureuse ville qui renaissait de ses cendres. Les dégâts ont été exclusivement matériels et aussi considérables que si la tourmente s'était déclarée pendant la nuit. Ils ont porté principalement sur l'hôpital militaire, les églises, et quelques maisons particulières.

La place de la victoire a eu ses ombrages frais enlevés, les arbres ont été dépouillés de leurs feuilles, et ressemblaient à ceux de l'hiver en France, c'était d'un aspect attristant.

La circulation a été interrompue par l'effet des arbres et des matériaux tombés dans les rues ; il y avait péril à circuler.

Les navires en rade ont été obligés de prendre le large pour éviter l'échouage. Des bateaux, des barques et des embarcations ont péri, ou ont échoué près du port.

(1) Le capitaine Blanc devint concessionnaire d'un traité pour l'introduction de 4,000 Indiens aux colonies d'Amérique, le 27 mars 1852.

Le coup de vent a peu sévi sur la Basse-Terre, mais on a craint pour les récoltes des caféiers, qui sont situés sur les hauteurs. Le Moule, Port-Louis, Les Abymes, les Lamantins et quelques habitations ont été atteints par le fléau. En général, les dégâts ont été considérables.

Le commandant de place a fait publier une proclamation pour engager les habitants à montrer de l'énergie, du courage, et à se mettre au travail pour réparer immédiatement les désordres causés par la bourrasque.

Mais quittons ce sujet affligeant pour parler d'une mesure utile.

Un décret du Président de la République, du 4 septembre, statue que les gouverneurs prendront les mesures nécessaires pour l'application du régime des livrets institués pour les ouvriers, conformément au décret du 13 février 1852.

L'opération de la remise des livrets aux cultivateurs de couleur, s'est faite avec le plus grand ordre, et de la manière la plus satisfaisante. Ce moyen de constater l'identité et le travail du noir produira un excellent effet; il verra qu'on le traite comme un ouvrier blanc, ses sentiments d'égalité et de vanité en seront satisfaits.

Cette année, la population a eu à souffrir de la fièvre jaune qui a fait beaucoup de victimes ; comme toujours, c'est pendant la saison de l'hivernage qu'elle a exercé le plus de ravages. Vers la fin de l'année, la maladie avait complètement disparu pour faire place à un état sanitaire satisfaisant.

Malgré les encouragements donnés par l'Etat et les planteurs à la classe ouvrière, l'état de malaise du pays, dû à l'insouciance, exerce une influence sur la récolte de cette année, qui est descendue à 17,734,000 kilogrammes de sucre, produit inférieur à 1851 de plus de 2,000,000 de kilogrammes.

CHAPITRE XVIII.

1853. L'empire succède à la république. — Tournée du gouverneur dans l'île. — Récompenses accordées aux cultivateurs. — Monseigneur Forcade est nommé évêque de la Guadeloupe. — Le capitaine de vaisseau Bonfils est nommé gouverneur. — 1854. Arrivée du nouveau gouverneur, sa proclamation. — Réorganisation de l'administration de la justice. — Situation de la banque. — Session du conseil général. — Mention des décrets et d'un sénatus-consulte concernant les colonies. — 1855. Epoque de calme. — Encouragements donnés aux cultures. — Décret sur le cours légal des monnaies étrangères. — 1856. Les marins des colonies assujettis à l'inscription maritime. — Marie-Galande reçoit un commandant militaire particulier. — 1857. Session du conseil général et témoignage de sympathie donné au gouverneur. — 1858. Des immigrants d'Afrique, de l'Inde et de Madère. — Création du ministère de l'Algérie et des colonies. — Vente de coton au Havre. — 1859. Le capitaine Touchard est nommé gouverneur. — Le colonel Frébault le remplace. — 1860. Curage du Port de la Pointe-à-Pitre. — Sécheresse produite par une chaleur exceptionnelle. — Appréciation sur la transformation des travailleurs. — Personnages remarquables de la Guadeloupe.

1853. A la Guadeloupe, on a appris en janvier avec une vive satisfaction l'élévation du prince Président au trône impérial. Des adresses ont été rédigées par les autorités et les conseillers municipaux pour être transmises au chef de l'État comme témoignage de respect et de dévouement qui animent la population et pour leur entière confiance dans l'avenir.

Le gouverneur Aubry-Bailleul, voulant se rendre compte de la situation morale et matérielle du pays, entreprend une tournée dans l'île en janvier et février, qui dura 21 jours. Il s'est principalement attaché à visiter la partie dite Sous-le-Vent, qui contient les quartiers les plus importants sous le rapport de la population et de la culture.

Il a été accueilli partout où il s'est présenté avec le sentiment d'une respectueuse s'ympathie et une grande prévenance de la part des planteurs. Des cultivateurs de couleur avaient été désignés par les autorités locales de Saint-Anne et de Goyave pour leurs travaux et leurs bonne conduite, on profite de son passage pour leur délivrer des médailles. Une cultivatrice de couleur, de la baie Mahault, a reçu le même honneur. Le directeur de l'intérieur a eu de son côté 24 médailles à donner à des travailleurs de tous genres, tels que charpentiers, maçons, gardes-champêtres et patrons de bateau.

Cette distribution de récompenses bien méritées se faisait soit à la porte des églises, en présence du clergé, soit sur les principales places des chefs-lieux de commune, en présence de miliciens rassemblés pour recevoir le gouverneur, et au milieu d'un grand concours d'habitants de tous rangs. L'éclat donné à ces distributions de médailles influençait non-seulement ceux qui en était l'objet, mais aussi les insouciants, les rebelles du travail qui préféraient vivre à l'écart misérablement, plutôt que de se soumettre à un maître quelconque ; heureusement, c'était le petit nombre.

Cependant l'on a pu constater avec satisfaction le retour à l'ordre, aux occupations et la bonne harmonie dans les rapports entre patrons et ouvriers. La législation nouvelle des livrets a été acceptée partout comme un bienfait. Des habitations naguère ruinées par la désertion et le chômage se sont relevées sous l'influence de la bonne volonté et du travail.

Par cet excellent moyen employé à récompenser de braves gens, on a rehaussé ce qui avait été avili jusqu'ici : c'est le travail manuel, indispensable à toute société, et qui convient à des âmes simples et tranquilles (1).

De nouvelles récompenses ont été promises pour encourager l'établissement de comices ruraux dans l'intérêt des cultures, de l'amélioration de la fabrication du sucre, de l'immigration des ouvriers et le rétablissement du crédit agricole. Les capitaux étant indispensables pour féconder l'agriculture.

Par décret en date du 6 avril 1853, l'Empereur a nommé évêque de la Basse-Terre, monseigneur Forcade, évêque de Samos, in partibus, en remplacement de Monseigneur Lacarrière, dont la démission

---

(1) On juge ordinairement la prospérité de cette île par le résultat des récoltes en sucre : l'année a été peu favorable, le rendement a été de 14,804,000 kilogrammes.

est acceptée, et qui est nommé chanoine au chapitre de Saint-Denis.

M. le gouverneur Aubry-Bailleul ayant demandé à rentrer en France, il est remplacé dans ses fonctions par M. Bonfils, capitaine de vaisseau, par décret du 30 septembre 1853.

1854. Le nouveau gouverneur étant arrivé à la Basse-Terre, le 13 janvier. a été installé dans ses fonctions. Il publie à cette occasion la proclamation suivante :

« Habitants de la Guadeloupe, S. M. l'Empereur a daigné me confier le gouvernement de votre belle colonie ; j'arrive au milieu de vous le cœur plein d'espérance et de dévouement.

« Je sais combien vous avez souffert, combien vous souffrez encore ; j'ai foi dans un avenir meilleur. Nous reviendrons au bonheur par le courage, par la moralité, par le travail ; nous demanderons à la religion ses consolations pour les douleurs passées, ses bénédictions dans le présent. Notre but sera la prospérité et la concorde, notre politique le respect aux lois et au souverain.

« Accordez-moi votre confiance, elle m'est nécessaire dans le bien que je veux faire ; vous trouverez en moi le chef ami des hommes utiles et moraux, le protecteur vigilant du travailleur.

« Mon administration sera l'expression de mon amour pour le pays, ma vie sera consacrée à l'accomplissement de mes devoirs. Mes devoirs sont tous renfermés dans la justice, j'entends l'application constante, impartiale et sévère des principes protecteurs de la société. »

En même temps a eu lieu l'installation à la Basse-Terre de monseigneur Forcade, évêque, arrivé sur le même bâtiment qui portait le gouverneur.

Dans ces deux cérémonies d'installation, la population de la ville et des environs s'est montrée pleine de sympathie pour les arrivants et de confiance dans ces deux hommes distingués.

L'administration de la justice diffère de celle de France en plusieurs points. Le tribunal de 1re instance ne se compose que d'un seul juge, assisté d'un juge auditeur qui ne prend pas part aux décisions judiciaires et du lieutenant du juge qui remplit les fonctions de juge d'instruction.

La juridiction correctionnelle appartient à la cour impériale qui siège au chef-lieu de la colonie. Il résulte de cette organisation que les justiciables n'ont point de confiance dans les sentences du juge civil et que la répression des délits correctionnels est lente et laborieuse, parce que la cour est éloignée des localités où les faits réclament l'intervention de la justice ; de plus, il y disproportion choquante entre le peu de gravité des actes justiciables et la solennité de la cour.

Ces inconvénient sont devenus nombreux depuis

l'abolition de l'esclavage qui a fait tomber sous l'application de la loi beaucoup de méfaits que la discipline domestique punissait.

M. le ministre de la marine Ducos, voulant rapprocher du droit commun le système judiciaire de ces pays, propose à l'Empereur un décret dans ce but, à la date du 16 août 1854, et qui donnera une organisation analogue à celle de France.

Après avoir exposé un aperçu sur la réforme judiciaire, il est nécessaire de faire connaître ce qui est relatif à une institution des plus utiles.

Ainsi l'on doit dire, à la satisfaction générale, que la banque de la Guadeloupe commence à rendre des services réels au commerce, à l'industrie et aux planteurs, que l'argent, ce nerf des affaires, s'obtient facilement avec des garanties raisonnables.

L'ensemble général des opérations de cet établissement financier, du 1er juillet 1853 au 30 juin 1854, présente un total d'affaires de 7,483,283 fr. 41 c.

Ce mouvement de fonds aurait été plus considérable si l'état de gêne de la colonie n'avait diminué les importations de la métropole.

Les prêts sur récoltes faits pendant cette période se sont élevés à 616,932 fr. 29 c.

A l'ouverture de la première session du conseil général, qui a eu lieu à la Basse-Terre, le 4 novembre 1854, le gouverneur, M. le capitaine de vaisseau Bonfils, prononce un discours dont voici le résumé :

Pour la première fois depuis 1848, il lui est donné, avec des hommes dévoués aux intérêts généraux, d'être l'interprète de la colonie pour porter au pied du trône les sentiments de reconnaissance.

Le bonheur du pays dépend essentiellement de l'ordre et de la moralité, c'est par ce moyen qu'on parviendra à reconstituer ce que les événements passés ont détruit ou ébranlé.

La pensée qui a présidé à la création des conseils généraux sera féconde en résultats heureux. Vous travaillerez avec confiance et tranquillité ; vous discuterez le présent et l'avenir de nos ressources; l'application économique de nos impôts que nous demanderons à la société.

Les questions qui vous seront soumises sont des plus graves; elles intéressent l'agriculture, le commerce et l'industrie ; et elles ont pour objet d'assurer le bien-être de 130,000 habitants.

Les questions relatives à la propriété sont nombreuses, votre concours sera utile ; il en sera de même sur l'intéressante question des immigrations des travailleurs, celle des monnaies, l'émission de bons de la banque, dont vous ferez connaître votre opinion.

Le moment de commencer vos travaux est favorable, la tranquillité régnant partout.

Le discours du gouverneur est applaudi par les membres du conseil aux cris de vive l'Empereur, puis la session a été ouverte. Elle a duré 15 jours pendant lesquels le conseil général s'est occupé consciencieusement des intérêts de la colonie. Les principales propositions sur lesquels il a donné son avis sont : le dégrèvement des sucres ; l'introduction de 10,000 émigrants indiens pour la culture ; la réduction des droits de sortie sur les sucres, les cafés et de l'impôt sur les petites cultures. Il a demandé l'augmentation des droits sur les tabacs, sur les tarifs de l'enregistrement, du timbre et des hypothèques ; création de l'impôt du timbre et l'organisation du service des percepteurs.

Il a terminé ses travaux par la nomination du délégué de la colonie au comité consultatif en conformité du sénatus-consulte du 3 mai dernier ; les voix se sont portées sur M. le comte de Bouillé, propriétaire.

Maintenant on croit qu'il est utile de mentionner les différentes décisions prises par le gouvernement de la métropole à l'égard des colonies pendant le courant de cette année :

1° Décret du 16 janvier 1854, sur l'assistance judiciaire ;

2° Sénatus-consulte organique concernant les colonies de la Martinique, de la Guadeloupe et de la Réunion, du 3 mai 1854 ;

3° Décret du 24 juillet 1854, concernant les conseils généraux des colonies ;

4° Décret du 24 juillet 1854, qui organise le comité consultatif près le ministre de la marine et des colonies, à Paris (1).

Le travail s'était amélioré beaucoup cette année, et par l'effet d'une bonne température, la récolte du sucre a été de 22,072,000 kilogrammes, tandis que l'année précédente on avait obtenu seulement 14,804,000. On voit que la différence est sensible. Un résultat aussi favorable est aussi l'indice d'un travail fourni par les planteurs et les noirs qui répugnent moins au travail des champs depuis que l'on décerne des récompenses honorifiques.

L'histoire d'un pays n'offre pas toujours des faits qui puissent exciter la curiosité de l'esprit. Il existe des périodes de temps pendant lesquelles les passions des hommes et le mouvement irrégulier qu'elles engendrent tendent à faire place au calme et à la raison. C'est une réaction morale qui provient de la fatigue des agitations dans lesquelles on a vécu, et qui force à rechercher le repos et la tranquillité. On est entré heureusement dans cette voie depuis quelque temps, et il est à souhaiter que le monde des colonies y persévère pour son repos et son bonheur.

De son coté, le gouvernement fait des efforts pour encourager les planteurs à améliorer les cultures et à en assayer de nouvelles.

(1) On trouvera des développements concernant ces décrets, même année de l'histoire de la Martinique.

Autrefois la Guadeloupe cultivait beaucoup de cotons et de cafés ; le premier de ces produits a presque disparu, le second y a subi une décroissance énorme. Maintenant on sent le besoin de revenir à ces deux exploitations en y consacrant la terre où la canne ne peut venir, et en y employant la population détournée des grands ateliers par l'affranchissement.

Dans ce but utile, le gouverneur a décidé qu'une subvention de 1,000 fr. serait accordée à tout individu qui aurait défriché et planté en caféiers au moins cinq hectares de terre.

On sait que le coton croit naturellement dans les Antilles ; il existe des espèces qui sont remarquables par la ténuité et la longueur des filaments ; ce qui leur manque c'est la force, qu'on pourra obtenir par une culture intelligente.

Pour protéger cette culture, le gouverneur Bonfils a pris un arrêté qui consacre le dégrèvement de l'impôt en faveur du coton et tout ce qui en dépend comme graines et machines à égrener. On a également pris des mesures pour favoriser la production de la cochenille, cet insecte qui fournit une si belle couleur écarlate, et qui vit et meurt sur le nopal.

Enfin, les habitants se préparent, dans la mesure de leurs ressources, à l'appel qui leur a été fait d'envoyer à l'exposition universelle de Paris des spécimens de leurs produits naturels.

Un décret de l'Empereur concernant la partie économique des deux colonies fut rendu, le 30 avril 1855, pour arrêter le cours légal des monnaies étrangères, qui ne seraient à l'avenir considérées que comme valeur conventionnelle. Il autorisait la création de bons de caisse qui seraient représentés par des monnaies nationales mises en réserve dans les caisses coloniales pour une somme égale aux émissions en papier.

La récolte du sucre s'est maintenue cette année dans de bonnes conditions, sans être remarquable, le produit pour cette île a été de 20,070,000 kilogr. ; on s'aperçoit aisément que l'introduction des immigrants produit de l'effet ; on est loin des récoltes de 1849 et 1850, la première n'ayant donné que 17,000,000, et la seconde que 13,000,000 de kilogrammes de sucre. Il est à désirer que la production de la canne se maintienne dans de bonnes conditions pour que les planteurs soit récompensés de leur labeur : *Sustentare omnes labores*, a dit Cicéron. Il faut dire cependant que l'on est loin du produit de 1847, dont la récolte a été de 40 millions de kilogrammes.

Le gouvernement jugent utile, pour le service de la marine et des colonies, de faire concourir les marins de ces pays à l'inscription maritime, rend un décret, le 16 août 1856, par lequel le territoire de chaque colonie formera un arrondissement qui sera devisé en quartiers, sous-quartiers, syndicats et communes, pour le dénombrement des gens de mer et ouvriers des professions maritimes.

L'île de Marie-Galande était toujours tourmentée, tantôt ouvertement, tantôt sourdement par le mécontentement des gens de couleur ; il y avait encore des maraudeurs qui épouvantaient les gens paisibles par l'incendie, et la distance au chef-lieu ne permettait qu'une répression tardive. Pour s'opposer à cet état de choses, et faire naître une crainte salutaire, un commandant particulier est donné à cette île ; cet emploi est confié à M. Varainguien de Villepin, chef de bataillon d'infanterie de marine.

1857. Le conseil colonial est convoqué dans le mois de mai par le gouverneur, M. Bonfils, pour s'occuper des affaires administratives de la colonie. Aussitôt après la clôture des travaux de la session, le conseil général, ayant à sa tête son président, est allé présenter au gouverneur l'assurance des sympathies de la colonie et de la leur en particulier ; et pour le remercier en même temps de s'être appliqué à étudier les besoins du pays, afin de rechercher les moyens efficaces d'un rappeler la prospérité passée.

Le gouverneur, flatté de cette démarche, dont il est l'objet, se plaît à constater l'accord et la confiance qui existent entre le conseil général et son administration ; et il fait remarquer avec raison, que le bien du pays viendra par l'exécution sérieuse de la législation sur le travail, et qu'il est indispensable que l'administration, la magistrature et les habitants marchent dans la même direction : c'est à cet accord, à cette unité de vue dans l'exécution, qu'est dû à la Martinique l'affermissement du travail et la prospérité publique (1).

1858. La colonie jouit du calme et de la tranquillité nécessaires à sa prospérité, qui se développerait aisément, si le travail n'était arrêté par le manque de bras. Les noirs rendus à la liberté continuent à s'isoler en grand nombre dans des parties de terre où ils croupissent dans la misère plutôt que de travailler sur les habitations à des prix raisonnables. Alors, il a bien fallu songer à faire appel à la bonne volonté des immigrants que l'on fait venir à grand frais des côtes d'Afrique, de l'Inde et de Madère. Voici à cette époque le nombre des immigrants :

Noirs des côtes d'Afrique	689
Travailleurs de l'Inde	2,806
Madériens	144
Total	3,645

On a remarqué que l'immigrant africain réussissait assez bien dans ce pays, mieux qu'à la Martini-

(1) Voir le *Moniteur* de 1857.

que, où une certaine appréhension existait contre lui et retardait son introduction comme travailleurs. Il est préféré ici à l'Indien pour cultiver les terres. Voici au plus ce que disait à cette époque le journal l'*Avenir de la Pointe-à-Pitre* : « L'Indien, par sa douceur, sa résignation, sa docilité, a pleinement justifié les éloges qui lui ont été donnés partout. Mais l'Indien vient ici sans famille, avec l'intention formelle de s'en retourner ; sa religion, ses mœurs, ses coutumes, le souvenir de son pays le rappellent toujours vers l'Inde ; tandis que l'Africain est véritablement l'homme de l'avenir. C'est un sauvage, il est vrai, qui n'a pas la moindre notion du travail et de la civilisation ; mais ce sauvage, une fois dressé, une fois admis dans le giron de l'Eglise, se fixe définitivement dans le pays ; il s'assimile et s'agglomère immédiatement à notre population. »

Le Madérien, une fois acclimaté, est un excellent travailleur ; mais cet acclimatement est difficile ; et l'expérience a démontré qu'il ne pouvait donner de bons résultats qu'employé sur des habitations élevées où l'air est plus sain, la chaleur moins forte. Le recrutement de ces travailleurs est difficile ; les tentatives faites dans ce but aux îles Açores et aux Canaries ont complètement échoué.

La race africaine paraît devoir être préférée aux autres dans cette colonie, à cause de la facilité avec laquelle elle s'acclimate et s'assimile au pays ; mais on doit prendre garde de ne pas trop la multiplier, car ces hommes ont souvent des moments où ils deviennent intraitables, par l'effet d'un caractère brutal et sauvage. D'ailleurs, l'exemple de Saint-Domingue ne doit pas être perdu pour nous.

Par décret du 24 juin, il est créé un ministère de l'Algérie et des colonies et c'est le prince Jérôme Napoléon qui est chargé de ce service.

Etait-ce pour créer un emploi à ce prince dans le but de lui donner une certaine importance politique et favoriser le développement de la colonisation de l'Afrique française ? ou bien était-ce dans le but de décharger d'un lourd fardeau, les deux ministres de la guerre et de la marine ? Le temps seul pouvait répondre à cette double question.

Plus tard, le 21 novembre, sur le rapport du prince ministre, un autre décret institue un conseil supérieur de l'Algérie et des colonies. Il est appelé à délibérer sur toutes les affaires qui ont rapport à ce nouveau ministère, mais à titre consultatif, sans pouvoir prendre l'initiative d'aucun délibération (1).

On ne passera pas sous silence un fait qui avait bien son mérite dans l'intention qu'on se proposait d'atteindre. Au Havre, il se fit une vente publique de 77 balles de coton, par ordre du prince ministre, pour faire connaître les cotons longue soie cultivés à la Guadeloupe et cédés au prix de l'estimation à

(1) *Moniteur* de 1858, page 1477.

des filateurs pour faire des essais sur leurs qualités. Le nouveau ministère de l'Algérie et des colonies se faisait connaître par une bonne mesure dans laquelle les planteurs et les filateurs devaient y trouver des avantages.

1859. Le capitaine de vaisseau Touchard est nommé gouverneur en remplacement du capitaine de vaisseau Bonfils. Ce dernier ayant été éprouvé par le climat dévorant des Antilles, dut quitter la Guadeloupe en emportant les regrets de l'administration et des habitants.

Un autre changement eut lieu, le colonel Frébault, de l'artillerie, est nommé gouverneur en remplacement du contre-amiral Touchard, qui est rappelé en France sur sa demande (1).

1860. L'amélioration du port de la Pointe-à-Pitre était devenu d'une utilité urgente : les sables, la vase formaient une couche nuisible à l'arrivage et au séjour des bâtiments dans ce port où il y a un mouvement considérable de navires.

Le conseil général demandait avec raison que l'on fît le projet d'un curage et sollicitait du ministre de la marine une subvention. Un décret, du 28 juillet, est rendu pour l'exécution de ces travaux et la dépense est évaluée à 700 mille francs. L'Etat alloue une somme de 170 mille francs pour l'achat du matériel nécessaire aux travaux.

(1) Il avait été nommé contre-amiral le 16 mars 1859.

Il n'existe pas un homme qui n'ait son tourment, un pays qui n'ait sa plaie. En France il faut couvrir la terre de fumier pour lui donner des forces et réchauffer sa fertilité engourdie par les frimas. Sous le tropique, il y a exubérance de végétation : la sécheresse et les insectes dévorent le travail de l'homme. Cette année la saison sèche a été extrêmement préjudiciable aux cultures de la terre ; on voyait partout les mares et les rivières à sec ; le terrain et ses produits presques brûlés par l'effet d'une chaleur exceptionnelle ; il a fallu les pluies et l'hivernage pour faire cesser cette température brûlante et redonner aux cultures la vigueur nécessaire à leur existence compromise.

Maintenant on va changer de thèse pour clore ce travail en 1860 ; parce que la société coloniale ayant subie sa transformation qu'on s'est efforcé de faire comprendre au lecteur, il n'y a point de raison à la suivre plus longtemps dans sa marche. Cependant il est utile de jeter un coup d'œil en arrière pour résumer les événements arrivés depuis douze ans, et c'est ce qu'on va exposer.

En 1848, un grand bruit se faisait en France, la question de l'esclavage passionnait les esprits qui voyaient de la tyrannie partout ; ils voulaient la liberté pour les blancs comme pour les noirs ; hélas ! les blancs étaient parfaitement libres avant comme après les événements ; quant aux noirs, ils ne l'étaient pas. Leurs amis disaient que l'esclavage devait disparaître entièrement dans un pays libre, les opposants croyaient que l'abolition de l'esclavage devait être la destruction de la propriété coloniale : ces deux partis avaient raison et tort en même temps.

Le colon qui se trouvait entre les deux partis ne savait que penser. Attaqué dans sa fortune, dans ses idées, il se livrait au doute sur le droit légué par le passé et perdait confiance dans l'avenir. Accablé d'incertitudes, il demande au gouvernement d'en finir au plus tôt avec la question de l'esclavage.

Il est vrai qu'au lendemain de février 1848, on ne pouvait différer l'émancipation aussi bien pour les maîtres que pour les esclaves. L'indemnité que l'Etat accordait était une mesure qui conciliait les intérêts des deux partis ; c'était de la justice et de l'humanité. Et tout ce bruit qui s'était fait en France s'apaisait de lui-même. On ne semble pas se douter de la difficulté et de la fusion des intérêts moraux et matériels des deux races destinées à vivre sur le même sol, des passions qui les irritaient pour se mépriser et se contrarier dans la vie commune.

Il était cependant intéressant de voir comment la transformation s'accomplirait ; mais l'esprit public d'alors se frappait bien plus des événements d'Europe que d'une question sociale qui se passait à 1,500 lieues de Paris.

Le temps, qui sait accommoder bien des choses,

a permis que l'émancipation pût s'accomplir aussi bien que possible, et que cette masse d'hommes devenus libres ne fussent pas trop enivrés en buvant à la coupe de la liberté. Cependant il y eut bien des ateliers qui furent désorganisés, les noirs se divisant pour vivre à leur fantasie, et la production du sucre se ressentant de cet abandon, car elle tomba très sensiblement; en 1847 elle était de 40 millions de kilogrammes, en 1848 elle descend à 20 millions, en 1849 à 17 millions et en 1850 à 13 millions; puis peu à peu elle se relève pour reprendre un cours ascensionnel. Les pertes éprouvées par la colonie se chiffrent donc à 70 millions de kilogrammes pendant ces trois années, ce qui forme un déficit montant à environ 60 millions de francs. Il y avait de quoi la ruiner et la dégoûter à tout jamais du travail des noirs et de la métropole; voilà donc ce qu'a produit la libération immédiate pour ce pays.

Maintenant il est temps de rendre justice à nos braves colonies qui auraient pu vivre tranquillement du produit de l'indemnité de l'esclavage. Ils n'en firent rien, pensant justement qu'ils avaient des devoirs sociaux à remplir. Leur caractère élevé et résolu ne leur permettant pas de fuir devant une situation troublée par le fait des circonstances ; et comme leurs pères, ils ne reculèrent pas devant les difficultés d'une nouvelle organisation du travail. Pour cela ils tentèrent tous les essais : système à la tâche, métayage, colonage, partage proportionnel, salaire gradué, tout cela fut mis en pratique par ces planteurs courageux qu'on a attaqué si souvent et si injustement à la tribune et dans les journaux du temps. Ils luttèrent pendant des années, accablés de tracas, d'ennuis, pour tâcher d'arriver à des moyens pratiques dans le but d'établir l'ordre et la discipline parmi cette race noire qui n'était pas préparée à la liberté et qui pensait plus à mal faire qu'à bien faire.

Le gouvernement, de son côté, ne reste pas inactif devant cette situation où manque l'argent et les bras, il fait la répartition de l'indemnité et crée des banques de circulation. Les gouverneurs faisaient des tournées pour voir les ateliers de travailleurs noirs, encourageant les uns par des récompenses et stimulant les autres par de bonnes paroles. Pour le manque de bras, on eut recours à l'immigration de travailleurs, la France en fournit peu, la Chine un certain nombre, les côtes d'Afrique et l'Inde davantage. L'Africain est celui qui paraît le mieux réussir, il s'identifie facilement avec la population coloniale. Il n'en est pas de même de l'immigrant indien, qui, s'engageant pour cinq ans, garde l'intention de revoir son pays. Aussi il reste étranger sur notre sol, conservant soigneusement ses habitudes, sa religion, ses mœurs et son argent qu'il enterre pour le retrouver le jour où son engagement sera terminé.

L'important pour nos colonies des Antilles, c'est que les travailleurs n'y manquent pas dans le présent et l'avenir. L'île de la Réunion, étant à la porte de l'Inde, se trouve dans une position favorable pour recruter les siens ; elle peut se passer de protection ; mais on ne pourrait en dire autant de la Guadeloupe et de la Martinique où un courant d'immigrants est indispensable pour entretenir les cultures et les augmenter s'il est possible ; car la consommation du sucre s'élève graduellement en France ; elle était jadis de 120 millions de kilogrammes, aujourd'hui elle est arrivée à 170 millions. D'ailleurs, en stimulant le travail, c'est le moyen d'arriver à l'aisance, à la richesse et au bonheur ; rien de plus sain au moral comme au physique pour les populations que d'être occupées, surtout dans ces climats brûlants, où tout dispose au laisser-aller et à l'inertie.

Avant de terminer ce travail définivement, il reste un devoir à remplir à l'historien, c'est de rappeler en peu de mots le nom des hommes de ce pays qui se sont faits remarquer par leurs talents et leurs travaux pendant leur existence. On citera d'abord la chevalier de St-Georges, célèbre par son caractère chevaleresque, ses talents pour l'escrime, l'équitation et sa science musicale. Né à la Guadeloupe, d'un blanc et d'une négresse, il fut transporté avec sa mère à St-Domingue ; là, élevé comme un fils de famille, il sut profiter de l'instruction qu'il reçut ;

envoyé ensuite à Paris, on le remarqua à cause de son élégance et de ses talents ; puis attaché au duc d'Orléans en qualité de capitaine de ses chasses, il le quitta par l'effet de ses entreprises contre le roi Louis XVI. Il mourut à Paris, en 1791, à l'âge d'environ 36 ans.

Le général Dugommier, né en 1736, à la Guadeloupe, commença sa carrière militaire tardivement dans les volontaires de cette île formés en 1790. Prit parti pour les insurgés de la Martinique, vint en France où il fut nommé général en chef de l'armée chargée de reprendre Toulon sur les Anglais. Ce général sut reconnaître et apprécier les services du jeune Bonaparte, commandant l'artillerie, et en rendit un compte favorable à la Convention. Nommé ensuite commandant en chef de l'armée des Pyrénées en 1794, il fut tué à la journée de la Montagne-Noire par les Espagnols, qui combattaient contre nous.

Le général Gobert, très connu et apprécié à la Guadeloupe, s'était fait remarquer en France dans les campagnes de la Révolution et de l'Empire.

Le général Bouscarens, vaillant officier, servit avec zèle la France ; entré à l'école polytechnique en 1826, ensuite à l'école d'application de l'artillerie et du génie, il en sortit comme officier du génie; nommé capitaine il quitta cette arme comme Lamoricière pour l'infanterie et fut tué dans une expédition en Afrique.

Le peintre Lethière, membre de l'Institut, fut maintenu longtemps à Rome comme directeur de l'Ecole française, il est l'auteur du tableau représentant la mort des fils de Brutus.

Le poète Léonard, auteur de poésies pastorales, gracieuses et estimées.

On termine ici l'histoire de cette intéressante colonie. Dans cet exposé, il a été question des hommes et des faits les plus essentiels en prenant pour principes la clarté, la brièveté et l'utilité. Il y a peu d'éclat dans un livre de cette nature ; aussi est-ce modestement qu'il se présente au public. Ce travail ingrat a été entrepris pour faire connaître une colonie intéressante et dont les sentiments sont intimement liés à ceux de la mère-patrie.

Tout le fruit que l'auteur espère tirer de son travail consiste à inspirer le goût pour connaître les hommes, le climat et les produits de ce pays extraordinaire, qui ne ressemble nullement à notre vieille Europe. On consomme du café, du sucre, du cacao, des épices avec indifférence, sans motif de curiosité ; et cependant ces produits viennent de très loin, ils ont fait une longue route sur mer, dans laquelle ils auraient pu être engouffrés ; n'est-ce donc pas rendre service que de faire connaître le pays d'où ils viennent !

On lit beaucoup à notre époque, malheureusement c'est dans les romans futiles et frivoles que l'on cherche des émotions que les événements ne donnent pas dans un temps calme. Cependant le but de la société est le bien du plus grand nombre : la lutte du bien et du mal ayant toujours existé, c'est dans les livres sérieux qu'il faut apprendre ce qui concerne les intérêts des hommes, leurs passions, qui forment le mouvement général de l'humanité.

TABLE DES MATIÈRES.

CHAPITRE I.

Aperçu sur la colonisation ancienne et moderne. — Description physique et statistique de la Guadeloupe. — Commerce. — Les vents et l'hivernage. — Les trois saisons. — L'alimentation des habitants. — Famille d'Indiens ou Caraïbes. — Population. — Les maladies. — Les races. — Caractères des créoles. 7

CHAPITRE II.

1493. Découverte de la Guadeloupe. — 1496. Christophe Colomb aborde à Marie Galande, — 1515. Tentative de colonisation. — 1523. Missionnaires mis à mort. — 1635. Dénambuc cède la Guadeloupe à L'Olive et Duplessis. — Les colons sont très-malheureux. — Duplessis meurt de chagrin. — Guerre avec les Indiens. — L'Olive perd la vue. — Les Indiens se retirent à la Dominique. — 1640. Aubert, gouverneur. — Paix avec les Indiens. — Descente de pirates. — Pêche désastreuse. — Houel, gouverneur. — Il demande à Paris des filles à marier. — La culture à cette époque..... 27

CHAPITRE III.

1646. Arrivée du gouverneur de Thoisy. — Houel fomente une révolte contre lui. — Le père Armand intervient. — De Thoisy quitte l'île. — Le gouverneur de Poinsy est de cette affaire. — Il fait de Thoisy prisonnier. — Décision du conseil du Roi. — 1649. La compagnie des îles vend la Guadeloupe et ses dépendances. — 1654. Arrivée de familles hollandaises. — 1656. Soulèvement d'esclaves. — 1663. La culture du tabac et celle de la canne à sucre. — Exactions des seigneurs. — Le gouvernement de la métropole achète les îles. — Création d'une nouvelle Compagnie. — 1674. Elle est dissoute. — 1685. Le code noir. — 1690. L'Europe se ligue contre la France. — Expédition des Anglais contre la Guadeloupe. —

Ils sont repoussés. — 1700. La succession d'Espagne amène la guerre. — 1703. Attaque des Anglais. Siége du fort Saint-Charles. — Guerre dans l'intérieur de l'ile. — Les Anglais se rembarquent 41

CHAPITRE IV.

1713. La paix d'Utrecht enlève des colonies à la France. — 1715. Mort du roi Louis XIV. — 1717. Le chevalier de Peugnières est nommé gouverneur général des îles Sous-le-Vent. — 1723. Avénement au trône du roi Louis XV. — 1727. Cultures de la Guadeloupe. — 1733. Développement commercial des îles. — 1740. Guerre maritime de l'Angleterre contre l'Espagne. La France s'unit à l'Espagne pour soutenir la guerre. — 1748. Traité de paix d'Aix-la-Chapelle. — 1756. Guerre maritime avec l'Angleterre. — 1759. Attaque de la Martinique et prise de la Guadeloupe par les Anglais. — 1763. Paix signée avec l'Angleterre. La Guadeloupe est rendue à la France. — 1774. Mort du roi Louis XV. — 1776. La guerre maritime éclate de nouveau au sujet des Etats-Unis. — 1783. La France, l'Espagne et les Etats-Unis font la paix de Paris avec l'Angleterre. 55

CHAPITRE V.

1789. Les blancs désirent la liberté. — Une députation se rend à Paris. — 1790. Le gouverneur de Clugny et les Patriotes. — Discours d'un grenadier au gouverneur. On apprend l'insurrection au Fort-de-France. — Le gouverneur et le tamarin de la Savane. — L'assemblée coloniale envoie une adresse à la Constituante. La Guadeloupe se calme. — Le gouverneur est arrêté et relâché. — Fête donnée à cette occasion. — Le gouvernement se transporte à la Pointe-à-Pitre. — Emeute dans cette ville. — 1791. Les hommes de couleur demandent des droits politiques. — Décret du 7 mai 1791 en leur faveur. — Les députés de l'île protestent. — 1792. On refuse d'appliquer la loi du 4 avril 1792. — De Clugny, gouverneur, fait embarquer 250 personnes. — Le capitaine Duvel à la Convention ainsi que le contre-amiral Lacoste. — Le général Collot se réfugie à Saint-Domingue. — Le capitaine Lacrousse fait reconnaître le régime républicain. . 75

CHAPITRE VI.

1793. Situation troublée en France et dans les colonies. — Arrivée du général Collot. — Nouvelles élections. — Rapport fait à la Constituante sur les colonies. — Mesures prises à la suite. — 1794. Prise de la Martinique par les Anglais. — Arrivée de l'escadre de John Jervis. — Débarquement au Gozier. — Prise des forts, de la ville de la Pointe-à-Pitre et de la Basse-Terre. — Expédition commandée par V. Hugues. — Elle débarque au Gozier, reprend les forts et la Pointe-à-Pitre. — Les Anglais reviennent assiéger les Français. — Attaque repoussée par V. Hugues. — Les Anglais se retirent sur la rivière Salée. — Les maladies surviennent. — V. Hugues se crée des ressources. — Les Français attaquent le camp de Berville. — Le général Graham capitule. — La chaloupe des chefs d'émigrés. — V. Hugues fait fusiller 300 blancs et 100 hommes de couleur. — Pélardy prend la Basse-Terre et le fort St-Charles. — V. Hugues organise le pays et forme une armée de 10,000 hommes. — Les biens des émigrés séquestrés. — Les restes du général Dundas jetés à la voirie. — Domination de V. Hugues, il est approuvé à la Convention. — On lui envoie un renfort 91

CHAPITRE VII.

1795. Attaque et prise de Sainte-Lucie par Goyrand. — Pélardy est renvoyé de la Guadeloupe. — V. Hugues pousse la guerre de course sans ménagement. — Il amène des différents avec les Etats-Unis. Il est remplacé par le général Desfourneaux qui le fait embarquer de vive force. — Desfourneaux éprouve le même sort. — Pélardy lui succède. — La Guadeloupe forme un département. — Jeannot, Baco et Lavaux, gouvernent la Guadeloupe. — Ils font arrêter et embarquer le général Lavaux. — 1801. Lacrosse est nommé capitaine général, Lescalier, préfet, et Coster, grand juge. — Lacrosse fait déporter des individus et demande de l'argent.— La Basse-Terre est mise en état de siège. — Révolte à la Pointe-à-Pitre. — On s'empare du capitaine général pour l'embarquer. — Pélage prend le gouvernement. — Envoi d'une adresse au Ier Consul. — Troubles et embarras du gouvernement provisoire 113

CHAPITRE VIII.

1802. Expédition commandée par le général Richepanse. — Les troupes noires, passées en revue, se révoltent. — Premières hostilités à la Basse-Terre. — Le capitaine Prud'homme et l'aspirant Losach. — Entrée des troupes à la Basse-Terre. — Siège du fort Saint-Charles. — Les noirs abandonnent le fort. — Le général Gobert et Pélage poursuivent Ignace. — Affaire de la redoute Bambridge. — Affaire du morne Matouba. — Explosion de l'habitation d'Anglemont. — Amnistie. — Soins donnés au gouvernement. — 3,000 noirs sont déportés. — Les membres de l'ancien gouvernement sont transportés en France. — Le contre-amiral Lacrosse reprend le pouvoir. — L'esclavage est rétabli. — Pertes éprouvées par l'expédition. — Mort de Richepanse. — Chasseurs des bois. — Le général Ménard et autres sont transportés en France. — Conspiration de Sainte-Anne. — Trait odieux de Lacrosse. 127

CHAPITRE IX.

1803. Le général Erouf nommé capitaine général. — Organisation de l'administration. — Le traité d'Amiens est rompu. — Perte de Sainte-Lucie et de Tabago. — Mise en état de siège de l'ile. — Amnistie en faveur des noirs fugitifs. — Affaire du port de Deshayes. — Le préfet Lescalier. — 1804. Napoléon Ier, empereur. — Corsaires de la Guadeloupe. — 1805. Escadres de Missiessy et de Villeneuve. — Le général Kerversan est nommé préfet. — 1806. Impôts pour les fortifications. — Affaire de la Dominique. — Envoi d'un détachement à Caracas. — 1807. Expédition contre Saint-Barthelémy. — 1808. Perte de Marie-Galande et de la Désirade. — Les Anglais repoussés de Saint-Martin. — Tentative des Français sur Marie-Galande 143

CHAPITRE X.

1809. Alarmes à la Guadeloupe. — Préparatifs de défense. — Arrivée du capitaine Troude aux Saintes. — Les Anglais y débarquent. — Ruse du capitaine Troude. — Perte des Saintes. — Destruction du port de Deshayes. — Brulôt lancé contre la Basse-Terre. — Affaire de l'Anse à Barque. — Les Anglais occupent plusieurs points. — 1810. Situation des moyens de défense. — Les Anglais débarquent à Ste-Marie et à Billery. — Inaction des Français. — Le gouverneur veut capituler. — La garde nationale est congédiée. — Reddition de la Basse-Terre. — Les troupes murmurent. — Vatable attaque sans ordre. — Affaire du pont de Nozières et capitulation. — La garnison est prisonnière de guerre. — Le général Ernouf mis en jugement est gracié. — Le général Beckwith exige le serment d'allégeance des habitants. — Alex. Cochrane, gouverneur. — M. Dampierre, procureur général, est destitué. — Secours apportés au port de Deshayes. — Refus des habitants d'être miliciens. — 1813. Sir John Shimer, gouverneur. — 1814. Paix avec la coalition. — Le contre-amiral Linois, gouverneur. — Nouvelle organisation 159

CHAPITRE XI.

1815. Débarquement en France de Napoléon. — Le gouverneur reconnaît son autorité. — On apprend l'envahissement de la France. — Les Anglais demandent à occuper l'île. — Capitulation. — Officiers et soldats renvoyés en France. — Proclamation de l'amiral Durham. — Les noirs continuent à se battre. — Ils sont vaincus. — Linois demande à être jugé. — Il est acquitté. — Boyer est condamné à mort. — 1816. Le général Leith est nommé gouverneur. — Le comte de Lardenois lui succède. — 1817. Un point de droit important. — Modification dans le gouvernement. — La fièvre jaune. — 1821. Création d'un comité consultatif. — Nomination d'un député. — Rareté du numéraire. — 1823. Le vice-amiral Jacob est nommé gouverneur. — Jugement rendu contre quatorze employés de la douane. — 1824. Mort du roi Louis XVIII. 179

CHAPITRE XII.

1825. Modifications dans les attributions du gouvernement. — Ouragan du 26 août. — La Basse-Terre sous l'eau. — Des familles entières périssent ainsi que le préfet apostolique. — La campagne est dévastée. — 1826. Le contre-amiral des Rotours est nommé gouverneur. — Formation du conseil général. — Création d'une banque. — Mauvais état sanitaire. — 1827. Nouvelles ordonnances. — 1830. Le général Vatable est nommé gouverneur. — Révolution de 1830. — Les gens de couleur sont assimilés aux blancs. — Le contre-amiral Arnous est nommé gouverneur. — 1831. Arrestation de 119 esclaves. — La situation intérieure est agitée. — 1832. Amélioration dans l'esprit des noirs. — 1833. Loi organique du 24 avril sur les pouvoirs. — L'Angleterre émancipe les noirs de ses colonies. — Affranchissements opérés à la Martinique et à la Guadeloupe. — Election du conseil colonial. — 1834. Ouverture du conseil colonial. — Assassinat du maître de port Vaille. 197

CHAPITRE XIII.

1835. Plusieurs ordonnances d'intérêt public. — 1836. Esclaves affranchis à cette époque. — Session du conseil colonial. — De la question de rachat des esclaves. — Désertion des noirs dans les îles anglaises. — 1837. M. Jubelin, commissaire de la marine, est nommé gouverneur. — Le contre-amiral Arnous reçoit des adresses d'adieu. — Session du conseil colonial. — Erruption de cendre de la souffrière. — 1838. Démonstration contre l'île d'Haïti. — Idée de la République haïtienne. — Incendie du Grand-Bourg. — Session du conseil colonial. — Ordonnances sur la navigation et sur les entrepôts à établir. — Ravages de la fièvre jaune. — 1839. Médaille accordée à la sœur Eulalie pour son dévouement pendant l'épidémie. — Naufrage du Brick le *Duc d'Yorck*. — Tremblement de terre du 11 janvier à la Martinique. — Duel entre deux jeunes gens. — Recensement de la population. — Les affranchissements rendus plus difficiles. — Plaintes des planteurs sur les droits des sucres. — Cruauté d'un maître envers son esclave. — Session du conseil colonial. 219

CHAPITRE XIV.

1840. Désertion d'esclaves. — 1re session du conseil colonial. — Crainte de guerre en Europe. — 2e session du conseil colonial. — 1841. Le capitaine de vaisseau Gourbeyre est nommé gouverneur. — Adieux du contre-amiral Jubelin. — Session du Conseil colonial. — 1842. Situation critique des colonies à sucre. — 1843. Tremblement de terre du 8 février. — La ville de la Pointe-à-Pitre est détruite. — Secours envoyés de la Martinique et de France. — Session du conseil colonial. — 1844. Nouvelle loi sur les sucres. 245

CHAPITRE XV.

1844. Session du conseil colonial. — L'infortune de la Guadeloupe lui attire les sympathies des îles espagnoles, de Bourbon et surtout de la France. — Reconstruction de la Pointe-à-Pitre. — Ouragan dans les Antilles, le 4 novembre. — 1845. Mort du contre-amiral Gourbeyre. — Le commandant militaire Varlet le remplace. — Session du conseil colonial. — Le capitaine de vaisseau Layrle est nommé gouverneur. — Plusieurs lois et une ordonnance sur les colonies. — 1846. 1re session du conseil colonial. — 2e session du même conseil. — Augmentation du nombre de juges de paix. — 1847.

Session du conseil colonial. — Plaintes de ce conseil au gouverneur. 269

CHAPITRE XVI.

1848. Session extraordinaire du conseil colonial. — Le gouvernement du roi Louis-Philippe est renversé par le parti républicain. — Commission chargée de préparer l'émancipation des noirs. — Le vieux général Ambert excite les habitants à reconnaitre le nouveau gouvernement. — Manifestation de jeunes gens. — Troubles à la Pointe-à-Pitre. — Le citoyen Gatine est nommé commissaire général. — On préfère le travail salarié à l'association. — Indemnité due aux colons. — Déclaration du conseil privé sur la situation. — Craintes pour les élections. — Périnon, Schœlcher et Ch. Dain sont élus députés. — Tournée dans l'île du commissaire général. — Rapport à ce sujet. — Le colonel Fiéron est nommé gouverneur. — Sa proclamation. — 1849. Formation du gouvernement républicain en France. — Le contre-amiral Bruat est nommé gouverneur général des Antilles, et le capitaine de vaisseau Fabre remplace le colonel Fiéron. — De l'indemnité due aux propriétaires d'esclaves. — Budget colonial. — Election de deux députés. — Troubles et incendies à ce sujet. — Le gouverneur général se rend sur les lieux. — Schœlcher et Périnon sont élus députés. 287

CHAPITRE XVII.

1850. Occupations des noirs libres. — Tournée du gouverneur pour étudier la situation. — Démonstration en faveur de 67 accusés. — Les trois journaux de la colonie excitent au désordre. — Incendie à la Pointe-à-Pitre. — Le gouverneur Fiéron se rend dans cette ville. — Il fait appel à la conciliation. — Un journaliste refuse d'entrer dans cette voie. — 1851. La question des sucres et des banques à l'Assemblée nationale. — Loi organique du 30 juin sur les attributions des diverses autorités. — Le capitaine de vaisseau Aubry-Bailleul est nommé gouverneur. — Appréciation sur les effets de la libération des noirs. — 1852. Coups d'Etat du 2 décembre. — Décret du 13 février sur l'immigration. — La presse est réglementée de nouveau. — Ouragan du 22 septembre. — Les ouvriers noirs sont tenus d'avoir des livrets. — La fièvre jaune. — De la récolte. 311

CHAPITRE XVIII.

1853. L'empire succède à la république. — Tournée du gouverneur dans l'île. — Récompenses accordées aux cultivateurs. — Monseigneur Forcade est nommé évêque de la Guadeloupe. — Le capitaine de vaisseau Bonfils est nommé gouverneur. — 1854. Arrivée du nouveau gouverneur, sa proclamation. — Réorganisation de l'administration de la justice. — Situation de la banque. — Session du conseil général. — Mention des décrets et d'un sénatus-consulte concernant les colonies. — 1855. Epoque de calme. — Encouragements donnés aux cultures. — Décret sur le cours légal des monnaies étrangères. — 1856. Les marins des colonies assujettis à l'inscription maritime. — Marie-Galande reçoit un commandant militaire particulier. — 1857. Session du conseil général et témoignage de sympathie donné au gouverneur. — 1858. Des immigrants d'Afrique, de l'Inde et de Madère. — Création du ministère de l'Algérie et des colonies. — Vente de coton au Havre. — 1859. Le capitaine Touchard est nommé gouverneur. — Le colonel Frébault le remplace. — 1860. Curage du port de la Pointe-à-Pitre. — Sécheresse produite par une chaleur exceptionnelle. — Appréciation sur la transformation des travailleurs. — Personnages remarquables de la Guadeloupe 329

Nancy, imp. et lithog. de N. Collin, rue du Crosne, 5.

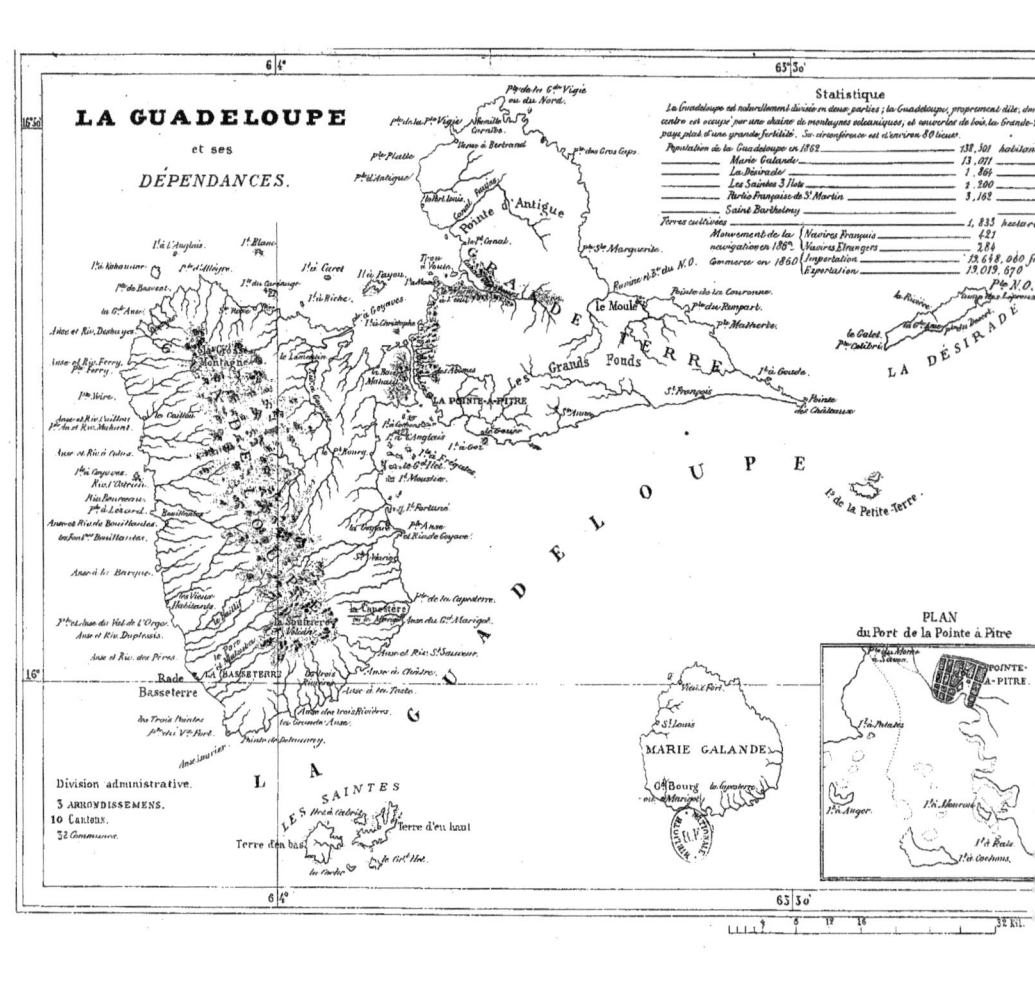